Volume 544

COLLOQUE NATIONAL SUR L'ACTION COLLECTIVE

DÉVELOPPEMENTS RÉCENTS AU QUÉBEC, AU CANADA ET AUX ÉTATS-UNIS

SERVICE DE LA QUALITÉ DE LA PROFESSION

Barreau du Québec

© 2023 Thomson Reuters Canada Limitée

MISE EN GARDE ET AVIS D'EXONÉRATION DE RESPONSABILITÉ : Tous droits réservés. Il est interdit de reproduire, de mémoriser sur un système d'extraction de données ou de transmettre, sous quelque forme ou par quelque moyen que ce soit, électronique ou mécanique, photocopie, enregistrement ou autre, tout ou partie de la présente publication, à moins d'en avoir préalablement obtenu l'autorisation écrite de l'éditeur, Éditions Yvon Blais.

Ni Éditions Yvon Blais ni aucune des autres personnes ayant participé à la réalisation et à la distribution de la présente publication ne fournissent quelque garantie que ce soit relativement à l'exactitude ou au caractère actuel de celle-ci. Il est entendu que la présente publication est offerte sous la réserve expresse que ni Éditions Yvon Blais, ni l'auteur (ou les auteurs) de cette publication, ni aucune des autres personnes ayant participé à son élaboration n'assument quelque responsabilité que ce soit relativement à l'exactitude ou au caractère actuel de son contenu ou au résultat de toute action prise sur la foi de l'information qu'elle renferme, ou ne peuvent être tenus responsables de toute erreur qui pourrait s'y être glissée ou de toute omission.

La participation d'une personne à la présente publication ne peut en aucun cas être considérée comme constituant la formulation, par celle-ci, d'un avis juridique ou comptable ou de tout autre avis professionnel. Si vous avez besoin d'un avis juridique ou d'un autre avis professionnel, vous devez retenir les services d'un avocat, d'un notaire ou d'un autre professionnel. Les analyses comprises dans les présentes ne doivent être interprétées d'aucune façon comme étant des politiques officielles ou non officielles de quelque organisme gouvernemental que ce soit.

Les opinions exprimées ainsi que l'exactitude des citations et références dans ces textes relèvent de la responsabilité exclusive de leur(s) auteur(s).

 Nous reconnaissons l'appui financier du gouvernement du Canada.

Dépôt légal : 3ᵉ trimestre 2023
Bibliothèque et Archives nationales du Québec
Bibliothèque et Archives Canada
ISBN : 978-2-89847-025-7

Imprimé au Canada.

THOMSON REUTERS®

ÉDITIONS YVON BLAIS, UNE DIVISION DE THOMSON REUTERS

1010 rue Sainte-Catherine Ouest, bureau 200
Montréal (Québec) H3B 5L1
Canada

Service à la clientèle
Téléphone : 1 800 363-3047
editionsyvonblais.commandes@tr.com
https://store.thomsonreuters.ca/fr-ca/home

Volume 544

COLLOQUE NATIONAL SUR L'ACTION COLLECTIVE

DÉVELOPPEMENTS RÉCENTS AU QUÉBEC, AU CANADA ET AUX ÉTATS-UNIS

SERVICE DE LA QUALITÉ DE LA PROFESSION

Barreau du Québec

ÉDITIONS YVON BLAIS

Ouvrages parus dans la même collection :

- Développements récents en droit de la propriété intellectuelle et en droit du divertissement (2022), vol. 521
- Développements récents en enquêtes internes et réglementaires (2022), vol. 522
- Développements récents en droit des Autochtones (2022), vol. 523
- Développements récents en droit de la santé (2022), vol. 524
- Développements récents en droit de l'environnement (2022), vol. 525
- Développements récents en droit des assurances et responsabilité professionnelle (2023), vol. 526
- La protection des personnes vulnérables (2023), vol. 527
- Développements récents en droit de la santé et sécurité au travail (2023), vol. 528
- Développements récents en matière d'intégrité publique (2023), vol. 529
- Développements récents en droit municipal (2023), vol. 530
- Développements récents en déontologie, droit professionnel et disciplinaire (2023), vol. 531
- Développements récents en droit administratif (2023), vol. 532
- Développements récents en droit du travail (2023), vol. 533
- Développements récents en successions et fiducies (2023), vol. 534
- Développements récents en droit de la construction (2023), vol. 535
- Développements récents en droit Familial (2023), vol. 536
- Développements récents en droit criminel (2023), vol. 537
- Développements récents en litige de valeurs mobilières (2023), vol. 538
- Développements récents en droit de la copropriété divise (2023), vol. 539
- Développements récents en droit des affaires (2023), vol. 540
- Développements récents en matière d'accidents d'automobile (2023), vol. 541
- Développements récents en matière de propriété intellectuelle et en droit du divertissement (2023), vol. 542
- Développements récents en droit de la santé (2023), vol. 543

PRÉSENTATION

Le 544e recueil de textes dans la série des colloques du Service de la qualité de la profession du Barreau du Québec regroupe les conférences prononcées les 22 et 23 novembre 2023, à Montréal, dans le cadre de la 20e édition du *Colloque national sur l'action collective 2023*.

Nous sommes particulièrement heureux d'avoir pu compter à nouveau sur la compétence et la généreuse collaboration de Me Anne Merminod du cabinet Borden Ladner Gervais, à laquelle se sont joints Me Jean Saint-Onge, Ad. E., du cabinet Borden Ladner Gervais, Me Jean-Philippe Lincourt du cabinet Belleau Lapointe, ainsi que Me Valérie Beaudin, membre du comité organisateur du colloque, Me Luciana Brasil du cabinet Branch MacMaster, Me Myriam Brixi du cabinet Lavery.

Nous leur devons d'avoir su réunir une imposante équipe de spécialistes chevronnés autour de sujets pertinents. Les conférenciers retenus en raison de leur expertise et de leurs connaissances n'ont pas hésité à consacrer nombre d'heures au bénéfice de la communauté juridique.

Mille mercis aux très nombreux auteurs, conférenciers et animateurs pour leur engagement qui a rendu possible cette offre de formation :

- Me Faiz Lalani, Davies Ward Phillips & Vineberg, Montréal, QC ;

- Me Jean-Marc Lacourcière, Trudel Johnston & Lespérance, Montréal, QC ;

- Me Eliot N. Kolers, Stikeman Elliott, Toronto, ON ;

- Me Julie Girard, associée au cabinet Davies Ward Phillips & Vineberg, Montréal, QC;

- Me Gérald L. Maatman, Duane Morris, New York, NY;

- Me Céline Barnwell, Pogust Goodhead, London, UK;

- Me Audrey Boctor, IMK, Montréal, QC;

- Me Alexandra Hodder, Bernard, Roy (Justice Québec), Montréal, QC;

- Me Gabriel Lavigne, Bernard, Roy (Justice Québec), Montréal, QC;

- Me Rima Kayssi, Bernard, Roy (Justice Québec), Montréal, QC;

- Me Caroline Laverdière, Justice Canada, Montréal, QC;

- Me Emmanuelle Rolland, Audren Rolland, Montréal, QC;

- Me Michelle Segal, Camp Fiorante Matthews Mogerman, Vancouver, C.-B.;

- Me Luciana Brasil, Branch MacMaster LLP, Vancouver, C.-B.;

- Me Cheryl M. Woodin, Bennett Jones, Toronto, ON;

- Me Mathieu Charest-Beaudry, Trudel Johnston & L'Espérance, Montréal, QC;

- Me Michel Gagné, McCarthy Tétrault, Montréal, QC;

- Me Michael J. Miarmi, Lieff Cabraser Heimann & Bernstein, New York, NY;

- Me Emilie B. Kokmanian, Scott + Scott, New York, NY;

- Me Caroline Larouche, Norton Rose Fulbright Canada, Montréal, QC;

- Me Jonathan S. Carter, Sullivan & Cromwell, New York, NY;

- Me Josée Cavalancia, Aequo Services d'engagement actionnarial et INF Avocats, Montréal, QC;

- L'honorable Sylvain Lussier, Cour supérieure du Québec, Montréal, QC;

- Me Sylvie Rodrigue, Ad. E., Torys, Montréal, QC;

- L'honorable Donald Bisson, Cour supérieure du Québec, Montréal, QC;

- L'honorable Paul Crampton, Cour fédérale, Ottawa, ON;

- L'honorable Paul Perell, Cour supérieure de justice de l'Ontario, Toronto, ON;

- Mme Justice Sharon Matthews, has been a Justice of the Supreme Court of British Columbia since February 2018;

- Me Kristian Brabander, Osler, Montréal, QC;

- Me Jacques R. Fournier, Borden Ladner Gervais, Montréal, QC;

- Me Marie-Pier Nadeau, Fasken, Montréal, QC;

- Me Pierre Boivin, Kugler Kandestin, Montréal, QC;

- Me Joséane Chrétien, McMillan, Montréal, QC;

- Me Catharine Moore, ministère de la Justice du Canada, Ottawa, ON;

- Me David Sterns, Sotos, Toronto, ON;

- Me David Schulze, Dionne Schulze, Montréal, QC;

- Me Stuart Wuttke, LSN, avocat général, Assemblée des Premières Nations, Ottawa, ON;

- Me Jeffrey Orenstein, Consumer Law Group, Montréal, QC;

- Me Claude Marseille, Ad. E., Blakes, Montréal, QC;

- Me Timothy Pinos, Cassels, Toronto, ON;

- Me Hardeep Dhaliwal, Cassels, Toronto, ON;

- Me Stéphane Pitre, Borden Ladner Gervais, Montréal, QC;

- Me Jonathan Foreman, Foreman & Co., London, ON;

- Me Maxime Nasr, Belleau Lapointe, Montréal, QC;

- M. Thomas Kingsley, étudiant, Belleau Lapointe, Montréal, QC;

- Me Vincent de l'Étoile, associé, Langlois, Montréal, QC;

- Me Yves Martineau, Stikeman Elliott, Montréal, QC;

- Me Laurence Bich-Carrière, Lavery, Montréal, QC;

- Me David Bourgoin, BGA Inc, Québec, QC;

- Me Jean Samoisette, représentant du groupe dans le dossier *Samoisette c. IBM Canada ltée*;

- Me Alexandra Hébert, Borden Ladner Gervais, Montréal, QC;

- Me Véronique Faucher-Lefebvre, Borden Ladner Gervais, Montréal, QC.

Me Martin Hovington, LL.B., MBA
Directeur | Qualité de la profession

PRÉFACE

Mesdames et Messieurs les juges,
Chères consœurs,
Chers confrères,

Pour une vingtième édition consécutive, le Barreau du Québec a le plaisir de vous accueillir au Colloque national sur l'action collective organisé par le Service de la qualité de la profession.

Une telle activité de formation professionnelle ne serait pas possible sans la générosité de nos conférenciers qui partagent leur expertise et leurs connaissances afin de favoriser la tenue de débats éclairés devant nos tribunaux.

Le domaine de l'action collective est une pratique professionnelle qui nécessite à la fois une connaissance des règles régissant ce véhicule procédural ainsi qu'une bonne maîtrise des enjeux stratégiques. Alors que l'environnement où nous vivons présentement subit des transformations socio-économiques importantes, une évolution numérique, technologique et de nouvelles façons de transiger, on constate que ces facteurs ont une incidence significative sur la pratique de l'action collective au Canada et ailleurs.

L'organisation de ce colloque n'aurait pas été possible sans la précieuse collaboration de nos collègues, Me Jean Saint-Onge, Ad. E., Me Valérie Beaudin, Me Luciana Brasil, Me Myriam Brixi et Me Jean-Philippe Lincourt qui ont grandement contribué au succès de cette 19e édition du colloque.

Nous tenons à remercier nos nombreux commanditaires dont le soutien nous permet d'offrir aux participants un programme de formation continue de grande qualité et à un coût très raisonnable.

Et un merci tout particulier à Me Martin Hovington et Mme Diane Boivin du Service de la qualité de la profession et à leur équipe avec qui il nous est toujours agréable de travailler pour l'organisation du colloque.

D'ailleurs, c'est grâce à ce beau travail d'équipe et aux efforts que nous consacrons à vous offrir un programme unique et aussi diversifié que cette activité de formation bijuridique et bilingue demeure la plus importante au Canada dans le domaine de l'action collective.

Nous vous souhaitons à toutes et à tous un excellent colloque.

Me Anne Merminod

Colloque national sur l'action collective

Développements récents au Québec, au Canada et aux États-Unis

TABLE DES MATIÈRES

Quand on se compare, on se console : le Québec aurait-il trouvé le juste milieu ?
Valérie Beaudin 1

Développements jurisprudentiels en droit de l'action collective
Jean-Marc Lacourcière et *Faiz Lalani* 107

Sequencing of Dispositive Motions in Class Actions in Ontario, Alberta, and British Columbia
Timothy Pinos and *Hardeep Dhaliwal* 137

The Realities of "Reliance": Understanding Its Role in U.S. and Canadian Securities Class Actions
Emilie B. Kokmanian, Caroline Larouche, Michael Miarmi and Jonathan S. Carter 157

Le représentant, pistes de réflexion
David Bourgoin 199

Les immunités sous le prisme du syllogisme juridique : application au stade de l'autorisation
Rima Kayssi, Gabriel Lavigne et *Alexandra Hodder* 217

La suspension d'une action collective en droit international privé – ou la mystérieuse affaire du justiciable québécois égaré à Regina
    Maxime Nasr et *Thomas Kingsley* 251

La nécessité d'établir la connaissance des représentations fausses ou trompeuses en droit de la consommation : perspectives au Québec et au Canada
    David Bourgoin 269

Les actions collectives liées au facteur E – Environnement : une question de quand, et non pas de si
    Julie Girard 301

Quand on se compare, on se console : le Québec aurait-il trouvé le juste milieu ?
Portrait comparatif des actions collectives en 2022 aux États-Unis, au Québec, en Ontario, en Colombie-Britannique et en Australie

Valérie Beaudin*

Liste des tableaux et schémas.	5
Introduction	7
1. Bref historique des actions collectives	9

---

* Me Valérie Beaudin a une vaste expérience en litige et a œuvré tant en pratique privée qu'en contentieux. De 2005 à la fin 2018, Valérie a été Cheffe adjointe du service juridique et Cheffe nationale du groupe litige chez Bell Canada. Dans le cadre de ses fonctions, elle a activement mené à travers le Canada la défense de plusieurs dizaines d'actions collectives d'envergure, dont plusieurs plaidées par elle-même devant les tribunaux du Québec (Cour supérieure et Cour d'appel). Avant 2005, Valérie a œuvré en pratique privée dans les domaines du litige civil et commercial, en immobilier ainsi qu'en faillite et insolvabilité. En 2010 et 2014, elle a été nommée finaliste du Canadian General Counsel Awards – catégorie Litigation Management. En 2014, elle a remporté le Prix ZSA des conseillers juridiques du Québec – catégorie Gestion de risques et litige. De 2008 à 2022, elle a été membre du Groupe d'experts du Barreau du Québec sur les actions collectives et, depuis 2016, membre du comité organisateur du Colloque national sur les actions collectives. En 2020, Valérie a décidé de retourner aux études universitaires à temps plein à l'Université de Montréal pour y faire sa common law. Elle a obtenu son JD (*Juris Doctor*) en 2021 et a complété une maîtrise en common law et droit comparé des actions collectives en 2022. Le présent texte est sa thèse de maîtrise (dirigée par Me Patrice Deslauriers, professeur titulaire à l'Université de Montréal).

2. Portrait actuel et statistiques. 13
   2.1 États-Unis. 13
   2.2 Ontario. 16
   2.3 Québec 21
   2.4 Colombie-Britannique. 24
   2.5 Australie. 28
   2.6 Résumé des statistiques. 33
3. Les distinctions entre l'autorisation et la certification. 34
   3.1 Australie. 34
   3.2 Québec 38
   3.3 Colombie-Britannique. 40
   3.4 États-Unis. 43
   3.5 Ontario. 47
4. Les aspects financiers des actions collectives (financement, frais judiciaires et honoraires) 50
   4.1 Ontario. 52
   4.2 Australie. 58
   4.3 États-Unis. 61
   4.4 Colombie-Britannique. 63
   4.5 Québec 63
Conclusion 69

Bibliographie.................................73

1. Législation..............................73

2. Jurisprudence..........................75

3. Doctrine.................................78

4. Publications d'organismes juridiques, rapports en ligne,
   journaux...............................84

Annexe 1 : Australie / Federal Court of Australia Act 1976 (Cth),
   Part IVA...............................89

Annexe 2 : États-Unis
   Extraits / USCS Fed Rules Civ Proc R 23 (a), (b) and (h) . . . 95

Annexe 3 : Ontario
   Extraits : Loi de 1992 sur les recours collectifs L.O. 1992,
   ch. 6..................................97

Annexe 4 : Québec
   Articles 339 à 344 du *Code de procédure civile* 103

LISTE DES TABLEAUX ET SCHÉMAS

1 : Tableau n⁰ 1 : Nombre de recours collectifs intentés par année en Ontario entre 1993 et février 2018 17

2 : Tableau n⁰ 2 : Domaines de droit visés par les recours collectifs déposés en Ontario entre 1993 et février 2018 . . . 17

3 : Tableau n⁰ 3 : Nombre de dossiers certifiés en Ontario entre 1993 et février 2018, incluant les appels 18

4 : Tableau n⁰ 4 : Nombre de dossiers déposés au Québec entre 1993 et 2018 22

5 : Tableau n⁰ 5 : Pourcentage de dossiers autorisés au Québec entre 1994 et 2017 23

6 : Tableau n⁰ 6 : Domaines de droit visés par les actions collectives au Québec en 2021 24

7 : Tableau n⁰ 7 : Portrait des recours collectifs dans les provinces de common law en novembre 2022, excluant l'Ontario 27

8 : Tableau n⁰ 8 : Carte de l'Australie détaillant les sept États qui la composent 29

9 : Tableau n⁰ 9 : Domaines de droit visés par les recours collectifs déposés en Australie entre 1992 et 2017 32

10 : Tableau n⁰ 10 : Dénouement des dossiers de recours collectifs en Australie de 1992 à 2017 32

11 : Tableau n⁰ 11 : Résumé des statistiques concernant les juridictions étudiées 33

12 : Tableau n⁰ 12 : Tableau du partage des dossiers au Québec entre les différentes étapes en 2021. 40

13 : Tableau n⁰ 13 : Étapes et critères de certification d'un recours collectif aux États-Unis 43

14 : Tableau n⁰ 14 : Exemples de frais judiciaires imposés au perdant entre 2015 et 2017 53

15 : Tableau n⁰ 15 : Résultats financiers 2021 / Fonds d'aide aux recours collectifs en Ontario. 55

16 : Tableau n⁰ 16 : Aide financière accordée en 2020-2021 / FAAC. 68

INTRODUCTION

Les actions collectives (appelées « recours collectifs » ou « class actions » dans les juridictions de common law) sont de puissants outils d'accès à la justice. Elles permettent à une personne (le « représentant »), qui peut être une personne physique ou morale, d'entreprendre sans mandat une poursuite, contre un ou plusieurs défendeurs, au nom de centaines ou de milliers de personnes (appelés les « membres du groupe ») qui se trouvent dans une situation semblable à la sienne. Puisque le représentant agit sans mandat, une autorisation préalable de la Cour (appelée « certification » dans les provinces de common law) est requise. Les critères et le degré de difficulté pour obtenir cette autorisation diffèrent selon les juridictions.

Les actions collectives sont particulièrement utilisées contre des corporations ou des gouvernements quand les réclamations individuelles des membres sont minimes, mais très nombreuses, et que des procédures judiciaires individuelles seraient beaucoup trop coûteuses pour le résultat escompté. Elles visent une panoplie de domaines, notamment les secteurs des valeurs mobilières, de la consommation, de la responsabilité du fabricant, de l'environnement, de la responsabilité civile de l'État, des allégations d'agression sexuelle et d'atteinte à la vie privée.

Outre l'indemnisation des victimes, on identifie généralement trois grands objectifs à l'action collective, soit faciliter l'accès à la justice, inciter à la modification des comportements préjudiciables et préserver les ressources judiciaires limitées[1].

Dans le présent texte, j'entends brosser un tableau comparatif de l'état, en 2022, des actions collectives aux États-Unis, au Québec,

---

1. *Hollick* v. *Toronto (City)*, 2001 SCC 68, par. 15 [*Hollick*] ; *Western Canadian Shopping Centres inc.* c. *Dutton*, 2001 SCC 46, par. 26-29 [*Dutton*] ; *Vivendi Canada inc.* c. *Dell'Aniello*, 2014 RCS 1, par. 1 [*Vivendi*] ; *L'Oratoire Saint-Joseph du Mont-Royal* c. *J.J.*, 2019 CSC 35, par. 6 [*L'Oratoire*].

en Ontario, en Colombie-Britannique et en Australie, avec données empiriques et statistiques à l'appui. Pour l'Ontario, le Québec et l'Australie, des professeurs d'université ont colligé ces données empiriques jusqu'en 2017-2018 et produit des rapports détaillés et utiles[2], mais peu de données empiriques ont été publiées dans les cinq dernières années (2018 à 2022). Pourtant, pendant cette période, il y a eu des changements importants dans la pratique du droit des actions collectives. D'une part, la pandémie de COVID19 a forcé les tribunaux à prendre le virage numérique avec, comme conséquence, des efficacités accrues. D'autre part, il y a eu quelques modifications législatives d'importance, de même que de nouvelles directives de pratique.

À titre d'exemple, en octobre 2020, l'Ontario a resserré ses critères de certification, ce qui a eu comme conséquence de diminuer le nombre de nouveaux recours déposés[3]. En 2018, la Colombie-Britannique a adopté des règles d'inclusion automatique des résidents extra-provinciaux aux recours déposés, ce qui a rendu cette province beaucoup plus attrayante pour les requérants recherchant des classes nationales[4]. Au Québec, la Chambre des actions collectives de la Cour supérieure a été réorganisée en septembre 2018 avec une équipe restreinte de dix juges plus familiers avec le domaine, ce qui a réduit les délais[5]. Aux États-Unis, la tendance conservatrice des tribunaux face aux recours collectifs continue de les restreindre et les limiter[6]. En Australie, un meilleur encadrement du financement par les tiers bailleurs est proposé[7].

Il en résulte qu'une mise à jour des données empiriques s'avère, à mon avis, une démarche intéressante et utile pour comprendre

---

2. Voir section 2.2 (Ontario, p. 16), section 2.3 (Québec, p. 21) et section 2.5 (Australie, p. 28).
3. Voir ci-dessous, section 3.5, p. 47.
4. Voir ci-dessous, section 2.4, p. 24.
5. BARREAU DU QUÉBEC, Mémoire du Barreau du Québec – Consultation publique – *Perspectives de réforme de l'action collective au Québec*, 28 septembre 2021, p. 2, en ligne : <https://www.barreau.qc.ca/media/3167/memoire-perspectives-reforme-action-collective-quebec.pdf> (consulté le 15 août 2022) [*Mémoire du Barreau du Québec*].
6. Voir ci-dessous, section 2.1, p. 13.
7. AUSTRALIA LAW REFORM COMMISSION, *Integrity, Fairness and Efficiency – An Inquiry into Class Action Proceedings and Third-Party Litigation Funders* (rapport ALRC 134), 2019, en ligne : <https://www.alrc.gov.au/publication/integrity-fairness-and-efficiency-an-inquiry-into-class-action-proceedings-and-third-party-litigation-funders-alrc-report-134/> (consulté le 12 novembre 2022) [*ALRC 2019 Report*].

comment évolue le domaine des actions collectives à travers ces différentes juridictions. Pour compléter cet exercice comparatif, j'entends présenter de façon succincte l'historique des actions collectives, résumer les différences ou similitudes en ce qui a trait aux critères d'autorisation et de certification, et traiter des aspects financiers en jeu dans chacune des juridictions (financement, honoraires des avocats et frais judiciaires).

Je conclurai que cet exercice de comparaison démontre, contrairement à la croyance populaire, que le Québec a peut-être trouvé le juste milieu dans la gestion de ses actions collectives et que des modifications législatives ne sont probablement pas nécessaires, en particulier celles envisagées en avril 2021 par le Ministère de la Justice du Québec dans sa consultation publique sur l'action collective[8].

Quand on se regarde, on se désole, mais quand on se compare, on se console.

1. BREF HISTORIQUE DES ACTIONS COLLECTIVES[9]

Au Royaume-Uni, les actions de groupe étaient permises dès le XVIIe siècle pour trancher des questions communes de droit pur où le grief des demandeurs était commun contre le même défendeur, et où les conclusions recherchées étaient de nature déclaratoire, comme des jugements déclaratoires ou des injonctions. Ces recours étaient soumis au chancelier en vertu de l'*equity* et ne pouvaient pas demander des dommages pécuniaires qui sont un remède de common law[10].

Dans l'affaire de 1910 de *Knight Steamship*[11], où il s'agissait d'une action par un groupe de marchands qui poursuivaient un

---

8. Consultation publique – *Perspectives de réforme de l'action collective au Québec* – Ministère de la Justice du Québec, avril 2021, en ligne : <https://www.justice.gouv.qc.ca/fileadmin/user_upload/contenu/documents/Fr__francais_/centredoc/rapports/ministere/RA_Persp_Ref_Action_coll_Qc_MJQ.pdf> (consulté le 15 août 2022).
9. Pour une revue historique complète de l'émergence des actions collectives, voir : Shaun FINN, « In a Class of its Own : The Advent of the Modern Class Action and its Changing Legal and Social Mission », (2005) 2 *Canadian Class Action Rev.* 333 ; Pierre-Claude LAFOND, « Le recours collectif : entre la commodité procédurale et la justice sociale », (1998-1999) 29 *R.D.U.S.* 3.
10. S. FINN, *supra*, note 9, p. 338-343.
11. *Mark & Co. Limited* v. *Knight Steamship Company Limited* [1910] 2 K.B. 1021, p. 1040-1041.

transporteur maritime à la suite de la perte de leurs marchandises à bord du navire, la Cour d'appel d'Angleterre s'exprimait ainsi :

> The relief sought is damages. Damages are personal only. To my mind, no representative action can lie where the sole relief sought is damages, because they have to be proved separately in the case of each plaintiff, and therefore the possibility of representation ceases.

C'est aux États-Unis, en 1938, que les actions de groupe telles que nous les connaissons aujourd'hui ont vraiment pris leur envol lorsque les cours de common law et d'*equity* des États-Unis ont été fusionnées et que de nouvelles règles de procédure au niveau fédéral ont permis à des groupes de réclamer de façon regroupée des dommages pécuniaires individuels[12], contournant ainsi l'approche stricte britannique.

C'est dans ce contexte que le *Code fédéral américain de procédure civile* a permis les « class actions » par le biais de sa *Rule 23*[13]. Introduite en 1938, et substantiellement modifiée en 1966[14], cette règle permet, spécifiquement par sa section 23 b) 3), de regrouper des réclamations pécuniaires individuelles lorsque les questions communes de faits ou de droit sont prédominantes et que le recours collectif est supérieur à tous les autres moyens de résolution du litige[15]. Depuis 1938, presque tous les États américains ont également adopté des codes et règles semblables à la *Rule 23*[16]. En conséquence, des recours collectifs sont déposés autant au niveau des cours fédérales qu'au niveau des cours de chaque État.

Comme discuté plus en détail à la section 2.1, les actions collectives ont littéralement explosé aux États-Unis depuis les années 60 et, en conséquence, la Cour suprême des États-Unis tente de mieux

---

12. Suzanne CHIODO, « Class actions in England, North America, and Australia », (2018) 14 *Canadian Class Action Rev.* 15, p. 22, 24.
13. *Federal Rules of Civil Procedure (Fed R Civ P 23) (Rule 23)*. Des extraits de la *Rule 23* (a) b) et h)) sont reproduits ci-après à l'annexe 2.
14. S. CHIODO, *supra*, note 12, p. 23 ; Arthur R. MILLER, « The American Class Action: from Birth to Maturity », 2018, 19-1, *Theoretical Inquiries in Law*, 1, p. 3-5.
15. S. CHIODO, *supra*, note 12, p. 24 ; A. MILLER, *supra*, note 14, p. 6.
16. Robert H. KLONOFF, « The Future of Aggregate Litigation in the United States », 2021, *The Cambridge Handbook of Class Actions: An International Survey*, p. 71, note 7. [*Aggregate litigation in the US*] ; *Defending Class Actions in Canada: A Guide for Defendants*, 5e éd., McCarthy Tetrault (LexisNexis, 2020), p. 6 [*Defending Class Actions*].

les cadrer depuis quelques années. Les critères pour permettre la certification d'un recours collectif aux États-Unis sont donc beaucoup plus sévères qu'au Canada et en Australie, et les cours américaines sont tenues d'en faire une évaluation rigoureuse.

Au Canada, contrairement aux États-Unis, comme la procédure civile est de juridiction provinciale, chaque province décide de ses propres règles[17]. Le Québec a ainsi décidé, en 1978, bien avant les autres provinces canadiennes et le reste des juridictions du monde entier[18], de s'inspirer de la *Rule 23* américaine et de mettre en place une législation sur les actions collectives, plus souple et permissive, incluse à même le *Code de procédure civile*[19]. Cette loi complétait le chantier du gouvernement du Québec de l'époque qui procédait alors à de vastes réformes sociales à la suite de la Révolution tranquille[20], et suivait l'adoption en 1971 de la *Loi sur la protection du consommateur*[21] et en 1976 de la *Charte des droits et libertés de la personne*[22].

À ce jour, huit autres provinces canadiennes ont adopté des lois inspirées de la *Rule 23* américaine permettant spécifiquement les actions collectives. Après le Québec, ont suivi l'Ontario en 1992[23], la Colombie-Britannique en 1995[24], la Saskatchewan[25] et Terre-Neuve-et-Labrador[26] en 2002, le Manitoba en 2003[27], l'Alberta en 2004[28], le Nouveau-Brunswick en 2007[29], et la Nouvelle-Écosse en 2008[30].

---

17. *Loi constitutionnelle de 1982*, 30 & 31 Vict., c. 3 (R.-U.), art. 92 (14).
18. Deborah R. HENSLER, « The Future of Mass Litigation: Global Class Actions and Third-Party Litigation Funding », (2011) 79:2 *Geo Wash L Rev* 306. [*Mass Litigation*]
19. *Loi sur le recours collectif*, 1978, ch. R-2.1, maintenant le Titre III du Livre VI du *Code de procédure civile*, c. C-25.01.
20. A. RYAN et S. FINN, « Une proposition plus modeste : soumissions bilingues au ministre de la Justice du Québec dans le cadre de réformes possibles au régime d'action collective », (2022) 17-2 *Canadian Class Action Rev.* 143, p. 146.
21. RLRQ, c. P-40.1.
22. RLRQ, c. C-12.
23. *Loi de 1992 sur les recours collectifs*, L.O. 1992, ch. 6 [ci-après référée dans le texte comme étant la LRCO].
24. *Class Proceedings Act*. R.S.B.C., 1996, c. 50.
25. *Class Actions Act*. S.S., 2001, c. C-12.01.
26. *Class Actions Act*. S.N.L., 2001, c. C-18.1.
27. *Class Proceedings Act*, C.C.S.M., c. C130.
28. *Class Proceedings Act*, S.A., 2003, c. C-16.5.
29. *Loi sur les recours collectifs*, LN-B 2006, c. C-5.15, maintenant *Loi sur les recours collectifs*, LRN-B 2011, c. 125.
30. *Class Proceedings Act*. S.N.S., 2007, c. 28.

De plus, les règles régissant les litiges relevant de la compétence statutaire de la Cour fédérale du Canada ont été modifiées en 2002 pour prévoir une procédure de recours collectif élargie[31]. Par contre, contrairement aux États-Unis, la Cour fédérale du Canada n'a pas juridiction pour regrouper en un seul tribunal des recours collectifs déposés dans les différentes provinces. En conséquence, au Canada, la gestion des recours parallèles déposés dans de multiples juridictions provinciales est beaucoup plus complexe et nécessite la coopération de chaque juge provincial saisi[32].

Dans les provinces de common law au Canada, la procédure de recours collectif diffère légèrement d'un tribunal provincial à l'autre en ce qui concerne les critères de certification, les mécanismes d'inscription et de retrait (appelés « opt-in » ou « opt-out »), et les risques de se voir attribuer ou non les frais judiciaires (appelés « legal costs »). Comme discuté ci-après[33], l'Ontario a par ailleurs modifié sa législation en octobre 2020 pour rendre les critères de certification plus exigeants et se coller davantage au modèle américain.

En Australie, et tel que plus amplement détaillé à la section 2.5 ci-après, l'historique procédural des recours collectifs est aussi inspiré de la procédure américaine, mais ressemble davantage au système en place dans les provinces de common law du Canada. Il existe des régimes de recours collectifs à la fois devant la Cour fédérale et devant les cours suprêmes des États. À ce jour, la Cour fédérale et cinq États ont adopté des lois inspirées de la *Rule 23*, mais encore ici beaucoup plus permissives[34]. La Cour fédérale a mis en place sa législation permettant les recours collectifs en 1992[35], puis les États suivants ont suivi[36] : l'État de Victoria en 2000[37], la Nouvelle-Galles du

---

31. *Règles des Cours fédérales* (DORS/98-106) partie 5.1.
32. *Defending Class Actions, supra*, note 16, p. 325.
33. Voir section 3.5, p. 47.
34. Voir section 3.1, p. 34.
35. *Federal Court of Australia Act 1976* (Cth), mais la partie IVA permettant les recours collectifs est entrée en vigueur le 4 mars 1992 par le biais de la *Federal Court of Australia Amendement Act 1991* (Cth) art. 3.
36. Voir ci-dessous la carte de l'Australie, tableau n° 8, p. 29.
37. *Courts and Tribunals Legislation (Miscellaneous Amendments) Act 2000* (Vict.) s. 14.

Sud en 2011[38], le Queensland en 2016[39], la Tasmanie depuis 2019[40], et l'Australie-Occidentale en septembre 2022[41]. Bien que chacun des régimes étatiques soit calqué sur le régime fédéral, il existe quelques différences entre chaque juridiction, comme au Canada[42].

Les actions collectives modernes existent donc aux États-Unis depuis plus de 55 ans, au Québec depuis près de 44 ans, en Ontario et en Australie depuis 30 ans, et dans les autres provinces canadiennes et autres États australiens entre 3 mois et 27 ans.

Il y a donc, à notre avis, amplement de données brutes pour faire un exercice intéressant de droit comparé.

2. PORTRAIT ACTUEL ET STATISTIQUES

2.1 États-Unis

Depuis la promulgation de la règle américaine moderne sur les recours collectifs en 1966 (l'actuelle *Rule 23*), le nombre de recours collectifs a littéralement explosé aux États-Unis. En 2011, une étude de la faculté de droit de l'Université Stanford en Californie a évalué qu'environ 12 500 nouveaux recours collectifs étaient déposés aux États-Unis *chaque année*, soit environ 7 500 en Cour fédérale et 5 000 dans les cours des États[43]. Ces chiffres semblent être encore valides en 2021[44]. Ils restent malheureusement très approximatifs, car les données empiriques sont difficiles à obtenir vu les limites

---

38. *Civil Procedure Act 2005* (NSW). La partie 10 est entrée en vigueur en mars 2011.
39. *Civil Proceedings Act 2011* (Qld). La section 13A est entrée en vigueur par le biais de la *Limitation of Actions (Institutional Child Sexual Abuse) and Other Legislation Amendment Bill 2016*.
40. *Supreme Court Civil Procedure Act 1932* (Tas). La section VII est entrée en vigueur par le biais de la *Supreme Court Civil Procedure Amendment Act* 2019 (Tas).
41. *Civil Procedure (Representative Proceedings) Bill 2021*, entrée en vigueur le 1er septembre 2022 (WA).
42. Les régimes de la Cour suprême de la Nouvelle-Galles du Sud, de Victoria et du Queensland imitent celui de la Cour fédérale, tandis que certains des autres États ont un modèle différent.
43. D.R. HENSLER, *Mass Litigation*, *supra*, note 18, p. 308 (note 7) ; Nicholas M. PACE, « Group and Aggregate Litigation in the United States », [2009] 622 *Annals Am Acad Pol & Soc Sci* 32, p. 40 ; Robert H. KLONOFF, « Why Most Nations Do Not Have U.S.-Style Class Actions », Bloomberg Law, 2015, en ligne : <https://news.bloomberglaw.com/class-action/why-most-nations-do-not-have-us-style-class-actions> (consulté le 27 juillet 2022).
44. R. KLONOFF, *Aggregate litigation in the US*, *supra*, note 16, p. 72.

inhérentes aux systèmes informatiques en place dans les cours des États-Unis[45]. Le seul domaine où les données ont été colligées de façon ordonnée et complète est celui des valeurs mobilières, car depuis 1995 le *Securities Class Action Clearinghouse*[46] de la faculté de droit de l'Université Stanford s'en occupe.

De ce nombre approximatif de 12 500, la très grande majorité des dossiers ne se rendront jamais à l'étape du fond. Ils seront soit rejetés à l'étape de la certification ou, s'ils sont certifiés, réglés hors cour avant la tenue du procès[47].

Cela dit, pour tenter de mettre un frein au nombre de dossiers déposés devant les cours des États, considérées comme beaucoup plus permissives et réceptives aux recours collectifs que la Cour fédérale[48], le Congrès américain et la Cour suprême des États-Unis ont tous deux agi pour tenter de mieux les encadrer et les limiter.

D'une part, en 2005, le Congrès a adopté la *Class Action Fairness Act*[49] (CAFA). La CAFA vise notamment à étendre la compétence fédérale sur les recours collectifs, à réduire les incohérences entre les recours collectifs plaidés dans les États individuels, et à assurer un examen plus approfondi des règlements des recours collectifs et du paiement des honoraires des avocats. Les défendeurs peuvent aussi retirer un recours collectif d'un État et le transférer à un tribunal fédéral si le montant en litige est supérieur à 5 millions de dollars[50].

---

45. Jonah B. GELBACH et Deborah R. HENSLER, « What we don't know about class actions but hope to know soon », 2018, *Fordham Law Review*, vol. 87-1, p. 65-68 [*What we don't know*].
46. Le *Securities Class Action Clearinghouse* (SCAC) fournit des informations détaillées sur la poursuite, la défense et le règlement des litiges fédéraux en matière de fraude et de valeurs mobilières. L'équipe du SCAC tient à jour une base de données des 6 237 recours collectifs en valeurs mobilières déposés depuis l'adoption de la loi *Private Securities Litigation Reform Act* de 1995, en ligne : <https://securities.stanford.edu/> (consulté le 9 août 2022).
47. DLA PIPER *Global Litigation Guide – Full handbook – United States*, juillet 2019, p. 169, en ligne : <https://www.dlapiperintelligence.com/litigation/insight/index.html?t=10-class-actions> (consulté le 28 juillet 2022).
48. *Defending Class Actions*, *supra*, note 16, p. 318.
49. 28 USC § 1332(d) (*CAFA*).
50. *Defending Class Actions*, *supra*, note 16, p. 319-321 ; A.R. MILLER, *supra*, note 14, p. 26, 37 ; Charles SHARMAN, « The Class Action Fairness Act : History, Uses, And Differences From Traditional Diversity Jurisdiction », Marquette University Law School Faculty Blog, septembre 2013, en ligne : <https://law.marquette.edu/facultyblog/2013/09/the-class-action-fairness-act-history-uses-and-differences-from-traditional-diversity-jurisdiction/> (consulté le 27 juillet 2022).

D'autre part, plusieurs décisions très médiatisées de la Cour suprême des États-Unis ont aussi limité les circonstances dans lesquelles les dossiers peuvent être certifiés[51]. En 2011, la Cour suprême des États-Unis a notamment abordé les exigences de certification dans le dossier *WalMart*[52] où elle a exhorté les tribunaux des États dans d'autres affaires à se livrer à une analyse plus rigoureuse du dossier factuel, généralement réservée à l'étape du fond, pour déterminer si la certification est appropriée[53]. Cette approche restrictive a été confirmée par la Cour suprême en 2013 dans le dossier *Comcast*[54], et en 2021 dans le dossier *Goldman Sachs*[55].

La certification est ainsi beaucoup plus difficile à obtenir depuis quelques années, en particulier dans les dossiers de préjudice corporel, d'emploi, de droits civils et en matière pharmaceutique[56]. La tendance des tribunaux a nettement évolué contre les recours collectifs et plus largement contre les plaignants[57]. La raison la plus souvent évoquée est que la Cour suprême des États-Unis et les tribunaux inférieurs sont plus conservateurs qu'au cours des trente dernières années et que la tendance risque de se poursuivre[58].

En ce qui a trait aux perspectives futures, selon une enquête de 2022 du cabinet d'avocats national Carlton Fields basée sur des entretiens avec des avocats seniors de plus de 400 grandes entreprises aux États-Unis, les secteurs les plus visés par les recours collectifs sont maintenant : les relations employeurs-employés, les fraudes des données des clients et consommateurs suite à l'utilisation accrue des réseaux sociaux, les valeurs mobilières, les produits défectueux, l'impact de la pandémie (COVID-19), les violations statutaires et les questions de concurrence déloyale[59].

---

51. *Amchem Products, Inc.* v. *Windsor*, 521 U.S. 591(1997) ; *Ortiz* v. *Fibreboard Corp.*, 527 U.S. 815 (1999).
52. *Wal-Mart Stores, Inc.* v. *Dukes*, 131 S Ct 2541 (2011). [*Wal-Mart*]
53. *Defending Class Actions in Canada, supra*, note 16, p. 93, 313.
54. *Comcast Corp* v. *Behrend*, 569 US 27 (Supreme of the United States 2013). [*Comcast*]
55. *Goldman Sachs Groups, Inc.* v. *Arkansas Teacher Retirement System*, 141 S Ct 1951 (Supreme of the United States 2021). [*Goldman Sachs*]
56. A.R. MILLER, *supra*, note 14, p. 21.
57. *Id.*, p. 22.
58. *Ibid.*
59. 2022 Carlton Fields Class Action Survey, en ligne : <https://classactionsurvey.com/wp-content/uploads/2020/06/2020-class-action-survey-preview.pdf> (consulté le 27 juillet 2022).

Avec environ 12 500 nouveaux recours déposés par année, les États-Unis restent donc, de loin, la juridiction où le plus grand nombre de nouveaux recours collectifs sont déposés.

2.2 Ontario

Environ 25 ans après l'entrée en vigueur de la *Loi sur les recours collectifs* de l'Ontario (« LRCO »[60], la Commission du droit de l'Ontario (« CDO ») a procédé à une étude approfondie de l'état des recours collectifs dans cette province[61]. L'étude portait principalement sur trois grandes questions : 1) les recours collectifs ontariens remplissent-ils leurs trois objectifs (accès à la justice, économie judiciaire et modification des comportements) ? ; 2) la loi reflète-t-elle les problèmes et les pratiques actuels des recours collectifs ? et 3) la loi reflète-t-elle les priorités actuelles de la justice et de l'administration en Ontario[62] ?

En 2019, la CDO indiquait, dans son rapport complet et final de juillet 2019[63], que près de 1 500 recours collectifs avaient été intentés en Ontario entre 1993 et février 2018 avec en moyenne 54 nouveaux dossiers par année, et plus de 100 dossiers déposés par année depuis 2014 :

---

60. *Loi de 1992 sur les recours collectifs*, *supra*, note 23.
61. COMMISSION DU DROIT DE L'ONTARIO, *Introduction – Rapport final, Les recours collectifs : Objectifs, constats, réformes* – juillet 2019 (introduction en français) en ligne : <https://www.lco-cdo.org/wp-content/uploads/2019/09/Rapport-Final-Introduction-Class-Actions-Revised.pdf> (consulté le 8 décembre 2022). [*Rapport partiel en français*]
62. *Id.*, p. 3-4.
63. LAW COMMISSION OF ONTARIO, Class Actions : Objectives, Experiences and Reforms, p. 16, disponible au complet en anglais seulement en ligne : <https://www.lco-cdo.org/wp-content/uploads/2019/07/LCO-Class-Actions-Report-FINAL-July-17-2019.pdf> (consulté le 8 décembre 2022). [*Rapport complet en anglais*]

Tableau n° 1 : Nombre de recours collectifs intentés par année en Ontario entre 1993 et février 2018[64]

En ce qui a trait aux domaines de droit les plus visés par les recours collectifs en Ontario, la CDO concluait que c'était, respectivement, les valeurs mobilières, le droit de la concurrence, la responsabilité du fabricant, le droit de la consommation et les questions de droit de l'emploi et de fonds de pension :

Tableau n° 2 : Domaines de droit visés par les recours collectifs déposés en Ontario entre 1993 et février 2018[65]

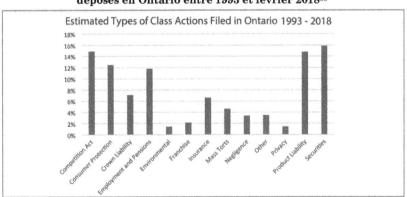

---

64. COMMISSION DU DROIT DE L'ONTARIO, *Rapport partiel en français*, supra, note 61, p. 6.
65. LAW COMMISSION OF ONTARIO, *Rapport complet en anglais*, supra, note 63, p. 15.

De plus, la CDO concluait que la très grande majorité (73 %) des dossiers étaient certifiés[66].

Tableau n° 3 : Nombre de dossiers certifiés en Ontario entre 1993 et février 2018, incluant les appels[67]

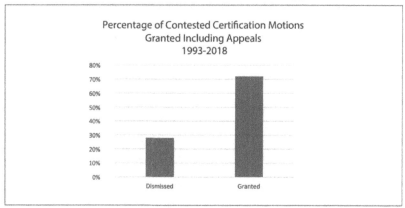

Face au constat du nombre de recours collectifs intentés chaque année et au taux très élevé de certification, le gouvernement de l'Ontario a donné suite à certaines des 40 recommandations du rapport de la CDO en modifiant sensiblement la LRCO adoptée en 1992[68]. L'intention déclarée des modifications était de rendre les recours collectifs plus équitables, transparents et efficaces pour les particuliers et les entreprises de l'Ontario[69]. Les modifications adoptées ont été incluses à l'annexe 4 du projet de loi 161, la *Loi sur une justice plus intelligente et plus solide*[70], sont entrées en vigueur le 1er octobre 2020, et se retrouvent maintenant dans la version à jour de la LRCO[71].

Par ces modifications, le gouvernement a par ailleurs, de façon un peu contradictoire, répondu au lobbying des intérêts des entreprises et des avocats de la défense en instituant un test de certification

---

66. *Id.*, p. 17.
67. *Ibid.*
68. *Loi de 1992 sur les recours collectifs*, *supra*, note 23.
69. BLG, *Ontario Announces Significant Proposed Changes to the Class Proceedings Act, 1992*, 11 décembre 2019, en ligne : <https://www.blg.com/en/insights/2019/12/ontario-announces-significant-proposed-changes-to-the-class-proceedings-act-1992> (consulté le 8 décembre 2022).
70. Projet de loi 161, *Loi de 2020 sur une justice plus intelligente et plus solide*, 42e parl., 1re sess., Ontario (sanctionnée le 8 juillet 2020), LO 2020, c. 11, annexe 4.
71. *Loi de 1992 sur les recours collectifs*, *supra*, note 23.

beaucoup plus strict, ce que ne recommandait pas la CDO[72]. Le nouveau test de certification[73] adopte maintenant l'approche restrictive américaine, très différente de l'approche souple et permissive suivie dans toutes les autres provinces au Canada suite aux nombreuses décisions en ce sens de la Cour suprême du Canada[74].

Les autres amendements importants à la LRCO traitent, notamment, de la considération à porter aux recours multi-juridictionnels[75], de la possibilité de présenter des requêtes préliminaires en rejet total ou partiel avant l'audition de la requête en certification[76], de faire rejeter les recours pour cause de retard[77], et traitent des modifications aux voies d'appel[78].

Les changements se sont appliqués uniquement aux nouveaux recours collectifs déposés après le 1er octobre 2020, et non à ceux déposés avant. En conséquence, plusieurs recours ont été déposés juste avant le 1er octobre 2020 pour bénéficier des anciennes règles[79].

Depuis le 1er octobre 2020, les modifications apportées à la LRCO semblent déjà avoir eu une incidence sur le nombre de recours collectifs intentés en Ontario comparativement aux années les plus actives, notamment en 2008 et entre 2014 et 2017, où il y avait eu plus de 100 dossiers déposés par année[80]. Dans l'année qui a suivi l'entrée en vigueur des changements, le nombre de recours collectifs

---

72. Jasminka KALAJDZIC et Catherine PICHÉ, « Cold Facts from the Great White North – Empirical Truths, Contemporary Challenges and Class Action Reform », 2021, *The Cambridge Handbook of Class Actions: An International Survey*, 109, p. 128, [*Cold Facts*] ; Rebecca MEHARCHAND, « United We Stand, Divided We Fall: Class Actions and Corporate Hegemony », (2021) 16-2 *Canadian Class Action Rev.* 117, p. 120.
73. Ces critères seront étudiés ci-après à la section 3.5, p. 47.
74. Notamment : *Desjardins Cabinet de services financiers inc.* c. *Asselin*, 2020 CSC 30 [*Asselin*] ; *L'Oratoire* ; *supra*, note 1 ; *Infineon Technologies AG* c. *Option consommateurs*, 2013 CSC 59 [*Infineon*] ; *Vivendi*, *supra*, note 1 ; *Banque de Montréal* c. *Marcotte*, 2014 CSC 55 [*Marcotte*] ; *AIC Limited* v. *Fischer*, 2013 CSC 69 [*Fischer*] ; *Hollick*, *supra*, note 1 ; *Dutton*, *supra*, note 1.
75. Art. 5.1 LRCO.
76. Art. 4.1 LRCO.
77. Art. 29.1 LRCO.
78. Art. 30 LRCO.
79. BLG, *Amendments to Ontario's Class Proceedings Act*, 19 novembre 2020, en ligne : <https://www.blg.com/en/insights/2020/11/2020-class-actions-update-webinar> (consulté le 8 décembre 2022). [*Amendments to Ontario*]
80. Tableau n° 1, *supra*, p. 17.

intentés en Ontario a baissé sensiblement par rapport aux années antérieures[81].

Une consultation de la base de données sur les recours collectifs de l'*Association du Barreau canadien*[82] (« ABC »), qui couvre des dossiers de recours collectifs ouverts dans chaque province au Canada depuis 2010, indique qu'en Ontario un *total* d'environ 246 nouveaux dossiers ont été déposés sur une période de cinq ans, du 1er janvier 2018 au 13 décembre 2022, soit environ 50 dossiers par année au lieu des 100 dossiers par année répertoriés en 2008 et entre 2014 et 2017, tel que constatés dans le rapport de la CDO[83].

Malheureusement, contrairement au *Registre des actions collectives* de la Cour supérieure du Québec (le « Registre »), en fonction depuis le 1er janvier 2009 et dans lequel doivent obligatoirement être inscrites toutes les nouvelles actions collectives déposées dans la province[84], la base de données de l'ABC est une initiative purement volontaire. Elle ne fournit donc pas une liste exhaustive et fiable de toutes les actions collectives déposées par province. De fait, les avocats en demande hésitent souvent à y déposer leurs nouvelles procédures de peur qu'elles soient copiées par un autre cabinet d'avocats[85]. Ce n'est que depuis le 1er juin 2019 que l'Ontario, par une directive de la Cour supérieure de justice, a demandé que tout nouveau recours collectif soit inscrit dans cette base de données[86].

---

81. Cabinet Torys, *Les actions collectives au Canada : à venir en 2022*, en ligne : <https://www.torys.com/fr-ca/our-latest-thinking/publications/2021/12/class-actions-in-canada> (consulté le 8 décembre 2022).
82. Base de données sur les recours collectifs de l'*Association du Barreau canadien*, en ligne : <https://www.cba.org/Publications-Resources/Class-Action-Database> (consulté le 13 décembre 2022).
83. Tableau n° 1, *supra*, p. 17.
84. COUR SUPÉRIEURE DU QUÉBEC, *Registre des actions collectives*, en ligne : (<https://www.registredesactionscollectives.quebec/>). [*Registre*]
85. Jasminka KALAJDZIC, « Overview of Canadian Class Actions Systems », 2021, *Observatoire des Actions de Groupe et autres Actions Collectives*, p. 1, note 3, en ligne : <https://observatoireactionsdegroupe.com/wp-content/uploads/2022/07/Overview-of-Canadian-Class-Action-Systems-revised.pdf> [*Overview*] (consulté le 15 novembre 2022). Cette réticence à déposer s'explique par le fait que la règle de priorité du premier recours déposé ne s'applique qu'au Québec ; dans les autres provinces au Canada, différents cabinets peuvent devoir débattre devant le tribunal qui devra trancher quel est le meilleur cabinet pour avoir la gestion d'un recours collectif (en anglais « carriage motion »).
86. Le Conseil canadien de la magistrature a avalisé la Résolution 18-03-A de l'Association du Barreau canadien (Protocole judiciaire visant les actions collectives [2018]) : « La Cour supérieure de justice de l'Ontario approuve le Protocole judiciaire canadien de gestion des actions collectives multijuridictionnelles et de

Il en résulte que les chiffres provenant de la base de données de l'ABC sont clairement incomplets jusqu'à juin 2019 (soit avant la directive de la Cour), et qu'à partir de 2020, le nombre de nouveaux dossiers inscrits est possiblement complet, mais moindre. Nous croyons que cette baisse résulte de deux facteurs : d'une part en raison de la pandémie au printemps 2020 qui a initialement ralenti le système judiciaire, puis en raison de l'entrée en vigueur du projet de loi 161 en octobre 2020 qui a rendu plus difficile la certification des actions collectives en Ontario[87]. Cette tendance à la baisse en Ontario a aussi coïncidé avec la hausse constante des demandes introduites devant la Cour fédérale du Canada et surtout devant les cours de la Colombie-Britannique[88]. Pour la période de 30 ans entre 1992 et 2022, un total d'environ 1 746 (1 500 + 246) nouveaux dossiers de recours collectifs ont donc été déposés en Ontario.

2.3 Québec

En comparaison, 1 613 actions collectives ont été déposées au total au Québec en 30 ans. Ces chiffres sont donc très similaires à ceux de l'Ontario, même si la population de l'Ontario était, en 2019, presque le double de celle du Québec[89].

Entre 1993 et 2018, et tel que le démontre le tableau ci-dessous, 1 306 nouveaux dossiers ont été déposés, avec une moyenne annuelle autour de 50 nouveaux dossiers et une pointe à 100 dossiers en 2005 :

---

production des avis d'action collective, également appelé « Protocole de 2018 », tel qu'il a été révisé par l'Association et, à compter du 1er juin 2019, les parties à un recours collectif devront respecter les dispositions de ce protocole ». Information en ligne (consultation le 20 octobre 2022) : <https://www.ontariocourts.ca/scj/practice/practice-directions/provincial/>.

87. Voir la section 3.5, p. 47.
88. Cabinet Torys, *Les actions collectives au Canada : à venir en 2022*, supra, note 81.
89. En 2019, la population du Québec était de 8,5 millions d'habitants et celle de l'Ontario était de 14,6 millions, voir Statistique Canada, en ligne : <https://www150.statcan.gc.ca/t1/tbl1/fr/tv.action?pid=1710000901&cubeTimeFrame.startMonth=10&cubeTimeFrame.startYear=2019&cubeTimeFrame.endMonth=10&cubeTimeFrame.endYear=2019&referencePeriods=20191001%2C20191001> (consulté le 9 décembre 2022).

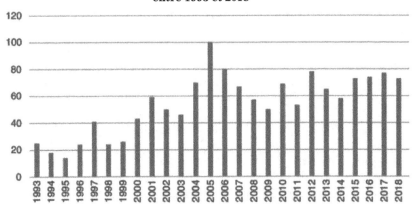

Tableau n° 4 : Nombre de dossiers déposés au Québec entre 1993 et 2018[90]

Pour la période du 1er janvier 2019 au 13 décembre 2022, ce sont 306[91] nouveaux dossiers qui ont été déposés, avec 90 dossiers en 2019[92], un autre sommet à 99 dossiers en 2020 (conséquence directe de la pandémie de COVID-19 et des recours qui ont suivi)[93], et une diminution à 73 dossiers en 2021. Pour l'année 2022, la diminution semble vouloir se continuer de façon importante avec une projection annuelle de 45 nouveaux dossiers déposés[94].

En ce qui a trait au nombre de dossiers autorisés, le pendule s'est déplacé, mais a généralement favorisé les requérants de 1994 à 2017 à raison de 63 % en moyenne[95]. Lorsqu'on tient compte des appels, ce chiffre augmente à 70 % en faveur des autorisations[96].

---

90. J. KALAJDZIC et C. PICHÉ, *Cold Facts, supra*, note 72, p. 115.
91. Information provenant du Registre, *supra*, note 84.
92. BLG – juin 2022 – *Actions collectives – Rétrospective de l'année 2021 au Québec*, en ligne : <https://www.blg.com/fr/insights/2022/06/actions-collectives-retrospective-de-lannee-2021-au-quebec> (consulté le 24 octobre 2022). [*Rétrospectives 2021*]
93. BLG – Hiver 2021 – *Action collective – Rétrospective de l'année 2020 au Québec*, en ligne : <https://www.blg.com/fr/insights/2021/03/action-collective-retrospective-de-lannee-2020-au-quebec> (consulté le 24 octobre 2022). [*Rétrospectives 2020*]
94. En date du 13 décembre 2022, 44 nouveaux dossiers avaient été déposés au Registre, *supra*, note 84.
95. C. PICHÉ, « Perspectives de réforme de l'action collective au Québec – Rapport préparé à l'attention du Ministère de la Justice du Québec – septembre 2019 », p 22, en ligne : <https://www.justice.gouv.qc.ca/fileadmin/user_upload/contenu/documents/Fr__francais_/centredoc/rapports/ministere/RA_Piche_Ref_Action_coll_Qc.pdf> (consulté le 24 octobre 2022). [*Perspectives de réforme*]
96. C. PICHÉ, *L'action collective : ses succès et ses défis*, Montréal, Éditions Thémis, 2019, ch. II, section 3.2.

Tableau n° 5 : Pourcentage de dossiers autorisés au Québec entre 1994 et 2017[97]

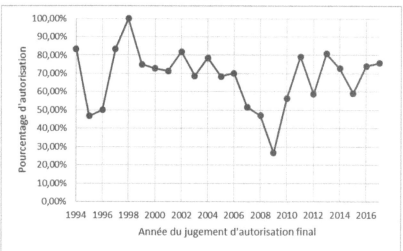

Pour les années 2020 et 2021, le taux d'autorisation a par ailleurs baissé. Les autorisations ont été accordées à raison d'environ 55 % en faveur des requérants, au lieu de 70 %. Ce chiffre provient d'une combinaison des jugements d'autorisation en faveur des requérants et des jugements en appel renversant un rejet d'autorisation[98].

En ce qui a trait aux domaines de droit visés par les actions collectives, force est de constater qu'ils ont évolué et changé avec les années. Alors que le droit de la consommation a depuis toujours représenté une partie importante des nouveaux dossiers au Québec (jusqu'à 30% en 2020[99]), le tableau est maintenant beaucoup plus nuancé avec des dossiers d'atteinte à la vie privée (14 %), de responsabilité de l'État (16 %) et de responsabilité civile générale (16 %).

---

97. C. PICHÉ, *Perspectives de réforme, supra*, note 95, p. 22.
98. BLG, *Rétrospectives 2020, supra*, note 93 ; BLG, *Rétrospectives 2021, supra*, note 92.
99. BLG, *Rétrospectives 2020, supra*, note 93.

Tableau n° 6 : Domaines de droit visés par les actions collectives au Québec en 2021[100]

Nouvelles actions collectives

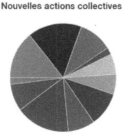

2.4 Colombie-Britannique

La Colombie-Britannique est la troisième province en importance, au niveau démographique, au Canada. Elle suit l'Ontario et le Québec. En 2019, sa population était de 5,1 millions d'habitants[101].

Rappelons que la Colombie-Britannique a promulgué sa loi sur les recours collectifs en 1996[102], soit depuis 26 ans. Contrairement à l'Ontario et au Québec où des données empiriques ont été colligées méthodiquement par des professeurs d'université[103] depuis l'année 1993[104], la Colombie-Britannique n'a pas de données empiriques cumulatives facilement accessibles entre 1996 et 2010. Il faut se référer à la base de données sur les recours collectifs de l'ABC[105] qui

---

100. BLG, *Rétrospective 2021*, *supra*, note 92.
101. Statistiques Canada, en ligne : <https://www150.statcan.gc.ca/t1/tbl1/fr/tv.action?pid=1710000901&cubeTimeFrame.startMonth=10&cubeTimeFrame.startYear=2019&cubeTimeFrame.endMonth=10&cubeTimeFrame.endYear=2019&referencePeriods=20191001%2C20191001> (consulté le 24 octobre 2022).
102. *Supra*, note 24.
103. C. PICHÉ au Québec et J. KALAJDZIC en Ontario.
104. Tableau n° 1, *supra*, p. 17 ; tableau n° 4, *supra*, p. 22.
105. *Supra*, note 82.

couvre des dossiers de recours collectifs ouverts dans chaque province au Canada depuis 2010. Toutefois, et comme déjà indiqué ci-dessus, la base de données est incomplète et non exhaustive dans les provinces qui n'ont pas rendu obligatoire l'inscription de tous les nouveaux recours déposés. L'Ontario l'a fait en juin 2019[106], mais la Colombie-Britannique ne l'a fait qu'en mai 2022[107].

Il en résulte que la base de données, incomplète, indique seulement 283 dossiers *au total* depuis 2010[108]. Par contre, selon une compilation faite en mai 2021 par le cabinet McCarthy Tetrault de Vancouver, pour le district de Vancouver seulement[109], le nombre de nouveaux dossiers déposés annuellement aurait plutôt triplé entre les années 2010 et 2021. Ils évaluent en effet qu'en moyenne, de 2011 à 2018, 18 nouveaux recours collectifs ont été déposés par année (pour un total de 144 dossiers). Puis ce nombre a fortement augmenté pour atteindre 45 dépôts en 2019, 64 en 2020, et 70 en 2021[110], et l'année 2022 ira probablement dans le même sens[111].

Le total à ce jour serait donc d'environ 370 dossiers, pour le district de Vancouver seulement. Cette hausse marquée du nombre de nouveaux dossiers par année (de 18 en 2018 à 70 en 2021) peut probablement s'expliquer par trois raisons principales[112].

D'abord, la Colombie-Britannique est, depuis 1996, un forum favorable aux requérants en ce qui a trait au non-paiement des frais

---

106. *Supra*, note 86.
107. SUPREME COURT OF BRITISH COLUMBIA – Practice Direction – Class Proceedings – mai 2022, en ligne : <https://www.bccourts.ca/supreme_court/practice_and_procedure/practice_directions/civil/PD%20-%205%20Class%20 Proceedings.pdf> (consulté le 24 octobre 2022).
108. *Supra*, note 82 (consulté le 9 décembre 2022).
109. MCCARTHY TETRAULT, *Filing Trends in British Columbia Class Actions*, mai 2021, en ligne : <https://www.mccarthy.ca/en/insights/blogs/canadian-class-actions-monitor/filing-trends-british-columbia-class-actions> (consulté le 3 août 2022).
110. *Ibid.*
111. En date du 9 décembre 2022, la base de données de l'ABC indiquait 48 nouveaux dossiers déposés en Colombie-Britannique en 2022, mais avec la recommandation de faire l'inscription seulement depuis mai 2022. En conséquence, le vrai nombre de dossiers est sûrement supérieur.
112. OSLER, *Les actions collectives en Colombie-Britannique : tournez-vous vers l'ouest, jeunes demandeurs*, en ligne : <https://retrospectiveanneejuridique.ca/wp-content/uploads/2021/11/2021-Osler-Les-actions-collectives-en-Colombie%E2%80%91Britannique-tournez-vous-vers-louest-jeunes-demandeurs.pdf> (consulté le 5 août 2022). [*Actions collectives en Colombie-Britannique*]

et dépens. En effet, comme aux États-Unis, mais contrairement à plusieurs autres provinces dont l'Ontario, les requérants bénéficient de règles favorables qui limitent leur risque financier sur le plan des frais d'avocats et frais judiciaires dans le cas de décisions qui leur seraient défavorables au stade de la certification d'une action[113]. C'est ce qui s'appelle en anglais « no-costs regime ».

De plus, depuis le 1er octobre 2018[114], la Colombie-Britannique est passée d'une juridiction dite de « opt-in hybride » (soit une juridiction où les résidents de la province sont automatiquement inscrits dans un recours, mais où les non-résidents doivent eux-mêmes proactivement s'inscrire pour participer au recours) à une juridiction dite de « opt-out »[115]. Ceci permet donc la certification d'actions collectives nationales qui incluent automatiquement les résidents de la Colombie-Britannique de même que les résidents extra-provinciaux, à moins que ces derniers ne choisissent de s'exclure du recours (« opt-out »). Ce changement rend la province beaucoup plus intéressante pour les requérants qui veulent initier des classes nationales et inclure le plus grand nombre possible de membres.

Finalement, et comme qu'indiqué ci-dessus à la section 2.2, depuis octobre 2020, la popularité de la Colombie-Britannique a été renforcée par l'adoption en Ontario de l'annexe 4 du projet de loi 161, la *Loi sur une justice plus intelligente et plus solide*[116] qui a modifié substantiellement la LRCO et a notamment rendu les critères de certification beaucoup plus difficiles pour les requérants[117]. La Colombie-Britannique fait donc maintenant l'objet d'un regain d'attention en tant que province de choix pour les demandeurs au Canada[118].

Les domaines de droit les plus visés dans les dernières années (2020 et 2021) sont principalement la protection du consommateur sous toutes ses formes, les réclamations contre les autorités publiques liées à la pandémie, les réclamations en responsabilité civile contre l'État, et les atteintes à la vie privée et aux informations

---

113. *Ibid.*
114. Projet de loi 21, 2018, *Class Proceedings Amendment Act*, visant à modifier la *Class Proceedings Act*, R.S.B.C. 1996.
115. Les autres provinces au Canada sont : Québec, Ontario, Saskatchewan, Alberta, Manitoba, Nouvelle-Écosse et aussi la Cour fédérale.
116. *Supra*, note 70.
117. Section 3.5, p. 47.
118. OSLER, *supra*, note 112.

confidentielles[119]. Ces domaines sont donc quasi-identiques à ceux au Québec[120].

Tableau n⁰ 7 : Portrait des recours collectifs dans les provinces de common law en novembre 2022, excluant l'Ontario

(BC, AB, SK, MB, NL, NB, NS & PEI)

Type of Application (includes appeals)	BC	AB	SK	MB	NS	NL	PEI	NB
Sequencing	1							
Consent Certification								
Certification (granted)	6	2	1	1	1			1
Certification (refused)	7	2	2			1		
Carriage / Stay Applications	3	1						
Summary Judgment / Trial	1							
Applications to Strike	2					1		
Other Applications / appeals	19	6	4			2	1	2
Costs		1						
Settlement / Fee Approval	1	1		1		1		
Common Issues Trial	2							

Le tableau n⁰ 7 ci-dessus[121], qui provient d'une conférence donnée à l'occasion du Colloque national du Barreau du Québec sur l'action collective de novembre 2022, montre le nombre de dossiers et les sortes de requêtes présentement actives dans les provinces de common law au Canada, à l'exclusion de l'Ontario.

---

119. *Ibid.*
120. Tableau n⁰ 6, *supra*, p. 24.
121. Luciana BRASIL, Jonathan SCHACTER, Emmanuelle ROLLAND, « Recent Developments in Common Law Provinces », *Colloque national du Barreau du Québec sur l'action collective*, 10 novembre 2022, en ligne : <https://app.docurium.ca/d/b658c4b13ba34563b658/files/?p=%2F10h%20Rolland--%20Combined%20Presentation%20v4.pdf> (consulté le 15 novembre 2022).

On peut y constater la position prédominante de la Colombie-Britannique par rapport aux autres provinces. Les statistiques montrent notamment qu'il y a plus de dépôts de recours collectifs en Colombie-Britannique, plus de procédures préliminaires et plus de dossiers qui procèdent au fond. Par ailleurs, la voie n'est pas nécessairement facile pour autant puisque sept requêtes en certification sur treize ont été rejetées.

En résumé, considérant les données empiriques incomplètes de 2010 à 2022, soit environ 370 dossiers, il est possible d'extrapoler le nombre total de recours collectifs déposés en Colombie-Britannique depuis 1996 à un maximum total d'environ 450 dossiers.

2.5 Australie

L'Australie est un pays qui ressemble beaucoup au Canada sur le plan de l'introduction et l'historique des recours collectifs, mais qui a une organisation judiciaire qui ressemble davantage à celle des États-Unis[122]. En effet, elle a une Cour fédérale centrale avec des bureaux dans chaque État (au nombre de sept), mais, en parallèle, les États peuvent aussi prévoir leur propre loi et procédure de recours collectifs. La procédure au niveau fédéral est en place depuis 30 ans, soit depuis le 4 mars 1992[123] et celles de cinq dans sept États ont suivi entre 2000 et 2022 (Victoria, Nouvelle-Galles du Sud, Queensland, Tasmanie et Australie-Occidentale)[124].

Le tableau ci-dessous de la carte de l'Australie montre comment le territoire est divisé :

---

122. *Supra*, section 2.1, p. 13.
123. *Supra*, note 35.
124. L'État de Victoria en 2000, *supra*, note 37 ; la Nouvelle-Galles du Sud depuis 2011, *supra*, note 38 ; le Queensland depuis 2016, *supra*, note 39 ; la Tasmanie depuis 2019, *supra*, note 40 ; l'Australie-Occidentale depuis septembre 2022, *supra*, note 41.

Tableau n° 8 : Carte de l'Australie détaillant les sept États qui la composent[125]

Conformément aux régimes de recours collectifs aux États-Unis et au Canada, les objectifs principaux de l'Australie en instituant un régime de recours collectifs en 1992 étaient d'améliorer l'accès à la justice et de promouvoir l'efficacité de la justice en tirant parti des économies d'échelle résultant de l'agrégation des réclamations communes[126]. Le troisième objectif généralement visé, soit la modification des comportements des défendeurs délinquants[127], n'était pas spécifiquement mentionné, ou un objectif en soi[128], à la suite des pressions de la communauté politique et de la communauté d'affaire qui craignaient un déferlement de recours frivoles et abusifs, voire oppressifs[129].

---

125. Carte de l'Australie, en ligne : <https://australie-voyage.fr/informations-pratiques-australie/carte-australie/> (consulté le 24 octobre 2022).
126. AUSTRALIA LAW REFORM COMMISSION, *Grouped Proceedings in the Federal Court*, 1988, rapport n° 46, p. 8-9, en ligne : <https://www.alrc.gov.au/publication/grouped-proceedings-in-the-federal-court-alrc-report-46/> (consulté le 24 octobre 2022). [*ALRC 1988 Report*]
127. *Supra*, note 1.
128. Vicky WAYNE et Vince MORABITO, « When Pragmatism Leads to Unintended Consequences: A Critique of Australia's Unique Closed Case Regime », (2018) 19-1 *Theoretical Inquiries in Law* 303, 304.
129. Michael LEGG et Samuel J. HICKEY, « Class Actions in Australia », *The Cambridge Handbook of Class Actions : An International Survey*, 2021, 366, p. 367. [*Class Actions in Australia*]

Au niveau démographique, la population de l'Australie était d'environ 25,3 millions en 2019[130], soit un peu plus que celles des provinces d'Ontario (14,6 millions) et du Québec (8,5 millions) combinées (23,1 millions)[131]. Malgré cette similitude démographique, son nombre de nouveaux dossiers de recours collectifs déposés durant la même période de 30 ans est bien moindre. Il correspond à un peu moins de 25 % des nouveaux dossiers déposés au Québec et en Ontario[132].

En Australie, les données empiriques ont été colligées de façon ordonnée et méthodique, comme au Québec et en Ontario[133] (mais contrairement aux États-Unis et à la Colombie-Britannique). Cette collecte a été faite, tant au niveau de la Cour fédérale qu'au niveau des cours des États, par Vince Morabito[134], professeur de droit de l'Université Monash près de Melbourne dans l'État de Victoria, qui s'est spécialisé dans l'étude des recours collectifs en Australie. En date de juillet 2022, et tel qu'expliqué ci-dessous, environ 800[135] recours collectifs *au total* ont été déposés en Australie depuis 1992.

Pour la période du 4 mars 1992 jusqu'au 3 mars 2021, le professeur Morabito a répertorié un total de 740 recours collectifs déposés dans toute l'Australie. Ce chiffre inclut autant les dossiers déposés devant la Cour fédérale que ceux déposés devant la Cour des États. Une première étude, exhaustive et très détaillée, a couvert les 25 premières années, de 1992 à 2017[136]. Une récente mise à jour des données couvre la période de mars 2017 à mars 2021[137]. Parmi

---

130. BANQUE MONDIALE, Australie, en ligne : <https://www.donneesmondiales.com/australie/australie/croissance-population.php> (consulté le 15 août 2022).
131. *Supra*, note 101.
132. Le nombre de dossiers combinés en Ontario et au Québec se chiffre à environ 3 369 (soit 1 746 + 1 613). En Australie, le nombre de dossiers déposés est d'environ 800, voir ci-dessous, note 135.
133. Tableau n° 1, *supra*, p. 17 ; tableau n° 4, *supra*, p. 22.
134. Vince, MORABITO, professor of Law, Monash University, Monash Business School – Department of Business Law and Taxation, Melbourne, Australia.
135. 740 du 4 mars 1992 au 3 mars 2021, et environ 60 du 4 mars 2021 au 3 mars 2022.
136. Vince, MORABITO, « An Empirical Study of Australia's Class Action Regimes, Fifth Report : The First Twenty-Five Years of Class Actions in Australia », 20 juillet 2017, p. 24, en ligne : <https://papers.ssrn.com/sol3/papers.cfm?abstract_id=3005901> (consulté le 22 juillet 2022). [*2017 Study*]
137. Vince MORABITO, « Courts see record number of class actions as shareholder proceedings drop in significance », LAWYERLY, mai 2021, en ligne : <https://www.lawyerly.com.au/courts-see-record-number-of-class-actions-as-shareholder-proceedings-drop-in-significance/> (consulté le 22 juillet 2022). [*Lawyerly*]

les recours collectifs déposés, 73 % ont été initiés devant la Cour fédérale d'Australie et les autres 27 % ont été introduits devant les cours des États, principalement l'État de Victoria (16 %) et l'État de la Nouvelle-Galles du Sud (9 %)[138].

Pour les statistiques après mars 2021, il faut aller chercher l'information à même les sites Web des cours de justice. D'une part, la Cour fédérale d'Australie collige et rend disponible sur son site des données concernant les actions collectives au niveau fédéral déposées depuis 2012[139] dans l'un ou l'autre de ses sept registres (correspondant aux sept États). Pour la période du 4 mars 2021 au 3 mars 2022, l'information en ligne pour la Cour fédérale indique le dépôt de 41 nouveaux recours collectifs[140].

D'autre part, l'information pour le nombre de recours déposés dans les États est plus difficile à obtenir en matière de données cumulatives. L'état le plus actif d'entre eux, Victoria, indique dans son rapport annuel 2020-2021 une hausse substantielle des dépôts des nouveaux recours entre juillet 2020 et juin 2021[141]. Le rapport mis à jour du professeur Morabito le confirme aussi, soulignant que 22 nouveaux recours ont été déposés dans cet État pendant cette période[142] et, depuis juin 2021, près de 10 nouveaux recours additionnels ont été déposés[143].

D'autres données intéressantes ressortent aussi du rapport de 2017 du professeur Morabito[144], qui soulignait les 25 ans d'existence du régime de recours collectifs en Australie, notamment au niveau des domaines de droit visés et du cheminement des recours collectifs.

---

138. *Ibid.*
139. FEDERAL COURT OF AUSTRALIA, *Class Actions Statistics by Registry*, information en date du 4 mars 2022, en ligne : <https://www.fedcourt.gov.au/law-and-practice/class-actions/class-actions#current> (consulté le 7 août 2022).
140. *Ibid.*
141. SUPREME COURT OF VICTORIA, *2020-2021 Annual Report*, en ligne : <https://www.supremecourt.vic.gov.au/about-the-court/annual-reports/2020-21> (consulté le 7 août 2022).
142. V. MORABITO, *Lawyerly*, *supra*, note 137, p. 2. Une des explications avancées par l'auteur serait que depuis juillet 2020, seul l'état de Victoria permet aux avocats en demande d'être rémunérés à pourcentage (« contingency fee »), ce qui n'est pas permis dans le reste de l'Australie. La section 4.2 ci-dessous traite de ce sujet.
143. SUPREME COURT OF VICTORIA, Group Proceedings, en ligne : <https://www.supremecourt.vic.gov.au/law-and-practice/class-actions> (consulté le 7 août 2022).
144. V. MORABITO, *2017 Study*, *supra*, note 136.

En ce qui a trait à la nature des dossiers, le domaine des valeurs mobilières a historiquement été dominant avec près de 35 % de tous les recours déposés, suivi de la responsabilité du fait du produit (13 %), des relations employeur-employé, de la responsabilité civile et de la protection du consommateur.

Tableau n° 9 : Domaines de droit visés par les recours collectifs déposés en Australie entre 1992 et 2017[145]

TABLE 19.1 *Main types of Australian class actions*

Type of class action	Number filed 1992–2017	Percentage of total filed	Federal	State
Investor (other than shareholder)	99	19.2%	69	30
Shareholder	81	15.7%	66	15
Product liability	70	13.6%	60	10
Employee-employer	56	10.9%	55	1
Mass tort	54	10.5%	15	39
Consumer Protection	47	9.1%	39	8

Les données empiriques colligées par le professeur Morabito montrent également que 52 % des dossiers ont fait l'objet d'un règlement, 41 % ont fait l'objet d'un désistement, volontaire ou forcé ou autrement terminés, et que seulement 7 % des dossiers se sont rendus au fond avec 3 % de jugements en faveur des requérants et 4 % de jugements non favorables[146].

Tableau n° 10 : Dénouement des dossiers de recours collectifs en Australie de 1992 à 2017[147]

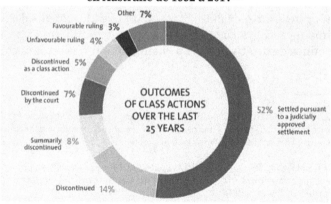

---

145. M. LEGG et S. J. HICKEY, *Class Actions in Australia*, supra, note 129.
146. V. MORABITO, *2017 Study*, supra, note 136, p. 37.
147. ASHURST, *Class Actions in Australia – Quick Guide*, 21 octobre 2019, se basant sur les données du professeur Morabito, en ligne : <https://www.ashurst.com/en/news-and-insights/legal-updates/quickguide-class-actions-in-australia/> (consulté le 7 août 2022).

Ces données surprennent et indiquent possiblement que les demandeurs, supportés par des tiers bailleurs[148], ont préféré régler à l'amiable, peut-être à rabais, avant d'encourir les frais d'un procès contesté et les aléas d'un jugement par un tribunal. De fait, dans le domaine des recours collectifs d'actionnaires, ce n'est qu'en 2019 que le premier jugement au fond a été rendu[149].

2.6 Résumé des statistiques

Il ressort des pages qui précèdent et du tableau qui suit que, sans grande surprise, c'est clairement aux États-Unis où le plus de dossiers de recours collectifs ont été déposés. Malgré le manque de données empiriques fiables[150], il est évalué qu'environ 12 500 nouveaux dossiers de recours collectifs sont déposés par année[151]. Projeté, à titre comparatif, sur une période de 30 ans, cela donnerait 375 000 recours collectifs au total, pour une population d'environ 330 millions d'habitants[152], [153].

Tableau n° 11 : **Résumé des statistiques concernant les juridictions étudiées**

	Date d'entrée en vigueur de la législation	Nombre d'années	Nombre de dossiers déposés	Moyenne approx. annuelle de dossiers déposés	Population en 2019 (en millions)
États-Unis	1966 (version moderne)	30 ans à titre comparatif	375 000	**12 500**	330 M
Ontario	1992	30 ans	1746	58	14,6
Québec	1978	30 ans	1613	54	8,5
Australie	1992	30 ans	800	26	25,3
Colombie-Britannique	1996	25 ans	450	18	5,1
TOTAL				**156**	**53,5 M**

---

148. La question du financement est traitée ci-dessous à la section 4.2, p. 58.
149. *TPT Patrol Pty Ltd. as trustee for Amies Superannuation Fund* v. *Myer Holdings Limited* [2019] FCA 1747 ; voir aussi M. LEGG et S.J. HICKEY, *Class Actions in Australia*, *supra*, note 129, p. 370.
150. J. GELBACH et D. HENSLER, *What we don't know*, *supra*, note 45.
151. *Supra*, note 43.
152. BANQUE MONDIALE, États-Unis, en ligne : <https://donnees.banquemondiale.org/indicator/SP.POP.TOTL?end=2021&locations=US&start=2017>.
153. Même si l'on prend en considération que la population des États-Unis est six fois plus nombreuse que celle des quatre autres juridictions combinées (330 M / 53,5 M = 6), il y a treize fois plus de dossiers déposés annuellement aux États-Unis que dans toutes les autres juridictions étudiées combinées (12 500 / (6 × 156) = 13,2).

3. LES DISTINCTIONS ENTRE L'AUTORISATION ET LA CERTIFICATION

Dans cette section, un tableau comparatif sera brossé des critères d'autorisation et de certification de chaque juridiction, en commençant par celles où les critères sont les moins sévères (Australie puis Québec), pour ensuite traiter des critères un peu plus sévères des provinces de common law au Canada (excluant l'Ontario), puis ceux plus robustes des États-Unis. Les critères applicables en Ontario seront traités en dernier, car ces critères ont été resserrés et suivent davantage, depuis octobre 2020, le modèle américain.

3.1 Australie

En Australie, les critères d'exercice des recours collectifs se retrouvent à l'article 33 de la section IVA de la *Federal Court of Australia Act* (la « FCAA »)[154]. Des extraits de l'article 33 sont reproduits, en anglais, à l'annexe 1[155].

C'est spécifiquement l'article 33 C(1) qui traite de l'approche australienne, soit le choix délibéré de ne pas avoir d'étape de certification formelle. Il faut simplement que les trois critères de base suivants soient remplis[156] (notre traduction) :

1) Sept personnes ou plus doivent avoir des réclamations contre la même personne ou les mêmes personnes ; et

2) les réclamations de ces personnes concernent ou découlent de circonstances identiques, similaires ou connexes ; et

3) toutes les réclamations de ces personnes donnent lieu à une importante question commune de faits ou de droit.

---

154. *Supra*, note 35.
155. Section 33 C, H, J, L, M, N, P et Q, annexe 1, p. xiii.
156. 33 C Commencement of proceeding
   (1) Subject to this Part, where:
      (a) 7 or more persons have claims against the same person; and
      (b) the claims of all those persons are in respect of, or arise out of, the same, similar or related circumstances; and
      (c) the claims of all those persons give rise to a substantial common issue of law or fact;
   a proceeding may be commenced by one or more of those persons as representing some or all of them.

L'article 33 C(1) incarne ainsi le rejet délibéré par l'Australie d'un modèle de certification de type américain ou canadien. L'Australie a emprunté cette voie à la suite de l'avis, en 1988, de l'ALRC selon lequel une audition d'autorisation obligatoire comme condition préalable à un recours collectif entraînerait une augmentation inutile et non souhaitable des frais et des délais tels que constatés aux États-Unis et au Québec[157]. L'ALRC était plutôt d'avis que l'intimé pourrait à la place contester la validité de la procédure à tout moment après le dépôt si les critères n'étaient plus satisfaits[158]. Les termes exacts de l'ALRC étaient éloquents :

> The preliminary matter of the form of the proceedings has often been more complex and taken more time than the hearing of the substantive issues. Because the court's discretion is involved, appeals are frequent, leading to delays and further expense. These expenses are wasteful and would discourage use of the procedure. There is no need to go to the expense of a special hearing to determine that the requirements have been complied with as long as the respondent has a right to challenge the validity of the procedure at any time.[159]

Ces protections ont ainsi été intégrées dans les articles 33 L, 33 M et 33 N de la section IV de la FCAA[160]. On présume donc que l'action est valablement intentée à moins que le défendeur n'introduise par la suite une procédure visant à faire radier l'action à titre de recours collectif pour non-respect des conditions préalables, ou tout autre motif jugé pertinent par le tribunal qui jouit alors de beaucoup de discrétion, notamment par la section 33 N (1) d)[161]

---

157. *ALRC 1988 Report*, *supra*, note 126, par. 147.
158. *ALRC 1988 Report*, *supra*, note 126, par. 146.
159. *Ibid.*
160. Annexe 1, p. xiii.
161. Art. 33 N, annexe 1 :
    Order that proceeding not continue as representative proceeding where costs excessive
    (1) The Court may, on application by the respondent or of its own motion, order that a proceeding no longer continue under this Part where it is satisfied that it is in the interests of justice to do so because:
      (a) the costs that would be incurred if the proceeding were to continue as a representative proceeding are likely to exceed the costs that would be incurred if each group member conducted a separate proceeding; or
      (b) all the relief sought can be obtained by means of a proceeding other than a representative proceeding under this Part; or
      (c) the representative proceeding will not provide an efficient and effective means of dealing with the claims of group members; or

(« it is otherwise *inappropriate* »), auquel cas la cause se poursuit sous la forme d'une procédure ordinaire[162].

Dans les autres juridictions de common law (aux États-Unis et au Canada), une procédure similaire, mais plus exigeante, existe après le jugement de certification si les circonstances et de nouveaux faits le justifient. Cette procédure s'appelle alors une requête en décertification (« motion to decertify »)[163]. Au Québec, une requête similaire est aussi disponible[164].

En 1992, lorsque la section IVA de la FCAA[165] a été adoptée, la décision du gouvernement australien de suivre les recommandations de l'ALRC et de ne pas imposer une étape de certification a été vivement contestée. Deux arguments principaux étaient présentés soit : 1) l'absence de dispositif de certification donnerait ouverture à de multiples requêtes préliminaires et interlocutoires coûteuses et, surtout, 2) le seuil d'entrée serait si bas que plusieurs recours non méritoires se faufileraient sans processus de filtrage approprié[166].

En 2013, le professeur Morabito[167], de l'Université Monash à Melbourne, a procédé à une étude comparative et empirique pour évaluer si ce choix de l'Australie de ne pas avoir de processus de certification, et de plutôt forcer les défendeurs a déposé des requêtes en décertification ou de choisir des stratégies autres, avait été un choix judicieux[168].

(d) it is otherwise *inappropriate* that the claims be pursued by means of a representative proceeding.

162. Art. 33 O, annexe 1.
163. À titre d'exemple, en Ontario, l'art. 10 (1) LRCO prévoit :
    10 (1) S'il semble au tribunal saisi d'une motion d'une partie ou d'un membre du groupe que les conditions relatives au recours collectif qui sont mentionnées aux paragraphes 5 (1) et (2) n'ont pas été respectées, le tribunal peut modifier l'ordonnance de certification de l'instance, révoquer la certification de l'instance, ou rendre toute autre ordonnance qu'il estime appropriée.
164. Art. 588 C.p.c. :
    Le tribunal peut, en tout temps, à la demande d'une partie, réviser ou annuler le jugement d'autorisation s'il considère que les conditions relatives aux questions de droit ou de fait ou à la composition du groupe ne sont plus remplies. [...] Si le tribunal annule le jugement d'autorisation, l'instance se poursuit entre les parties devant le tribunal compétent, suivant la procédure prévue au livre II.
165. *Supra*, note 35.
166. Rachael MULHERON, « Justice Enhanced: Framing an Opt-Out Class Action for England », (2007) 70 *Modern Law Review*, 530, p. 568.
167. *Supra*, note 134.
168. Vince MORABITO et Jane CARUANA, « Can Class Action Regimes Operate Satisfactorily without a Certification Device? Empirical Insights from the

Il a conclu de ses recherches que, durant la période de 1992 à 2009, seulement 25 % des défendeurs en Australie ont tenté une procédure de décertification[169] et une infime partie a obtenu un jugement favorable[170]. Les défendeurs ont préféré procéder par des requêtes préliminaires pour attaquer la validité même du recours, notamment par des requêtes en jugement sommaire où le taux de succès a été élevé[171]. Par contraste, aux États-Unis, la requête en certification était contestée dans près de 70 % des dossiers[172] même si les tribunaux accordaient la certification, au moins jusqu'au début des années 2000[173], dans la très grande majorité des cas (autour de 70 %)[174]. Au Québec, selon le professeur Morabito, l'action collective prenait autant de temps à être autorisée, en 2013, qu'elle en prenait à être réglée en Australie[175]. Tous ces comparatifs confirmeraient donc l'argument de 1988 de l'ALRC que l'étape de la certification amènerait des délais et coûts supplémentaires non justifiés.

Trente ans plus tard, en 2019, l'ALRC a publié un deuxième rapport sur l'état des recours collectifs en cours fédérales en Australie[176] et la question de l'étape de la certification a de nouveau été discutée. La même année, l'état de Victoria a aussi produit un rapport sur l'état des recours collectifs dans cet État[177]. Dans les deux cas, la suggestion d'introduire une étape de certification a été de nouveau rejetée. Des changements législatifs imposant une étape de certification sont donc très peu probables[178].

Selon nos recherches, le seul autre pays à avoir opté pour un système sans autorisation ou certification est la Suède[179].

Federal Court of Australia », (2013) 61 *American Journal of Comparative Law* 579. [*Certification Device?*]
169. *Id.*, p. 597.
170. *Id.*, p. 598.
171. *Id.*, p. 614.
172. *Id.*, p. 596.
173. Cette tendance est maintenant renversée aux États-Unis, voir A. MILLER, *supra*, note 14.
174. Vince MORABITO et Jane CARUANA, *Certification Device? supra*, note 168, p. 599.
175. *Id.*, p. 614.
176. *ALRC 2019 Report*, *supra*, note 7.
177. VICTORIAN LAW REFORM COMMISSION, *Access to Justice – Litigation Funding and Group Proceedings : Report*, 2018, en ligne : <https://www.law reform.vic.gov.au/publication/access-to-justice-litigation-funding-report/>.
178. M. LEGG et S.J. HICKEY, *Class Actions in Australia*, *supra*, note 129, p. 381.
179. V. MORABITO et J. CAUANA, *Certification Device? supra*, note 168, p. 598.

3.2 Québec

Au Québec, contrairement à l'Australie, une autorisation préalable est requise[180]. Pour être autorisé à intenter une action collective, le représentant du groupe doit convaincre le tribunal qu'il remplit quatre critères définis à l'article 575 du *Code de procédure civile* (« C.p.c. ») :

> **575.** Le tribunal autorise l'exercice de l'action collective et attribue le statut de représentant au membre qu'il désigne s'il est d'avis que :
>
> 1° les demandes des membres soulèvent des questions de droit ou de fait identiques, similaires ou connexes ;
>
> 2° les faits allégués paraissent justifier les conclusions recherchées ;
>
> 3° la composition du groupe rend difficile ou peu pratique l'application des règles sur le mandat d'ester en justice pour le compte d'autrui ou sur la jonction d'instance ;
>
> 4° le membre auquel il entend attribuer le statut de représentant est en mesure d'assurer une représentation adéquate des membres.

Le seuil d'autorisation est bas et facilement atteint[181] et la tétralogie des décisions de la Cour suprême entre les années 2013 et 2020, spécifiquement pour des causes émanant du Québec, énonce très clairement les principes applicables[182] :

– L'autorisation n'est qu'une question procédurale qui empêche le juge de s'immiscer dans le fond du litige[183] ;

---

180. La suggestion de supprimer l'étape de l'autorisation au Québec a par ailleurs été avancée, en *obiter dictum*, par l'honorable juge Marie-France Bich, j.c.a., dans le dossier *Charles c. Boiron Canada*, 2016 QCCA 1716, par. 69-74. [*Boiron*]. Par opposition, l'honorable juge Manon Savard, j.c.a., est plutôt d'avis de renforcer les critères nécessaires à une autorisation préalable à une action collective, voir : *Whirlpool Canada c. Gaudette*, 2018 QCCA 1206, par. 29. [*Whirlpool*]
181. Pour un exposé complet et détaillé des critères et de la jurisprudence applicables voir : C. PICHÉ, *Perspectives de réforme*, *supra*, note 95, p. 13-20.
182. *Asselin, L'Oratoire, Vivendi et Infineon*, *supra*, note 74.
183. *Vivendi*, *supra*, note 1, par. 37.

- Le processus en est un de filtrage qui sert à mettre de côté seulement les procédures frivoles et manifestement vouées à l'échec[184] ;
- Les faits de la requête en autorisation sont tenus pour avérés, sans déclaration sous serment, et la partie défenderesse ne peut déposer une preuve que sur permission du tribunal[185] ;
- Le requérant, au stade de l'autorisation, n'a qu'à présenter une cause soutenable, c'est-à-dire ayant une chance de réussite, sans qu'il ait à établir une possibilité raisonnable ou réaliste de succès[186] ;
- Les questions communes n'ont pas à être prédominantes par rapport aux questions individuelles ; une seule question commune suffit et cette dernière ne requiert même pas nécessairement une réponse identique[187].

Pour les années 2020 et 2021, et tel qu'indiqué ci-dessus[188], les autorisations ont été accordées à raison d'environ 55 % en faveur des requérants. Il en résulte que le processus de filtrage est nécessaire et fonctionne puisque 45 % des dossiers sont maintenant rejetés à cette étape. L'abolition de cette étape, comme en Australie et comme le suggèrent certains[189], ne nous semble pas la voie à suivre[190].

Après l'étape de l'autorisation, les dossiers continuent au fond et sont maintenant contestés au lieu d'être réglés hors cour dès que l'autorisation est accordée. En date du 31 décembre 2021, il y avait environ 660 actions collectives actives dans la division d'appel de Montréal et approximativement 40 % étaient rendues au stade du fond[191].

---

184. *L'Oratoire, supra*, note 1, par. 7-8 et 56 ; *Infineon, supra*, note 74, par. 61 ; *Boiron, supra*, note 180, par. 40.
185. Art. 574 C.c.Q.
186. *Asselin, supra*, note 74, par. 32 ; voir par ailleurs, sur la question du conflit d'intérêt du représentant, la cause *Bourgoin c. Bell Canada*, 2007 QCCS 6087.
187. *Vivendi, supra*, note 1, par. 59-60.
188. *Supra*, note 98.
189. *Supra*, note 180 ; C. PICHÉ, *Perspectives de réforme, supra*, note 95, p. 66.
190. BARREAU DU QUÉBEC, *Mémoire du Barreau du Québec, supra*, note 5, p. 9-10.
191. BLG, *Rétrospectives 2021, supra*, note 92.

Tableau n⁰ 12 : Tableau du partage des dossiers au Québec entre les différentes étapes en 2021

Autres statistiques (Division d'appel de Montréal)

Dossiers au stade du fond	Dossiers au stade de l'autorisation	Dossiers suspendus (recours multiterritoriaux et autres)	Dossiers présentement en appel (autorisation et fond)
255	281	100	25*

*Nombre approximatif

En novembre 2022, le partage des dossiers est maintenant plutôt d'environ 50/50 entre l'étape de l'autorisation et le fond. De plus, et tel qu'indiqué ci-dessus, moins de nouveaux dossiers sont déposés[192].

3.3 Colombie-Britannique

Dans les provinces de common law, le processus de certification est plus lourd et exigeant qu'au Québec, notamment pour des raisons procédurales. Contrairement au Québec, les parties doivent déposer des déclarations sous serment au soutien des allégations de leur procédure. Une fois les déclarations sous serment échangés, une partie peut avoir le droit de contre-interroger les déclarants de la partie adverse au sujet de la certification. Tout se fait par interrogatoires hors cour transcrits. Les avocats plaident ensuite la requête en certification sur la base d'un dossier de preuve écrit qui est déposé auprès du tribunal (déclarations sous serment et transcriptions de contre-interrogatoires)[193].

En règle générale, les tribunaux des provinces de common law se fondent sur cinq critères (au lieu de quatre au Québec) pour certifier une action collective. Ces critères sont très similaires d'une province à l'autre, sauf pour l'Ontario[194]. La Colombie-Britannique

---

192. Colloque national du Barreau du Québec sur l'action collective, 10-11 novembre 2022, statistiques données par le juge coordonnateur de la chambre des actions collectives, l'honorable Donald Bisson, j.c.s.
193. OSLER, *U.S. Guide to Class Actions in Canada*, p.11, en ligne : <https://www.osler.com/osler/media/Osler/reports/litigation/US-Guide-to-Class-Actions-in-Canada.pdf> (consulté le 15 août 2022). [*U.S. Guide*]
194. Voir ci-dessous, section 3.5, p. 47.

prévoit les cinq critères suivants à l'article 4 de sa *Class Proceedings Act*[195] (notre traduction) :

1) les actes de procédure révèlent une cause d'action ;

2) il existe une catégorie identifiable de deux personnes ou plus ;

3) les réclamations des membres du groupe soulèvent des questions communes, que ces questions communes prédominent ou non sur les questions touchant uniquement les membres individuels ;

4) un recours collectif serait la procédure préférable pour le règlement équitable et efficace des questions communes ; et

5) il y a un représentant qui (i) représenterait équitablement et adéquatement les intérêts du groupe, (ii) a produit un plan pour l'instance qui établit une méthode pratique pour faire avancer l'instance au nom du groupe et pour aviser les membres du groupe de l'instance, et (iii) n'a pas, sur les questions communes, un intérêt en conflit avec les intérêts des autres membres du groupe[196].

Le critère additionnel (le quatrième dans la liste) est celui dit du « meilleur moyen » (en anglais « preferable procedure »). Pour ce critère, le tribunal doit être convaincu que le recours collectif est le recours le plus approprié pour régler le différend. Si une autre façon

---

195. *Supra*, note 24.
196. **4** (1) Subject to subsections (3) and (4), the court must certify a proceeding as a class proceeding on an application under section 2 or 3 if all of the following requirements are met:
    (a) the pleadings disclose a cause of action;
    (b) there is an identifiable class of 2 or more persons;
    (c) the claims of the class members raise common issues, whether or not those common issues predominate over issues affecting only individual members;
    (d) a class proceeding would be the preferable procedure for the fair and efficient resolution of the common issues;
    (e) there is a representative plaintiff who
        (i) would fairly and adequately represent the interests of the class,
        (ii) has produced a plan for the proceeding that sets out a workable method of advancing the proceeding on behalf of the class and of notifying class members of the proceeding, and
        (iii) does not have, on the common issues, an interest that is in conflict with the interests of other class members.

de procéder est préférable, alors la certification sera refusée[197]. Ce critère n'existe pas au Québec.

Ce critère du « meilleur moyen » est évalué à travers le prisme des trois avantages principaux des recours collectifs, soit l'économie des ressources judiciaires, l'accès à la justice et la modification des comportements[198]. Si les questions individuelles sont nettement plus importantes en nombre que les questions communes, le critère de l'économie des ressources judiciaires ne sera pas atteint alors le recours collectif ne sera pas considéré comme le meilleur moyen de procéder[199]. En termes d'accès à la justice, si le défendeur propose une méthode alternative et raisonnable de régler le différend, alors la Cour va faire une évaluation coûts-bénéfices et pourrait conclure que le recours collectif n'est pas le meilleur moyen de procéder[200]. Quant à la modification des comportements, l'analyse sera similaire.

Ce critère très important existe aussi aux États-Unis, d'où il émane, et correspond à la *Rule 23(b)(3)*[201]. Par contre, jusqu'à l'adoption récente en Ontario des amendements à la LRCO[202], l'approche et l'interprétation de ce critère par la Cour suprême du Canada était beaucoup plus souple et libérale qu'aux États-Unis qui exige que la procédure de recours collectif soit supérieure (critère de « superiority ») à toute autre méthode et que les questions communes soient prédominantes aux questions individuelles (critère de « predominance »)[203].

Comme au Québec, la requête en certification des provinces de common law (outre l'Ontario) ne tient pas compte du fond de l'affaire et le seuil est relativement bas. Le demandeur doit seulement établir qu'il y a certaines bases factuelles (« some basis in fact »), pour chacun des cinq critères, qui justifient la certification[204]. Cela dit, la bataille sur la requête en certification en Colombie-Britannique est encore serrée. En 2022, six jugements favorables ont été rendus contre sept refusant la certification[205].

---

197. OSLER, *U.S. Guide*, *supra*, note 193, p. 14.
198. *Dutton*, *supra*, note 1.
199. OSLER, *U.S. Guide*, *supra*, note 193, p. 14.
200. *Ibid.*
201. *Supra*, note 13.
202. Section 3.5, p. 47.
203. L'approche américaine est étudiée plus en détail à la section 3.4, p. 43.
204. *Hollick*, *supra*, note 1 ; *Pro-Sys Consultants Ltd.* c. *Microsoft Corporation*, 2013 CSC 57. [*Pro-Sys*]
205. Tableau n° 7, *supra*, p. 27.

3.4 États-Unis

Aux États-Unis, le processus pour qu'un recours collectif soit certifié est beaucoup plus compliqué qu'au Canada. Il passe par l'étude combinée des *Rules* 23 a) et 23 b)[206], puis de la vérification de l'appartenance au groupe (« Ascertainability »). Le tableau ci-dessous, expliqué plus en détail ci-après, résume de façon schématique le processus :

Tableau n° 13 : Étapes et critères de certification d'un recours collectif aux États-Unis[207]

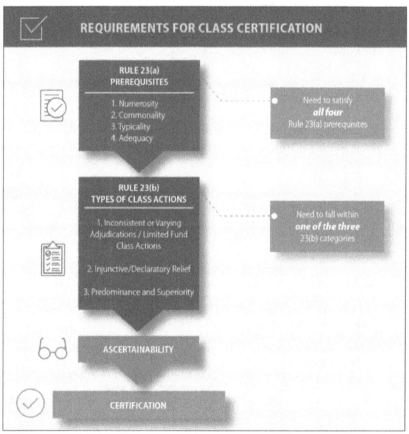

---

206. Annexe 2, p. xvi.
207. CONGRESSIONAL RESEARCH SERVICE, *Class Action Lawsuits : A Legal Overview for the 115th Congress*, avril 2018, p. 41, rapport en ligne : <https://www.everycrsreport.com/files/20180411_R45159_9b7e15af0e88c65fd7e2664af2412549257babf0.pdf> (consulté le 15 octobre 2022). [*Legal Overview*]

Étape 1 : Rule 23 a) – Quatre critères cumulatifs requis

La première étape d'un recours collectif devant les tribunaux fédéraux américains est d'établir l'existence d'un groupe (a « class »)[208]. En vertu de la *Rule 23 a)*[209], il y a quatre critères cumulatifs requis pour qu'il y ait reconnaissance d'un groupe, soit (notre traduction) :

1) Le nombre de membres du groupe doit être si grand qu'une multiplicité de recours individuels devient impraticable (le critère appelé « numerosity ») ;

2) Il existe des questions communes de faits ou de droit (le critère appelé « commonality ») ;

3) Les demandes ou les moyens en défense doivent être typiques du groupe (le critère appelé « typicality ») ;

4) Les représentants du groupe doivent pouvoir défendre les intérêts du groupe de manière adéquate (le critère appelé « adequacy »).

Pour le critère n° 1 du nombre de membres, il n'y a pas de chiffre particulier, mais 40 semble être la limite entre la jonction d'actions et le recours collectif[210]. Pour le critère n° 2 des questions communes,

---

208. Natasha Rose ESPONDA et Kacey BENGEL, « Class Actions in the US », novembre 2021, *Observatoire des Actions de Groupe et autres Actions Collectives*, en ligne : <https://observatoireactionsdegroupe.com/wp-content/uploads/2021/11/ClassActionsInTheU.S.-Bengel-Esponda.pdf>, p. 6. (consulté le 15 novembre 2022). [*Class Actions in the US*]
209. Voir l'annexe 2, p. xiv, *Rule 23*. Class Actions (a) Prerequisites.
    One or more members of a class may sue or be sued as representative parties on behalf of all members only if:
    (1) the class is so numerous that joinder of all members is impracticable;
    (2) there are questions of law or fact common to the class;
    (3) the claims or defenses of the representative parties are typical of the claims or defenses of the class; and
    (4) the representative parties will fairly and adequately protect the interests of the class.
210. N. ESPONDA et K. BENGEL, *Class Actions in the US*, *supra*, note 208, p. 6. Voir aussi : Daniel J. BUTLER et Christopher M. PARDO, « Numerosity and Rule 23: It's Not (Only) About the Numbers », HUNTON ANDREWS KURTH, 3 février 2021, en ligne : <https://www.huntonlaborblog.com/2021/02/articles/classactions/numerosity-and-rule-23-its-not-only-about-the-numbers/> (consulté le 15 novembre 2022).

le point important est que la question commune à tous les membres du groupe doit donner la même réponse pour tous[211]. C'est dans ce sens que le juge Scalia de la Cour suprême des États-Unis s'est prononcé dans le dossier *Walt-Mart*[212]. Pour le critère n° 3, le test est que la source de la réclamation du représentant, ou la théorie de la cause, soit la même que celle de tous les membres du groupe ; il ne faut donc pas que ce soit un cas isolé[213]. Finalement, pour le critère n° 4, il faut que le représentant ne soit pas en conflit d'intérêts et représente adéquatement les membres du groupe[214].

Chacune de ces conditions préalables doit être satisfaite afin d'établir un groupe. Si même l'une de ces conditions préalables n'est pas satisfaite, alors il n'y aura pas de groupe et le tribunal refusera de passer à la deuxième étape de l'analyse du recours collectif.

Étape 2 : Rule 23 b) – Types de recours collectifs

Lorsque la Cour est satisfaite qu'un groupe (une classe) existe suivant les quatre critères de la *Rule 23 a)*, elle passe ensuite à la deuxième étape, soit de vérifier si le recours tombe dans l'une des trois catégories de recours prévues à la *Rule 23 b)* [215] (notre traduction) :

Règle 23. (b) Types de recours collectifs

1) Exiger des poursuites distinctes pourrait entraîner des décisions incohérentes, ou une décision sur les réclamations d'un membre du groupe pourrait affecter la capacité des autres membres du groupe à poursuivre leurs propres réclamations, connues sous le nom de groupe (b)(1) ;

2) Le défendeur a agi, ou a refusé d'agir, d'une manière qui affecte l'ensemble du groupe, ce qui signifie que le tribunal pourrait leur accorder une injonction ou une mesure déclaratoire en tant que groupe, connu sous le nom de groupe (b)(2) ; ou alors

---

211. N. ESPONDA et K. BENGEL, *Class Actions in the US, supra*, note 208, p. 8. Cette approche est totalement l'opposé de celle prise par la Cour suprême du Canada dans le dossier *Vivendi, supra*, note 1.
212. *Supra*, section 2.1, note 52.
213. N. ESPONDA et K. BENGEL, *Class Actions in the US, supra*, note 208, p. 8.
214. *Ibid.*
215. Voir l'ann. 2, p. xv.

3) Les questions de droit ou de fait communes prédominent sur les réclamations individuelles des membres du groupe, faisant d'un recours collectif le meilleur moyen de résoudre le différend, connu sous le nom de groupe (b)(3).

C'est donc en vertu de la *Rule 23b)3)* que le critère du meilleur moyen va jouer. Le tribunal doit être convaincu que les questions communes sont *prédominantes* par opposition aux questions individuelles, et que le recours collectif est le moyen *supérieur* pour régler le différend. Comme indiqué plus haut, la Cour fera une évaluation rigoureuse de ces deux critères en exigeant des éléments de preuve généralement réservés à l'étape du fond[216].

Étape 3 : Vérification de l'appartenance des membres à la classe (Ascertainability)

En plus des conditions préalables susmentionnées, un requérant cherchant à certifier un recours collectif doit également montrer que l'appartenance d'un membre à la classe proposée est « vérifiable »[217] (le terme utilisé est « ascertainable »). Bien que non indiqué de façon explicite dans la *Rule 23*, les tribunaux ont conclu que la *Rule 23* exige implicitement que le demandeur puisse prouver que les membres de la classe proposée sont vérifiables et facilement identifiables[218].

Le but de cette exigence supplémentaire est de prévenir, dès l'étape de la certification, les cas de sur-compensation à des membres qui ne devraient rien recevoir (« overcompensation »), et de façon corollaire, pénaliserait injustement le défendeur (« over-deterrence »)[219]. La Cour veut ainsi s'assurer que la définition du groupe n'englobe pas de membres qui, n'eut été la procédure de recours collectif, ne recevraient pas de compensation dans un dossier individuel.

---

216. *Supra*, notes 51 à 55.
217. CONGRESSIONAL RESEARCH SERVICE, *Legal Overview*, *supra*, note 207, p. 26 ; *In re Petrobras Sec.*, 862 F.3d 250, 260 (2d Cir). 2017 [*Petrobas*] : « Most circuit courts of appeals have recognized that Rule 23 contains an implicit threshold requirement that the members of a proposed class be readily identifiable, "often characterized as an ascertainability" requirement ».
218. CONGRESSIONAL RESEARCH SERVICE, *Legal Overview*, *supra*, note 207, p. 26 ; *Petrobras*, 260 : « the ascertainability requirement is "implicit," rather than explicitly enumerated in Rule 23 ».
219. A. MILLER, *supra*, note 14, p. 25.

Degré de preuve requise

Finalement, et contrairement à ce qui est le degré de preuve requis au Canada au stade de la certification ou de l'autorisation, soit « some basis in fact » dans les provinces de common law[220] et une simple démonstration au Québec[221], la procédure de recours collectif aux États-Unis doit contenir suffisamment d'informations factuelles (allégations détaillées, pièces au soutien, expertises) pour rendre la théorie de la demande non seulement possible, mais probable[222]. Il s'agit donc d'un niveau de preuve beaucoup plus élevé, soit par prépondérance de probabilités[223].

3.5 Ontario

En Ontario, les cinq critères de certification de base, similaires depuis 1992 à ceux dans les autres provinces de common law, se retrouvent à l'article 5(1) LRCO[224], soit :

> 5 (1) [...] le tribunal [...] certifie un recours collectif si les conditions suivantes sont réunies :
>
> a) les actes de procédure ou l'avis de requête révèlent une cause d'action ;
>
> b) il existe un groupe identifiable de deux personnes ou plus qui se ferait représenter par le représentant des demandeurs ou des défendeurs ;
>
> c) les demandes ou les défenses des membres du groupe soulèvent des questions communes ;
>
> d) le recours collectif est le meilleur moyen de régler les questions communes ;
>
> e) il y a un représentant des demandeurs ou des défendeurs qui :

---

220. *Hollick, supra*, note 1 ; *Pro-Sys, supra*, note 204.
221. *Asselin, supra*, note 186.
222. N. ESPONDA et K. BENGEL, *Class Actions in the US, supra*, note 208, p. 5.
223. BLG, *Amendments to Ontario, supra*, note 79.
224. Annexe 3, p. xviii.

(i) représenterait de façon équitable et appropriée les intérêts du groupe,

(ii) a préparé un plan pour l'instance qui propose une méthode efficace de faire avancer l'instance au nom du groupe et d'aviser les membres du groupe de l'instance,

(iii) n'a pas de conflit d'intérêts avec d'autres membres du groupe, en ce qui concerne les questions communes du groupe.

Comme indiqué plus haut, l'Ontario a resserré ses critères de cerification en octobre 2020 en modifiant sa loi promulguée en 1992[225]. Parmi les nouveautés, se retrouve le nouvel article 4.1 qui prévoit un processus de règlement précoce de certaines questions en litige :

4.1 Si, avant l'audience sur la motion en certification, une motion est présentée aux termes des règles de pratique et qu'elle peut régler l'instance en tout ou en partie, ou limiter les questions en litige à décider ou les éléments de preuve à présenter dans l'instance, cette motion est entendue et réglée avant la motion en certification, sauf si le tribunal ordonne que les deux motions soient entendues ensemble.[226]

Dans le critère du meilleur moyen de l'article 5(1) d), il faut maintenant, en vertu du nouvel article 5(6)[227], tenir compte des autres recours déposés dans d'autres juridictions, y compris les dossiers à portée multi-juridictionnelle.

L'article 5 (1.1) a été ajouté et il adopte maintenant, concernant le critère relatif au « meilleur moyen », les critères américains de « supériorité » du recours et de « prédominance » des questions communes énoncés dans la *Rule 23 b) 3)*[228]. L'article 5 (1.1) LRCO ajoute aux cinq critères déjà en place les éléments suivants :

5 (1.1) Dans le cas d'une motion visée à l'article 2, le recours collectif n'est le meilleur moyen de régler les questions communes

---
225. *Loi de 1992 sur les recours collectifs*, *supra*, note 23.
226. Annexe 3, p. xviii.
227. Annexe 3, p. xix.
228. *Supra*, section 3.4.

en vertu de l'alinéa (1) d) que si, au minimum, les conditions suivantes sont réunies :

a) **ce moyen est supérieur à tous les autres moyens** raisonnablement disponibles pour établir le droit des membres du groupe à une mesure de redressement ou examiner la conduite reprochée au défendeur, notamment, selon le cas, une procédure quasi judiciaire ou administrative, la gestion des causes pour les demandes individuelles dans une instance civile ou un mécanisme ou programme de réparation hors du cadre d'une instance ;

b) **les questions de fait ou de droit communes aux membres du groupe l'emportent** sur les questions qui touchent uniquement les membres du groupe pris individuellement.
(Notre emphase)

Quant à la question de « supériorité », l'objectif du législateur ontarien est que le recours collectif soit le meilleur moyen pour compenser les membres. La Cour devra considérer toutes les autres options disponibles, incluant celles à l'extérieur d'un cadre judiciaire ou réglementaire. Par exemple : 1) en cas de produits défectueux, si le manufacturier est d'accord pour réparer ou remplacer volontairement les produits, ce serait préférable à un recours collectif ; ou 2) en cas de perte de données et atteinte à la vie privée, si le défendeur offre volontairement de donner des services de surveillance d'Équifax, ce serait préférable à un recours collectif. Le but est d'encourager les défendeurs à offrir volontairement un dédommagement[229].

Quant à la question de « prédominance », il faut que les questions communes fassent progresser le dossier de façon utile et non qu'il reste de très nombreuses questions individuelles[230]. En conséquence, considérant le nouvel article 4.1 ci-dessus[231], les défendeurs voudront sûrement présenter des requêtes préliminaires pour écarter certaines questions communes afin, ensuite, de défendre la certification en montrant que les questions individuelles sont prédominantes aux questions communes, ce qui est contraire au nouvel article 5 (1.1).

---

229. BLG, *Amendments to Ontario*, *supra*, note 79.
230. *Ibid.*
231. *Supra*, p. 38 ; voir aussi annexe 3.

Considérant ces nouveaux critères, les juges en Ontario vont probablement vouloir s'inspirer de la jurisprudence des États-Unis concernant la *Rule 23b)3)*. Il est par ailleurs utile de rappeler, comme discuté ci-dessus, les différences importantes sur le plan des critères de preuve requise. En Ontario, la certification est évaluée sur la base de « some basis in fact »[232] qui est une norme de preuve minimale, une simple démonstration. Aux États-Unis, la norme de preuve requise est par prépondérance des probabilités, soit une norme beaucoup plus élevée et rigoureuse[233]. En conséquence, même si les critères de la supériorité et de la prédominance sont les mêmes, le degré de preuve requis est plus bas en Ontario.

Ces nouvelles exigences de prédominance et de supériorité vont certainement réduire le nombre de recours collectifs proposés qui satisferont au critère de « procédure préférable » pour la certification en Ontario[234]. Comme indiqué ci-dessus à la section 2.2, pour éviter cet écueil, les requérants vont probablement déposer davantage leurs recours en Colombie-Britannique[235].

En date d'octobre 2022, encore très peu de décisions ont été rendues sur l'interprétation du nouvel article 5 (1.1). Selon nos recherches, seulement un dossier a été rendu en février 2022, l'affaire *Brewers Retail*[236], et la Cour a accordé la certification étant convaincue que les critères de l'article 5 (1.1) étaient alors satisfaits.

4. LES ASPECTS FINANCIERS DES ACTIONS COLLECTIVES (FINANCEMENT, FRAIS JUDICIAIRES ET HONORAIRES)

Malgré que les actions collectives soient de puissants outils d'accès à la justice pour les membres du groupe, elles ont bien souvent mauvaise presse vu les aspects financiers qui leur portent ombrage.

---

232. En ce qui a trait au critère de « some basis in fact » en Ontario spécifiquement, la Cour suprême a précisé en 2019 dans le dossier le *Pioneer Corp c. Godfrey*, 2019 CSC 42, que les demandeurs doivent fournir des preuves démontrant que (1) la question commune proposée existe réellement et que (2) la question proposée peut être résolue de façon commune à toute la classe ; voir : Jacob MEDVEDEV, Randy C. SUTTON, Linda FUERST, (2022) 17-2 *Canadian Class Action Rev.* 33, 60.
233. *Supra*, section 3.4, p. 43.
234. BLG, *Amendments to Ontario, supra*, note 79.
235. Cabinet Torys, *Les actions collectives au Canada : à venir en 2022, supra*, note 81.
236. *Brewers Retail* v. *Campbell*, 2022 ONSC 850.

En effet, dans toutes les juridictions étudiées, le gain monétaire de ceux qui les financent fait sourciller (ou rugir) les observateurs[237]. Les avocats en demande, ou les tiers bailleurs, sont alors considérés comme des entrepreneurs davantage intéressés par l'appât du gain que par l'accès à la justice et le dédommagement des membres du groupe[238].

Dans toutes les juridictions étudiées, sauf en Australie[239], les avocats en demande assument généralement le risque financier lorsqu'ils initient des actions collectives. Ils conviennent d'une entente d'honoraires avec le représentant selon laquelle le représentant, et les membres du groupe, ne seront pas tenus de payer quoique ce soit pour les services juridiques, mais, en échange, les avocats vont se faire payer si un règlement ou jugement favorable intervient. Les modalités des honoraires peuvent varier[240], mais, dans tous les cas, les honoraires gagnés peuvent être extrêmement élevés. Par contre, si la cause est perdue, les avocats ne récoltent absolument rien pour le travail investi pendant des années, ce qui arriverait dans environ 50 % des dossiers[241].

Les représentants et leurs avocats en demande peuvent aussi, selon les juridictions, avoir recours à du financement externe, privé ou public[242], pour couvrir les frais, notamment les condamnations aux frais d'avocats et frais de justice de la partie gagnante.

---

237. À titre d'exemples : Yves BOISVERT, « L'obscène industrie de l'action collective », *La Presse+*, 18 juillet 2022, en ligne : <https://www.lapresse.ca/actualites/chroniques/2022-07-18/l-obscene-industrie-de-l-action-collective.php> (consulté le 19 juillet 2022) [*Obscène industrie*] ; Yves BOISVERT, « Le casino de l'action collective », *La Presse*, 23 juin 2019, en ligne : <https://www.lapresse.ca/actualites/2019-06-23/le-casino-de-l-action-collective> (consulté le 10 décembre 2022).
238. *Ibid.*
239. En Australie, la loi interdit aux avocats de financer eux-mêmes les recours collectifs. Seuls les tiers bailleurs peuvent le faire. Il n'y a que dans l'état de Victoria où cette règle a été modifiée en juillet 2020. Les détails sont présentés ci-dessous à la section 4.2, p. 58.
240. Il y a généralement trois options : 1) des honoraires représentant un pourcentage du total de la condamnation contre le défendeur, 2) des honoraires calculés sur une base horaire, mais avec un facteur multiplicateur, ou 3) une combinaison des deux.
241. Bruce W. JOHNSTON, « Réplique – Actions collectives : rétablir les faits », *La Presse+*, 25 juillet 2022, en ligne : <https://plus.lapresse.ca/screens/162956dec89f-425e-b2dc-4cd90039539a__7C___0.html?utm_content=email&utm_source=lpp&utm_medium=referral&utm_campaign=internal+share> (consulté le 26 juillet 2022). [*Réplique*]
242. Le financement public existe seulement en Ontario (section 4.1) et au Québec (section 4.5).

Dans certaines juridictions (dont les États-Unis et la Colombie-Britannique), la question ne se pose pas, car les parties supportent leurs propres frais. Par contre, dans d'autres juridictions, en particulier en Ontario et en Australie, les frais judiciaires sont tellement importants que le représentant en demande et ses avocats doivent dès le début prévoir comment ils pourront payer pour ces condamnations s'ils perdent. Ces diverses questions seront étudiées ci-après, en commençant par l'Ontario.

4.1 Ontario

Fais judiciaires

L'Ontario se distingue de la plupart des autres provinces de common law au Canada par son approche à l'égard de l'attribution des frais judiciaires dans le cadre d'un recours collectif. En Colombie-Britannique, au Manitoba, à Terre-Neuve-et-Labrador et devant la Cour fédérale, les tribunaux ont adopté un régime « sans frais » pour les recours collectifs, sous réserve de certaines restrictions, notamment s'il y a abus de procédures[243]. Les autres juridictions ont des régimes « avec frais » contre le perdant. Par contre, en Alberta, en Saskatchewan, en Nouvelle-Écosse et au Nouveau-Brunswick, le tribunal a le pouvoir discrétionnaire de ne pas les adjuger[244]. Quant au Québec, les frais judiciaires ne comprennent que les déboursés et n'incluent plus, depuis 2016, le paiement d'honoraires pour l'avocat du gagnant[245].

En comparaison, en Ontario, la partie qui perd paie non seulement ses propres frais, mais paie aussi une partie des frais juridiques de la partie qui gagne. Ces frais comprennent non seulement les déboursés (comme les frais d'expertise ou les frais de déplacement et d'impression), mais aussi les dépens, soit une partie des honoraires des avocats du gagnant. Selon le litige particulier, cela peut aller d'un chiffre en milliers à un chiffre en millions de dollars. Le juge du procès a un certain pouvoir discrétionnaire d'en moduler

---

243. M. EIZENGA, *The Class Actions Handbook*, Toronto, LexisNexis, 2022, p. 17. [*Class Actions Handbook*] ; Jacqueline M. PALEF, « The Death of Champerty: Is Third Party Litigation Funding the New Normal in Class Actions? », (2020) 16-1 *Canadian Class Action Rev.* 78, p. 91.
244. J. PALEF, *supra*, note 243, p. 91.
245. Voir section 4.5, p. 63.

le montant[246], basé sur une liste de facteurs qu'il peut considérer, mais il demeure que les sommes sont significatives.

À titre d'exemple, le tableau ci-dessous, couvrant des condamnations aux frais judiciaires en Ontario entre 2015 et 2017, montre que le montant des frais judiciaires a oscillé entre 25 000 $ et plus de 2 M$.

Tableau n⁰ 14 : Exemples de frais judiciaires imposés au perdant entre 2015 et 2017[247]

APPENDIX C: DATA

The following pages contain information about the 114 cases that were observed.

	Decision Name	Citation	Date of Costs Decision	Actual Costs	Costs 'In the Cause'	Total Costs
1	Bennett v Lenovo (Canada) Inc	2017 ONSC 6839	November 20, 2017	69,088.48	0.00	69,088.48
2	Das v George Weston Limited	2017 ONSC 5583	September 20, 2017	2,335,601.60	0.00	2,335,601.60
3	Berg v Canadian Hockey League	2017 ONSC 5382	September 11, 2017	500,000.00	712,065.63	1,212,065.63
4	1683782 Ontario Inc v Maple Leaf Foods Inc	2017 ONSC 6612	August 9, 2017	152,784.41	0.00	152,784.41
5	Kaira v Mercedes Benz	2017 ONSC 4692	August 2, 2017	225,000.00	0.00	225,000.00
6	Heyde v Theberge Developments Limited	2017 ONSC 3462	June 5, 2017	62,500.00	0.00	62,500.00
7	Vester v Boston Scientific Ltd	2017 ONSC 2498	April 24, 2017	425,000.00	450,000.00	875,000.00
8	Fehr v Sun Life Assurance Co of Canada	2017 ONSC 2218	April 11, 2017	1,000,000.00	0.00	1,000,000.00
9	Bernstein v Peoples Trust Co	2017 ONSC 2189	April 10, 2017	136,492.72	10,000.00	146,492.72
10	Locking v McCowan	2016 ONSC 7854	December 15, 2016	52,834.00	43,490.00	96,324.00
11	Green v Canadian Imperial Bank of Commerce	2016 ONSC 3829	June 10, 2016	2,679,277.82	0.00	2,679,277.82
12	Da Silva v 2162095 Ontario Ltd	2016 ONSC 2069	May 9, 2016	0.00	0.00	0.00
13	Airia Brands Inc v Air Canada	2016 ONSC 1220	February 29, 2016	228,575.05	0.00	228,575.05
14	Dine v Biomet Inc	2016 ONSC 857	February 9, 2016	200,000.00	65,000.00	265,000.00
15	Mask v Silvercorp Metals Inc	2015 ONSC 7780	December 15, 2015	500,000.00	0.00	500,000.00
16	Bakshi v Global Credit & Collection Inc	2015 ONSC 6842	November 13, 2015	25,000.00	0.00	25,000.00
17	Labourers' Pension Fund of Central and Eastern Canada v Sino-Forest Corp	2015 ONSC 6354	October 15, 2015	660,132.02	786,398.92	1,446,530.94
18	Abdulla v Canadian Solar Inc	2015 ONSC 1421	March 5, 2015	310,750.00	0.00	310,750.00

Dans son rapport de 2019, la CDO recommandait que la province adopte un régime « sans frais », seulement pour les dépens reliés à la requête en certification, sur la base que l'imposition des dépens contre le perdant, lorsqu'il était le demandeur, représentait une grave entrave d'accès à la justice, surtout pour les groupes d'intérêt public[248]. Encore ici, le gouvernement a répondu au lobbying des intérêts des entreprises et des avocats de la défense et n'a pas retenu cette recommandation de la CDO[249]. Aucun changement n'a donc été inclus en ce sens dans les amendements apportés à la LRCO

---

246. *Règles de procédure civile*, RRO 1990, Règl. 194, r. 57.01(1) ; art. 31 de la *Loi sur les tribunaux judiciaires*, L.R.O. 1990, ch. C. 43 ; art. 31 LRCO.
247. Brandon PASTERNAK, « Cost-Shifting and Access to Justice: A Quantitative Motion for Cost Awards in Ontario », (2018) 13-2 *Canadian Class Action Rev.* 255, Appendix C, 310.
248. COMMISSION DE DROIT DE L'ONTARIO, *Rapport partiel en français*, *supra*, note 61, p. 12.
249. J. KALAJDZIC et C. PICHÉ, *Cold Facts*, *supra*, note 72, p. 128.

en octobre 2020[250]. Ainsi, encore récemment, dans le dossier *Del Giudice*[251], la Cour supérieure de justice de l'Ontario a condamné un demandeur perdant à payer 1 225 000 $ en dépens au défendeur gagnant[252].

Le risque d'une condamnation aux dépens est donc toujours une préoccupation réelle pour un représentant qui envisage de procéder à un recours collectif en Ontario. Un demandeur rationnel doit donc s'assurer d'obtenir à l'avance une protection financière (une indemnité) en cas de résultat défavorable. Seulement certains cabinets en demande sont assez solides financièrement pour pouvoir garantir une telle indemnité au représentant. Pour les autres représentants, il faut qu'ils trouvent du financement ailleurs. C'est notamment la raison pour laquelle des fonds publics dans certains cas, ou des tiers bailleurs privés dans d'autres, sont nécessaires en Ontario.

Fonds d'aide aux recours collectifs (Class Proceedings Fund)

En 1993, le gouvernement ontarien a créé par règlement[253], concurremment à la LRCO, le Fonds d'aide aux recours collectifs / Class Proceedings Fund (« CPF »). Le CPF a été créé pour fournir un soutien financier aux demandeurs en vue de les aider à payer leurs propres déboursés judiciaires (déplacements, frais d'interrogatoire, honoraires des experts) et aussi pour les indemniser contre une condamnation défavorable aux dépens[254]. Contrairement au Québec, le CPF ne couvre pas, même partiellement, le paiement des honoraires des avocats en demande[255].

Le CPF est dirigé par le Comité des recours collectifs, composé de cinq membres indépendants nommés conjointement par la Fondation du droit de l'Ontario et le procureur général, qui décident de la recevabilité ou non de l'aide financière demandée. Les critères considérés sont, suite au jugement *Edwards*[256] : 1) le bien-fondé de

---

250. *Ibid.*
251. *Del Giudice* v. *Thompson*, 2021 ONSC 6973.
252. À noter que le tribunal a imposé une condamnation aux dépens sur une base d'indemnisation substantielle : art. 57 des Règles de procédure civile, RRO 1990, Règl. 194.
253. *Règl. de l'Ont. 771/92* en vertu de la *Loi sur le Barreau*, L.R.O. 1990, ch. L.8.
254. LA FONDATION DU DROIT DE L'ONTARIO, *Fonds d'aide aux recours collectifs*, en ligne : <https://lawfoundation.on.ca/fr/pour-avocats-et-parajuristes/fonds-daide-aux-recours-collectifs/> (consulté le 20 novembre 2022).
255. Section 4.5, p. 63.
256. *Edwards* v. *Law Society of Upper Canada*, 36 C.P.C. (3d) 116 (Ontario Class Proceedings Committee).

l'affaire, 2) les efforts de collecte de fonds par le délégué de classe, 3) l'utilisation proposée des fonds, 4) les contrôles financiers concernant l'utilisation des fonds, 5) la mesure dans laquelle les questions en litige affectent l'intérêt public, 6) la probabilité de certification, 7) les montants requis pour la certification et les autres procédures, et 8) toute autre question jugée pertinente. En contrepartie du financement, le CPF perçoit un prélèvement unique de 10 %[257] après règlement ou décision en faveur du demandeur[258].

Le CPF a initialement été lancé avec un versement de 500 000 $ de la Fondation du droit de l'Ontario, mais grâce à la collecte du prélèvement de 10 % ainsi que des indemnités cy-près[259] et des intérêts accumulés, le solde des sommes disponibles se chiffraient, au 31 décembre 2021, à plus de 20 millions de dollars[260]. Le tableau ci-après donne un portrait des sommes distribuées :

Tableau nº 15 : Résultats financiers 2021 / Fonds d'aide aux recours collectifs en Ontario[261]

État de la situation financière

	Pour la période allant du 1er janvier au 31 décembre 2021	Pour la période allant de 1994 au 31 décembre 2021
Solde d'ouverture	10 785 910 $	500 000 $
Total des fonds accordés	4 696 650 $	4 627 386 $
Fonds remboursés/annulés	79 148 $	10 252 376 $
Frais/dépenses d'administration	663 507 $	7 026 880 $
Intérêts et indemnités cy-près reçus*	240 677 $	5 418 769 $
Redevances de 10 % reçues	15 147 617 $	75 956 267 $
Dépens accordés aux défendeurs	816 103 $	22 396 054 $
Solde au 31 décembre 2021	**20 077 092 $**	**20 077 092 $**

---

257. Le calcul de la redevance est établi dans le *Règl. de l'Ont. 771/92*, *supra*, note 252, art. 10.
258. En date du 31 décembre 2021, les redevances de 10 % encaissées depuis 1993 se chiffrent à près de 76 millions, et les intérêts et autres indemnisations à plus de 5 millions, voir : LA FONDATION DU DROIT DE L'ONTARIO, Rapport annuel 2021, en ligne : <https://lawfoundation.on.ca/fr/download/rapport-annuel-2021-justice-en-relance/> (consulté le 20 novembre 2022). [*Rapport annuel 2021*]
259. Des indemnités *cy-près* sont, notamment, des indemnités remises au CPF lorsque certaines sommes ne peuvent pas être acheminées aux membres, soit parce qu'elles sont trop minimes ou que les membres sont introuvables.
260. LA FONDATION DU DROIT DE L'ONTARIO, *Rapport annuel 2021*, *supra*, note 258, p. 40.
261. *Ibid.*

Toujours selon le rapport annuel 2021 de la Fondation du droit de l'Ontario, à la fin de 2021, le CPF avait reçu des centaines de demandes depuis 1993, mais seulement 203 ont finalement été financées[262]. L'une des considérations qui entrent dans la décision du CPF d'accorder de l'aide ou non consiste à vérifier si la question à débattre est d'intérêt public. Cela restreint donc l'intérêt du CPF pour les demandeurs dans les affaires où cette dimension ne se retrouve pas[263].

Cette limite au financement accordé par le CPF, combinée à la question des dépens très élevés, explique pourquoi certains requérants doivent se tourner vers d'autres sources de financement, notamment vers du financement privé par des tiers bailleurs.

Tiers bailleurs

Le financement par des tiers en Ontario est devenu, dans les dernières années, plus courant et plus accepté par les tribunaux[264]. Depuis l'année 2020, cette option a même été entérinée tant par la Cour suprême du Canada que par les modifications législatives apportées à la LRCO.

D'une part, le 23 janvier 2020, la Cour suprême du Canada a accueilli à l'unanimité l'appel dans le dossier *Callidus*[265]. Bien qu'il ne s'agissait pas d'une action collective, mais bien d'un litige impliquant la *Loi sur les arrangements avec les créanciers des compagnies*, le dossier *Callidus* a été l'un des premiers cas à soulever à la Cour suprême la question de la légalité du financement des litiges par des tiers. La Cour en a profité pour clarifier l'utilisation de tels accords dans le contexte d'actions collectives, a inclus une discussion sur leur origine historique et leur utilité, et a confirmé leur légalité[266].

De plus, au niveau législatif, les modifications apportées en octobre 2020 à la LRCO incluent maintenant le nouvel article 33.1[267]

---

262. *Ibid.*
263. André DUROCHER, « Une grosse carotte, un gros bâton : l'accès à la justice et les aspects financiers de la pratique en matière de recours collectifs », Colloque national sur les recours collectifs : *Développements récents au Québec, au Canada et aux États-Unis* (2013), vol. 362, 335.
264. J. M. PALEF, *supra*, note 243 ; J. KALAJDZIC, *Overview*, *supra*, note 85.
265. *9354-9186 Québec inc. c. Callidus Capital Corp*, 2020 CSC 10. [*Callidus*]
266. *Id.*, par. 94-96.
267. Voir ann. 3, p. xix.

qui vise spécifiquement à permettre et encadrer de telles ententes de financement par des tiers. Ces accords nécessiteront maintenant l'approbation préalable des tribunaux qui les examineront de manière critique pour déterminer si les meilleurs intérêts des parties sont servis. Si le juge saisi constate que le tiers bailleur de fonds peut être surcompensé ou si les termes de l'accord interfèrent avec l'autonomie du demandeur, l'accord sera rejeté ou modifié en conséquence[268]. Les accords avec des tiers bailleurs vont probablement, en conséquence, devenir de plus en plus courants, à tout le moins en Ontario.

Honoraires des avocats

Comme pour le financement par des tiers bailleurs, les tribunaux ontariens acceptent maintenant que l'accès à la justice, dans les dossiers de recours collectifs, passe aussi par le paiement adéquat d'honoraires, principalement par le biais de conventions à pourcentage, pour les avocats en demande qui ont pris des risques financiers très importants pour soutenir un dossier pendant des années.

Il est donc maintenant accepté que les avocats en demande reçoivent souvent jusqu'à 30 % du montant total du jugement ou règlement, même si ces montants peuvent être extrêmement élevés. Le tribunal doit par ailleurs d'abord procéder à une révision complète des faits pour vérifier si les honoraires sont « justes et raisonnables ». Les critères développés par la jurisprudence ont d'ailleurs été intégrés aux amendements de 2020 à la LRCO à même l'article 32[269].

Une des plus récentes causes en ce sens est l'affaire *CIBC*[270] qui s'est conclue par un règlement à l'amiable de 125 M$ la veille du procès. Ce règlement est le plus important jamais conclu dans le domaine des valeurs mobilières au Canada[271]. L'action a duré presque 14 ans et découlait de la débâcle des marchés financiers en 2007. Elle impliquait des questions difficiles de gouvernance d'entreprise et de divulgation des lois sur les valeurs mobilières concernant certains des produits d'investissement les plus mathématiquement complexes lancés sur les marchés publics – les titres adossés à des hypothèques résidentielles américaines[272].

---

268. *Ibid.*
269. *Ibid.*
270. *Green* v. *CIBC*, 2022 ONSC 373. [*CIBC*]
271. LA FONDATION DU DROIT DE L'ONTARIO, *Rapport annuel 2021, supra*, note 258.
272. *CIBC, supra*, note 270, par. 2.

Le juge, après étude de tous les critères requis pour évaluer si les honoraires étaient « justes et raisonnables », a accordé 30 % aux avocats, soit la somme de 37,5 M$, notamment sur la base que le dossier était hautement complexe, visait plus de 100 000 investisseurs canadiens, que les avocats en demande avaient supporté financièrement la cause pendant 14 ans et payé eux-mêmes 2,6 M$ en frais d'experts, et que la défenderesse était une banque sophistiquée qui avait vigoureusement contesté la certification[273]. Après le paiement de tous les autres frais et remboursements, notamment au CPF, le tribunal a constaté que seulement 55 % des 125 M$ seraient ultimement distribués aux membres, mais il a quand même conservé à 30 % le pourcentage applicable pour les honoraires des avocats en demande[274].

Pour conclure avec l'Ontario, puisque les dépens et frais de justice peuvent être très élevés, les tribunaux et la législation reconnaissent l'importance de non seulement soutenir, mais aussi d'encadrer le financement adéquat des recours collectifs autant par des avocats agissants en demande que par des tiers bailleurs.

4.2 Australie

En Australie, la règle concernant les frais est la même qu'en Ontario en ce que le perdant doit supporter le paiement des dépens et frais de justice de la partie qui gagne. Ces frais comprennent non seulement les déboursés, mais aussi les honoraires professionnels de l'avocat. Comme en Ontario, ces frais peuvent être significatifs et c'est le représentant personnellement qui en est responsable[275]. Malgré cet élément de la condamnation potentielle aux frais et dépens, le régime australien de recours collectif a quand même été établi, dès 1992, avec de sérieuses entraves financières pour les représentants.

D'une part, la législation, tant au niveau fédéral qu'au niveau des États, interdit aux avocats en demande de conclure des ententes d'honoraires avec le représentant selon lesquelles ils seront payés sur une base à pourcentage (« contingency fees ») et indemniseront le représentant. La raison pour laquelle ces conventions sont interdites

---

273. *CIBC, supra*, note 270, par. 31, 94.
274. *Id.*, par. 95.
275. CLAYTON UTZ, « Class actions in Australia – Frequently asked questions », 2021, en ligne : <https://www.claytonutz.com/knowledge/2021/july/class-actions-in-australia-frequently-asked-questions> (consulté le 28 novembre 2022).

provient de l'existence du délit de common law appelé « tort of maintenance and champerty » qui empêche les avocats de supporter financièrement un litige[276]. Au mieux, les cabinets d'avocats peuvent mener des recours collectifs sur une base d'honoraires conditionnels, c'est-à-dire qu'ils se feront payer leurs honoraires (nombre d'heures travaillées multiplié par leur taux horaire), avec une prime selon les circonstances, mais seulement s'ils obtiennent un règlement ou un résultat positif. C'est ce qui est appelé « no win, no fee »[277]. D'autre part, il n'existe pas de fonds publics similaires au CPF qui protégeraient le représentant contre la condamnation aux frais.

Ces limites ont eu comme conséquence de rendre le financement des recours collectifs très problématique et de limiter de façon importante, initialement du moins, le nombre de recours collectifs déposés.

Pour pallier ce problème, en 2006, la High Court of Australia, dans le dossier *Fostif* [278], a donné son sceau d'approbation pour que des tiers bailleurs, non-avocats, fournissent le financement requis[279]. À la suite de cette décision, le marché australien du financement des litiges a crû de façon significative, avec une proportion très importante d'actions collectives soutenues par des bailleurs de fonds. Ces derniers concluent une entente, principalement avec le représentant du groupe, pour payer ses propres frais juridiques et pour payer ceux de l'intimé si le recours collectif échoue. En retour, si la demande est victorieuse, le bailleur de fonds se fait rembourser ses avances de fonds majorées d'une part du montant accordé en règlement ou par jugement. Cette part se situe normalement entre 20 % et jusqu'à 40 % selon la taille de l'affaire, le moment du règlement et les frais encourus[280].

---

276. Andrew WATSON et Michael DONELLY, « Financing Access to Justice: Third-Party Litigation Funding and Class Actions in Australia », (2014) 55 *Can. Bus. L.J.* 17, 18. ; CLAYTON UTZ, « Western Australia opts in to new state class action regime », septembre 2022, en ligne : <https://www.claytonutz.com/knowledge/2022/september/western-australia-opts-in-to-new-state-class-action-regime> (consulté le 28 novembre 2022).
277. Debbie CLARKE, « Collective Redress in Australia », novembre 2021, *Observatoire des Actions de Groupe et autres Actions Collectives*, en ligne : <https://observatoireactionsdegroupe.com/wp-content/uploads/2021/11/Collective-Redress-In-Australia_Debbie-Clark.pdf> (consulté le 28 novembre 2022).
278. *Campbells Cash and Carry Pty Ltd.* v. *Fostif Pty Ptd*, (2006) 229 CLR 386. [*Fostif*]
279. ASHURST, *Class Actions in Autralia – Quick Guide*, 21 octobre 2019, en ligne : <https://www.ashurst.com/en/news-and-insights/legal-updates/quickguide-class-actions-in-australia/> (consulté le 28 novembre 2022).
280. *Ibid.*

Cependant, vu cette implication des tiers bailleurs, très peu de dossiers se sont rendus à procès, puisque les bailleurs préfèrent un règlement rapide à un processus judiciaire qui dure de nombreuses années. Les statistiques concernant le dénouement des dossiers de recours collectifs en Australie de 1992 à 2017 le démontrent d'ailleurs de façon intéressante[281].

Dans son rapport de 2019[282], l'ALRC a recommandé que l'approbation de la Cour soit requise pour les accords de financement des litiges par des tiers bailleurs et qu'il y ait une présomption que le bailleur de fonds fournisse une garantie pour les remboursements de frais et dépens[283]. De plus, le gouvernement en poste entre 2018 et 2022 avait présenté un projet de loi qui aurait : 1) exigé que les bailleurs de fonds soient soumis à des enregistrements réglementaires et 2) limité à 30 % le pourcentage des sommes à être payées aux tiers bailleurs pour que les membres en reçoivent 70 %[284]. Ce gouvernement a cependant été renversé en mai 2022 et le nouveau gouvernement a mis ces amendements sur la glace pour l'instant[285].

Une autre avenue possible serait de changer les règles australiennes et de permettre aux avocats en demande de prendre des dossiers à pourcentage, comme aux États-Unis et au Canada. La Cour fédérale n'a pas encore modifié ses règles en ce sens. Par contre, en juillet 2020, l'État de Victoria, et seulement cet État, l'a fait. Selon le professeur Morabito, c'est ce qui explique la hausse significative des nouveaux dossiers déposés dans l'État de Victoria depuis le 1er juillet 2020[286] alors que le nombre de nouveaux dossiers d'actions collectives a baissé en Cour fédérale et dans tous les autres États en 2021 et 2022[287].

---

281. Tableau n° 10, *supra*, p. 32.
282. *ALRC 2019 Report*, *supra*, note 7.
283. M. LEGG et S.J. HICKEY, *Class Actions in Australia*, *supra*, note 129, p. 385.
284. CORRS CHAMBERS WESTGARTH, « Top 10 Class Action predictions for 2022 », mars 2022, en ligne : <https://www.corrs.com.au/insights/top-10-class-action-predictions-for-2022> (consulté le 15 novembre 2022) ; JONES DAY, « Australian Class Actions Update », novembre 2022, en ligne : <https://www.jonesday.com/en/insights/2022/11/australian-class-actions-update--november-2022> (consulté le 25 novembre 2022).
285. CHAMBERS AND PARTNERS, « Class Actions in Australia – Trends and Developments », mis à jour le 8 novembre 2022, en ligne : <https://practiceguides.chambers.com/practice-guides/collective-redress-class-actions-2022/australia/trends-and-developments> (consulté le 25 novembre 2022).
286. V. MORABITO, *Lawyerly*, *supra*, note 137, p. 2.
287. CHAMBERS AND PARTNERS, « Class Actions in Australia – Trends and Developments », mis à jour le 8 novembre 2022, en ligne : <https://practiceguides.

4.3 États-Unis

Frais judiciaires

Les États-Unis ont une règle contraire à celle de l'Ontario et de l'Australie. Selon la règle américaine, en l'absence de disposition légale sur le transfert des frais, les parties paient généralement leurs propres frais et honoraires d'avocat, peu importe qui gagne ou perd[288]. De plus, comme dans les autres juridictions, les honoraires et les frais des avocats du groupe dépendent du succès du litige, et le requérant ne paie rien si la poursuite échoue[289]. La crainte d'une condamnation aux frais et dépens n'existe donc pas et, en conséquence, il n'y a pas de fonds public similaire au CPF en Ontario.

Honoraires des avocats

La *Rule 23* (h) autorise un tribunal dans un recours collectif à (notre traduction) : « accorder les frais d'avocat raisonnables et les frais non imposables autorisés par la loi ou par l'accord des parties »[290]. Les membres du groupe doivent être avisés d'une requête en attribution d'honoraires et ils peuvent s'opposer aux frais proposés[291]. En général, comme au Canada, les frais peuvent être attribués sur la base d'une des trois méthodes suivantes[292] :

(1) un pourcentage des sommes récupérées par le groupe (la classe) ;

(2) le nombre d'heures investies par les avocats dans l'affaire, en utilisant un nombre raisonnable et éventuellement l'ajout d'une majoration par un facteur multiplicateur[293] ;

(3) une combinaison de n° 1 et n° 2.

---

chambers.com/practice-guides/collective-redress-class-actions-2022/australia/trends-and-developments>.
288. R. KLONOFF, *Aggregate litigation in the US, supra*, note 16, p. 79.
289. *Ibid.*
290. *Federal Rules of Civil Procedure (Fed R Civ P 23) (Rule 23 h))*, annexe 2, p. xvii.
291. *Ibid.*
292. R. KLONOFF, *Aggregate litigation in the US, supra*, note 16, p. 79.
293. Désigné en droit américain comme la méthode du *lodestar*.

L'approche des tribunaux, dans leur évaluation des « frais d'avocats raisonnables », est de trouver le juste équilibre, car un sous-financement des recours collectifs n'est pas souhaitable :

> If fees are set too low, counsel will not receive fair compensation for their services to the class. Worse yet, if fees are too low, then qualified counsel will not bring these cases in the first place. Injured parties will receive no redress, and potential wrongdoers will no longer be deterred out of fear of potential class action liability. If fees are set too high, attorneys will receive an unjustified windfall, and some of the benefits that should have gone to class members will be diverted to class counsel. Excessive class counsel fees might also induce class counsel to bring weak cases. Setting an appropriate counsel fee is thus crucial to the effective functioning of class action litigation.[294]

Cela dit, les tribunaux des États-Unis sont maintenant beaucoup plus sévères pour la révision et l'approbation des honoraires des avocats, surtout dans les cas de règlements. Les cours d'appel fédérales ont ainsi invalidé plusieurs règlements dans les dernières années en raison, entre autres, de conflits d'intérêts entre les avocats et les demandeurs, et d'un recouvrement insuffisant pour les membres du groupe[295].

Financement par des tiers bailleurs

Le financement par des tiers, appelé « third party litigation funding », est autorisé depuis quelques décennies aux États-Unis, mais utilisé surtout pour des réclamations individuelles ou des réclamations d'affaires de grande importance[296]. Il est peu ou pas utilisé pour le financement des recours collectifs pour deux raisons. D'une part, les avocats américains en demande n'ont pas la crainte d'une condamnation aux dépens. D'autre part, les cabinets doivent convaincre le tribunal, lors de l'audition sur la désignation du représentant et suivant la *Rule 23 g)*, qu'ils ont les ressources et capacités

---

294. Theodore EISENBERG, Geoffrey MILLER et Roy GERMANO, « Attorneys' Fees in Class Actions: 2009-2013 », (2017) 92 *New York University Law Review*, 937, p. 937-938.
295. Robert H. KLONOFF, « Class Actions in the Year 2026: A Prognosis », 65 *Emory Law Journal* 1569, p. 1623-1635.
296. Yves LAUZON et Bruce W. JOHNSTON, *Traité pratique de l'action collective*, Montréal, Éditions Yvon Blais, 2021, section 10.3.2.2. [*Traité pratique*]

financières pour mener à bien le recours collectif[297]. Ils ne veulent donc pas affaiblir leur position en ayant recours à du financement externe et préfèrent faire des alliances financières avec d'autres cabinets d'avocats pour répartir le risque[298].

4.4 Colombie-Britannique

Comme discuté ci-dessus, la Colombie-Britannique est depuis 1996, comme les États-Unis, une juridiction « sans frais »[299]. Les requérants ne craignent donc pas les condamnations aux dépens comme en Ontario. Les honoraires à pourcentage y sont autorisés et, à cet effet, les critères jurisprudentiels provenant des autres provinces canadiennes, notamment de l'Ontario, pour évaluer si les honoraires sont justes et raisonnables s'appliquent. Nous référons donc aux commentaires contenus ci-dessus à la section 4.1.

4.5 Québec

Frais judiciaires

Au Québec, contrairement aux États-Unis et en Colombie-Britannique, les frais judiciaires sont dus à la partie qui a gain de cause, à moins que le tribunal n'en décide autrement[300]. Par ailleurs, le 1er janvier 2016, le nouveau *Code de procédure civile* est entré en vigueur[301] et a apporté des modifications importantes aux règles de l'ancien Code concernant les dépens. D'abord, l'expression « frais de justice » remplace le terme « dépens ». De plus, le législateur a regroupé aux articles 339 à 344 du nouveau Code les règles concernant les frais de justice, tant en première instance qu'en appel[302].

En même temps, l'ancien tarif[303] a été complètement abrogé[304], retirant de ce fait les sommes tarifées qui étaient accordées au gagnant d'un litige pour tenir lieu d'une partie des honoraires des avocats. Il en résulte que les frais de justice sont bien inférieurs à ceux en Ontario ou en Australie, car ils n'incluent rien pour les honoraires

---

297. *Ibid.*
298. *Ibid.*
299. OSLER, *Actions collectives en Colombie-Britannique, supra*, note 112.
300. Art. 340 (1) C.p.c.
301. *Loi instituant le nouveau Code de procédure civile*, L.Q. 2014, c. 1.
302. Les articles 339 à 344 sont reproduits à l'ann. 4, p. xxi.
303. *Tarif des honoraires judiciaires des avocats* (RLRQ, c. B-1, r. 22).
304. *Loi instituant le nouveau Code de procédure civile* , L.Q. 2014, c. 1, art. 832.

des avocats. Ils comprennent par ailleurs certains déboursés qui peuvent devenir significatifs, notamment les frais d'experts[305].

Comme en Ontario, un demandeur rationnel doit donc s'assurer d'obtenir à l'avance une indemnité pour le paiement des frais de justice en cas de résultat défavorable. Ce sont généralement les cabinets d'avocats en demande qui, du fait de leur modèle d'affaires[306], acceptent de supporter le risque financier et conviennent avec le représentant qu'ils le tiendront indemne du paiement des frais de justice. En revanche, ils négocient généralement[307] une convention d'honoraires conditionnelle au succès de l'action en vertu de laquelle ils seront payés sur la base d'un pourcentage[308] payable à même le montant du recouvrement collectif ou avant le paiement des réclamations individuelles[309].

Honoraires des avocats

Les règles concernant la rémunération des avocats en demande sont maintenant connues et plusieurs jugements, tant de la Cour supérieure que de la Cour d'appel, en traitent[310]. Lorsque les avocats en demande conviennent d'une convention d'honoraires à pourcentage avec le représentant, cette convention bénéficie en principe d'une présomption de validité, à moins qu'elle ne soit pas juste et raisonnable pour les membres du groupe[311]. Cette détermination du caractère juste et raisonnable revient au tribunal, qui agit alors comme gardien des intérêts des membres absents[312]. C'est une

---

305. Art. 339 (2) C.p.c. Voir aussi : *Lamoureux* c. *OCRCVM*, QCCS 1093, par. 135 ; 2022 QCCA 685, par. 24 ; *Lalande* c. *Compagnie d'arrimage de Québec ltée*, 2023 QCCA 973, par. 173.
306. Y. LAUZON et B. W. JOHNSTON, *Traité pratique, supra*, note 296, section 9.1.
307. La méthode américaine du facteur multiplicateur *lodestar* est appliquée avec circonspection au Québec et n'est pas mentionnée au *Code de déontologie des avocats*. Voir *Pellemans* c. *Lacroix*, 2011 QCCS 1345, par. 64 [*Pellemans*]. En revanche, cette méthode constitue un outil de mesure.
308. Qui peut aller jusqu'à 33 %, voir ci-dessous p. 64 et s.
309. Art. 593(1) C.p.c.
310. *Option Consommateurs* c. *Banque Amex du Canada*, 2017 QCCS 200 [*Amex CS*], 2018 QCCA 305 [*Amex CA*] ; *Pellemans, supra*, note 307 ; *Varnai* c. *Janssen inc.*, 2022 QCCS 4326 ; *Option Consommateurs* c. *Meubles Léon ltée*, 2022 QCCS 193 [*Meubles Léon*] ; *Gillich* c. *Mercedes-Benz West Island*, 2020 QCCS 1602 ; *Schneider (Succession de Schneider)* c. *Centre d'hébergement et de soins de longue durée Herron inc.*, 2021 QCCS 1808 ; *Dufour* c. *Compagnie d'aviation Cubana*, 2021 QCCS 5226 ; *A.B.* c. *Clercs de Saint-Viateur du Canada*, 2023 QCCA 527 [*Clercs de Saint-Viateur*].
311. *Pellemans, supra*, note 307, par. 50.
312. *Amex CA, supra*, note 310, par. 60, 61 ; *Meubles Léon, supra*, note 310, par. 87.

question d'évaluation des faits de chaque dossier, selon les critères des articles 101 et 102 du *Code de déontologie des avocats*[313] :

101. L'avocat demande et accepte des honoraires et des débours justes et raisonnables.

Il en est de même des avances demandées au client.

102. Les honoraires sont justes et raisonnables s'ils sont justifiés par les circonstances et proportionnés aux services professionnels rendus. L'avocat tient notamment compte des facteurs suivants pour la fixation de ses honoraires :

1) l'expérience ;

2) le temps et l'effort requis et consacrés à l'affaire ;

3) la difficulté de l'affaire ;

4) l'importance de l'affaire pour le client ;

5) la responsabilité assumée ;

6) la prestation de services professionnels inhabituels ou exigeant une compétence particulière ou une célérité exceptionnelle ;

7) le résultat obtenu ;

8) les honoraires prévus par la loi ou les règlements ;

9) les débours, honoraires, commissions, ristournes, frais ou autres avantages qui sont ou seront payés par un tiers relativement au mandat que lui a confié le client.

Des conventions d'honoraires à pourcentage, variant de 15 % à 33 %, sont souvent utilisées et jugées justes et raisonnables par les tribunaux[314]. Par contre, si les bénéfices pour les membres ne

---

313. *Code de déontologie des avocats*, B-1, r. 3.1 (avant 2015 : les articles 3.08.01 à 3.08.03 du *Code de déontologie des avocats*, B-1, r. 3).
314. *Pellemans*, *supra*, note 307, par. 53 et tableau comparatif au par. 54 ; *Amex CS*, *supra*, note 310, ann. 2 ; *Meubles Léon*, *supra*, note 310, par. 91-94.

les justifient pas, ces conventions seront refusées complètement[315]. La question reste toujours la même : les honoraires des avocats en demande sont-ils trop élevés ?

D'un côté, certains avocats et cabinets ont vraiment à cœur la justice sociale et le bien-être collectif et investissent des milliers d'heures de travail non rémunérées pour financer des recours, souvent au risque de tout perdre après avoir encaissé leur REER et hypothéqué jusqu'à leur résidence personnelle[316]. C'est notamment ce qui s'est passé dans l'action collective contre les cigarettiers qui a duré plus de 25 ans et pour laquelle les avocats n'ont toujours pas été payés (en date de septembre 2023) malgré une victoire retentissante en Cour supérieure et en Cour d'appel[317].

D'un autre côté, plusieurs avocats ne sont là que pour faire de l'argent en réglant avec les compagnies défenderesses le plus rapidement possible après le dépôt de la procédure, souvent sans que quoi que ce soit n'aboutisse aux membres. Dans l'affaire *Uber*[318], la Cour a justement refusé d'entériner un tel règlement où rien ne devait être versé aux membres. L'entente de règlement proposée fixait le montant total du règlement à 200 000 $ réparti comme suit : 63 500 $ (30 % + les frais judiciaires) aux avocats du groupe, 60 % du reliquat de 136 500 $ au *Fonds d'aide aux actions collectives* (explications ci-dessous), et le solde de 55 000 $ à cinq œuvres de charité. Rien n'était prévu pour un crédit ou remboursement aux membres (1,8 millions de clients). Le juge a rejeté l'entente de règlement, et les honoraires des avocats en conséquence, et renvoyé les avocats faire leurs devoirs pour présenter une nouvelle offre qui serait acceptable.

Sur cette question de la raisonnabilité du montant des honoraires des avocats en demande, des échanges musclés surgissent périodiquement dans les médias, démontrant les positions diamétralement opposées de chaque partie[319]. La Cour d'appel a par ailleurs confirmé en 2023, dans le dossier des *Clercs de Saint-Viateur*[320], la

---

315. Le jugement de 2018 de la Cour d'appel dans le dossier *Amex CA*, *supra*, note 310, aux par. 59-76 et à la note 27, est particulièrement utile et complet.
316. B. W. JOHNSTON, *Réplique*, *supra*, note 241.
317. *Létourneaux c. JTI-MacDonald Corp.*, 2015 QCCS 2382, 2019 QCCA 358. Le dossier est depuis 2019 suspendu, car sous le joug de la *Loi sur les arrangements avec les créanciers des compagnies* 2019 QCCA 508.
318. *Leung c. Uber Canada inc.*, 2022 QCCS 1076.
319. Y. BOISVERT, *Obscène industrie*, *supra*, note 237 ; B. JOHNSTON, *Réplique*, *supra*, note 241.
320. *Supra*, note 310.

validité des conventions d'honoraires à pourcentage qui bénéficie, comme mentionné ci-dessus, d'une présomption de validité.

Fonds d'aide aux actions collectives

Outre le financement des actions collectives par les avocats en demande, il existe au Québec, comme en Ontario, du financement public.

Le Québec a en effet prévu et institué dès 1978, lors de l'entrée en vigueur de la *Loi sur le recours collectif*[321], le *Fonds d'aide aux recours collectifs* maintenant connu sous le nom de *Fonds d'aide aux actions collectives* (« FAAC »)[322], qui offre du financement non seulement pour les frais judiciaires, mais aussi pour une certaine partie des honoraires des avocats.

Selon sa loi habilitante[323], le FAAC attribue de l'aide financière aux demandeurs pour couvrir : les honoraires du procureur à un taux horaire variant entre 135 $ et 300 $[324], les honoraires et les frais des experts[325], les frais de justice et les autres débours de cour, et toutes les autres dépenses utiles à la préparation ou à l'exercice de l'action collective.

Plusieurs informations intéressantes se retrouvent dans le Rapport annuel 2020-2021 du FACC[326], notamment que 25 dossiers ont été ouverts sur 163 demandes déposées[327] et que 40 % des actions collectives actives au Québec sont financées par le FACC, soit 228 sur 566[328]. En ce qui a trait à l'aide financière accordée, et tel qu'il ressort du tableau n° 16 ci-dessous, elle se chiffre à près de 3,5 M$ dont une proportion de 36 % (1 254 525 $) est allée pour rembourser

---

321. *Supra*, note 29.
322. *Loi sur le Fonds d'aide aux actions collectives*, c. F-3.2.0.1.1.
323. *Id.*, art. 29.
324. *Règlement sur les honoraires relatifs à certains services juridiques rendus à des organismes du gouvernement*, ch. C-65.1, r. 7.3, annexe II.
325. *Supra*, note 305.
326. FONDS D'AIDE AUX ACTIONS COLLECTIVES, Rapport annuel 2020-2021, en ligne : <https://www.faac.justice.gouv.qc.ca/doc/RapportAnnuel2020-2021.pdf> (consulté le 27 juillet 2022). [*Rapport annuel 2020-2021*]
327. *Id.*, Tableaux I et II, p. 28, 29.
328. *Id.*, graph. II, p. 31 : sur les 566 actions collectives actives au Québec en 2020-2021, 228 sont financées (40 %) et 338 sont non financées (60 %).

des honoraires d'avocats dans 228 dossiers (soit une moyenne par dossier de 5 500 $[329]).

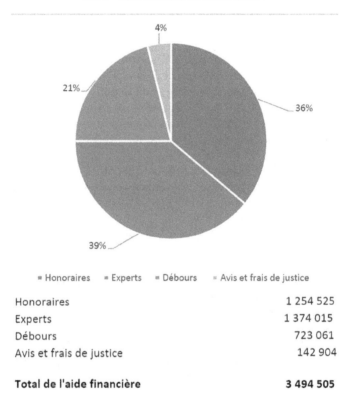

Tableau n° 16 : Aide financière accordée en 2020-2021 / FAAC

AIDE FINANCIÈRE ACCORDÉE AUX BÉNÉFICIAIRES
Du 1er avril 2020 au 31 mars 2021

Honoraires	1 254 525
Experts	1 374 015
Débours	723 061
Avis et frais de justice	142 904
Total de l'aide financière	**3 494 505**

Quant à la capitalisation du FACC, elle se chiffre maintenant à la somme de 20 M$[330] ce qui est presque identique à celle du CPF en Ontario[331].

Bien que le FACC soit certainement un élément positif pour le financement des actions collectives au Québec, il reste que, pour les dossiers de grande envergure, ce financement n'est pas suffisant. C'est pour cette raison que les avocats en demande défendent leur

---

329. *Id.*, graph. I, p. 30.
330. *Id.*, État des résultats, p. 41 : le chiffre exact est 20 164 611 $.
331. Tableau n° 15, *supra*, p. 55 : le chiffre exact est 20 077 092 $.

modèle d'affaires[332] afin d'obtenir des honoraires sur une base à pourcentage qui permettront de financer d'autres actions collectives.

Financement par des tiers

Le financement privé par des tiers bailleurs pourrait aussi aider, mais il est encore peu utilisé au Québec, car, dans la quasi-totalité des dossiers, les cabinets en demande et le FAAC ont réussi à les financer eux-mêmes de façon adéquate. Exceptionnellement, pour les dossiers de très grande envergure, du financement externe peut par ailleurs être requis. Les deux dossiers les plus connus au Québec à ce sujet sont les dossiers *Marcotte* en 2015[333] et *Marcil* en 2018[334] dans lesquels la Cour supérieure a approuvé le remboursement de frais de financement, à même les sommes destinées aux membres, en surplus des honoraires à pourcentage des avocats. Dans le dossier *Marcotte*, le coût combiné des honoraires (à 25 %) et du financement supplémentaire (à 13 %) a représenté 38 % des sommes recouvrées, mais le tribunal les a jugées justes et raisonnables dans les circonstances[335]. Dans le dossier *Marcil*, les frais du financement de 2,1 M$, en sus des honoraires, ont aussi été acceptés par le tribunal, car jugés justes et raisonnables[336].

CONCLUSION

Des modifications sont-elles nécessaires au Québec au niveau du cadre législatif entourant les actions collectives ?

Dans son rapport de septembre 2019, préparé à l'attention du Ministère de la Justice du Québec sur les perspectives de réforme de l'action collective au Québec[337], la professeure Piché, maintenant juge à la Cour supérieure, suggérait quatre propositions de réforme, soit : 1) forcer un changement dans les pratiques et la culture par une gestion d'instance encore plus serrée[338], 2) ajouter un critère de proportionnalité ou d'opportunité au mécanisme d'autorisation[339],

---

332. Y. LAUZON et B. W. JOHNSTON, *Traité pratique, supra*, note 296.
333. *Marcotte, supra*, note 317.
334. *Marcil c. Commission scolaire de la Jonquière*, 2018 QCCS 3836.
335. *Supra*, note 317, par. 52.
336. *Supra*, note 334, par. 83.
337. C. PICHÉ, *Perspectives de réforme, supra*, note 95.
338. *Id.*, p. 60.
339. *Id.*, p. 63.

3) intégrer l'autorisation à l'instance principale[340] et 4) resserrer le processus d'approbation des honoraires[341].

Après l'étude comparative que nous venons de faire entre les systèmes en place aux États-Unis, en Australie, en Ontario, en Colombie-Britannique et au Québec, nous croyons qu'aucune de ces quatre propositions ne soit nécessaire.

Proposition n° 1 : Gestion d'instance plus serrée

Dans toutes les juridictions étudiées, sauf en Colombie-Britannique, les dossiers d'actions collectives sont gérés et traités en instance particulière, ce qui permet de faire cheminer les dossiers de façon plus serrée et plus efficace. Au Québec, un tel processus a justement été instauré avec la Chambre des actions collectives de la Cour supérieure qui a été réorganisée depuis septembre 2018 avec une équipe restreinte de dix juges plus familiers avec le domaine[342]. Cette démarche, combinée aux nouveaux moyens technologiques utilisés depuis la pandémie, a considérablement réduit les délais[343]. De plus, le nombre de nouveaux dossiers a aussi diminué de moitié, passant de 90 en 2019 à 45 en 2022[344].

Proposition n° 2 : Ajout d'un critère de proportionnalité ou d'opportunité à l'autorisation

Le critère de proportionnalité existe déjà en droit québécois par le biais de l'article 18 C.p.c. et les juges autorisateurs le considèrent déjà dans l'évaluation de chacun des quatre critères de l'article 575 C.p.c.[345]. En ce qui a trait au critère d'opportunité, il correspondrait au cinquième critère des provinces de common law au Canada et des États-Unis, soit celui du « meilleur moyen » ou « preferable proceeding »[346] requis à l'étape de la certification.

Bien qu'on pourrait souhaiter, dans l'abstrait, le rajouter aux quatre critères de l'article 575 C.p.c., il n'est probablement pas

---

340. *Id.*, p. 66.
341. *Id.*, p. 71.
342. BARREAU DU QUÉBEC, *Mémoire du Barreau du Québec, supra*, note 5.
343. *Ibid.*
344. *Supra*, notes 92-94.
345. BARREAU DU QUÉBEC, *Mémoire du Barreau du Québec, supra*, note 5, p. 7.
346. *Supra*, section 3.3, p. 40.

nécessaire, car les tribunaux ont quand même réussi à faire rejeter, dans les dernières années, 45 % des requêtes en autorisations[347].

Proposition n° 3 : Intégrer l'autorisation à l'instance principale

Cette proposition correspond à la situation actuelle en Australie[348] et a été proposée en *obiter* par l'honorable juge Bich, j.c.a., dans le dossier *Boiron*[349]. Elle a par ailleurs été spécifiquement critiquée par l'honorable juge Savard, j.c.a., dans le dossier *Whirlpool*[350], qui proposerait plutôt de renforcer les critères d'autorisation au lieu de les supprimer.

Selon nous, cette proposition d'intégrer l'autorisation à l'instance principale n'est pas souhaitable, d'une part car le processus d'autorisation est beaucoup plus rapide depuis la réorganisation de la Chambre des actions collectives et, d'autre part, car le processus de filtrage fonctionne très bien puisque 45 % des requêtes en autorisation sont bel et bien rejetées[351].

Proposition n° 4 : Resserrer le processus d'approbation des honoraires

Cette proposition ne nous semble plus correspondre à l'état actuel de la jurisprudence. Le processus d'approbation des honoraires est serré et les tribunaux en font un exercice rigoureux lorsqu'ils évaluent si les honoraires sont justes et raisonnables[352]. Dans toutes les juridictions étudiées, cette préoccupation est réelle et prise au sérieux et les tribunaux sont beaucoup plus vigilants qu'avant. Des modifications ne nous semblent pas nécessaires.

L'exercice comparatif du présent travail nous a permis de constater que le système d'action collective au Québec se porte très bien et que nous n'avons rien à envier aux autres juridictions. Comme le disait le regretté Daniel Johnson : « Quand je me regarde, je me désole, mais quand je me compare, je me console. »

---

347. *Supra*, note 98.
348. *Supra*, section 3.1, p. 34-35.
349. *Supra*, note 180.
350. *Ibid.*
351. *Supra*, note 98.
352. *Supra*, section 4.5, p. 64-67. Voir en particulier la décision de la Cour d'appel dans *Clercs de Saint-Viateur*, *supra*, note 310.

BIBLIOGRAPHIE

1. LÉGISLATION

Canada – Lois fédérales

- *Loi constitutionnelle de 1982*, 30 & 31 Vict., c. 3 (R.-U.), art. 92 (14)

- *Règles des Cours fédérales* (DORS/98-106), partie 5.1

Québec

- *Charte des droits et libertés de la personne*, RLRQ c. C-12

- *Loi instituant le nouveau Code de procédure civile*, L.Q. 2014, c. 1

- *Loi sur la protection du consommateur*, RLRQ c. P-40.1

- *Loi sur le recours collectif, 1978, ch. R-2.1,* maintenant le Titre III du Livre VI du *Code de procédure civile*, c. 25.01

- *Loi sur le Fonds d'aide aux actions collectives*, c.F-3.2.0.1.1

- *Règlement sur le pourcentage prélevé par le Fonds d'aide aux actions collectives*, c. F3.2.0.1.1, r. 2

- *Règlement sur les honoraires relatifs à certains services juridiques rendus à des organismes du gouvernement*, ch. C-65.1, r. 7.3

- *Tarif des honoraires judiciaires des avocats* , RLRQ c. B-1, r. 22 / *ABROGÉ*

Ontario

- *Loi de 2002 sur la protection du consommateur*, LO 2002, c. 30, annexe A

- *Loi de 1992 sur les recours collectifs*, L.O. 1992, ch. 6

- *Loi sur le Barreau*, L.R.O. 1990, ch. L.8

- *Règl. de l'Ont. 771/92* en vertu de la *Loi sur le Barreau*, L.R.O. 1990, ch. L.8

- *Règles de procédure civile*, R.R.O. 1990, Règl. 194

- *Loi sur les tribunaux judiciaires*, L.R.O. 1990, ch. C.43

Autres provinces du Canada

- *Class Proceedings Act.* R.S.B.C., 1996, c. 50

- *Class Actions Act.* S.S., 2001, c. C-12.01

- *Class Actions Act.* S.N.L., 2001, c. C-18.1

- *Class Proceedings Act,* C.C.S.M., c. C130

- *Class Proceedings Act*, S.A., 2003., c. C-16.5

- *Loi sur les recours collectifs*, LN-B 2006, c. C-5.15, maintenant *Loi sur les recours collectifs*, LRN-B 2011, c. 125

- *Class Proceedings Act.* S.N.S., 2007, c. 28

États-Unis

- *Class Action Fairness Act*, 28 USC § 1332(d) *(CAFA)*

- *Federal Rules of Civil Procedure (Fed R Civ P 23)*

Australie

- *Federal Court of Australia Act 1976*, 156 (Cth)

- *Federal Court of Australia Amendment Act 1991*, 181 (Cth)

- *Courts and Tribunals Legislation (Miscellaneous Amendments) Act 2000* (Vict.) s. 14

- *Civil Procedure Act 2005* (NSW), Pt 10

- *Civil Proceedings Act 2011* (Qld), Pt 13A

- *Limitation of Actions (Institutional Child Sexual Abuse) and Other Legislation Amendment Act, no. 59, of 2016* (Qld)

- *Supreme Court Civil Procedure Act 1932* (Tas), St VII

- *Supreme Court Civil Procedure Amendment Act 2019* (Tas)

- *Civil Procedure (Representative Proceedings) Bill 2019* (WA)

2. JURISPRUDENCE

Cour suprême du Canada

- *Desjardins Cabinet de services financiers inc.* c. *Asselin*, 2020 CSC 30

- *9354-9186 Québec inc* c. *Callidus Capital Corp.*, 2020 CSC 10

- *Pioneer Corp* c. *Godfrey*, 2019 CSC 42

- *L'Oratoire SaintJoseph du MontRoyal* c. *J.J.*, 2019 CSC 35

- *Vivendi Canada inc.* c. *Dell'Aniello*, 2014 RCS 1

- *Banque de Montreal* c. *Marcotte*, 2014 CSC 55

- *AIC Limited* c. *Fischer*, 2013 CSC 69

- *Infineon Technologies AG* c. *Option consommateurs*, 2013 CSC 59

- *Pro-Sys Consultants Ltd.* c. *Microsoft Corporation*, 2013 CSC 57

- *Western Canadian Shopping Centres inc.* c. *Dutton*, 2001 SCC 46

- *Hollick* c. *Toronto (City)*, 2001 RCS 68

Cour d'appel du Québec

- *Lalande* c. *Compagnie d'arrimage de Québec ltée*, 2023 QCCA 973

- *A.B.* c. *Clercs de Saint-Viateur du Canada*, 2023 QCCA 527

- *Lamoureux* c. *OCRCVM*, 2022 QCCA 685

- *JTI MacDonald Corp.* C. *Létourneaux*, 2019 QCCA 358, 2019 QCCA 508

- *Imperial Tobacco Canada ltée* c. *Conseil québécois sur le tabac et la santé*, 2019 QCCA 358, 2019 QCCA 508

- *Whirlpool Canada* c. *Gaudette*, 2018 QCCA 1206

- *Option Consommateurs* c. *Banque Amex du Canada*, 2018 QCCA 305

- *Charles* c. *Boiron Canada*, 2016 QCCA 1716

Cour supérieure du Québec

- *Varnai* c. *Janssen inc.*, 2022 QCCS 4326

- *Leung* c. *Uber Canada inc.*, 2022 QCCS 1076

- *Option Consommateurs* c. *Meubles Léon ltée*, 2022 QCCS 193

- *Dufour* c. *Compagnie d'aviation Cubana*, 2021 QCCS 5226

- *Schneider (Succession de Schneider)* c. *Centre d'hébergement et de soins de longue durée Herron inc.*, 2021 QCCS 1808

- *Lamoureux* c. *OCRCVM*, 2022 QCCS 1093

- *Gillich* c. *Mercedes-Benz West Island*, 2020 QCCS 1602

- *Marcil* c. *Commission scolaire de la Jonquière*, 2018 QCCS 3836

- *Association québécoise de lutte contre la pollution atmosphérique* c. *Volkswagen Group Canada inc.*, 2018 QCCS 174

- *Option Consommateurs* c. *Banque Amex du Canada*, 2017 QCCS 200

- *Transport Desgagnés inc.* c. *Wärtsilä Canada inc.*, 2016 QCCS 2685

- *Létourneaux* c. *JTI-MacDonald Corp.*, 2015 QCCS 2382

- *Marcotte* c. *Banque de Montréal*, 2015 QCCS 1915

- *Pellemans* c. *Lacroix*, 2011 QCCS 1345

- *Bourgoin* c. *Bell Canada*, QCCS 6087

Cour supérieure de justice de l'Ontario

- *Brewers Retail* v. *Campbell*, 2022 ONSC 850

- *Green* v. *CIBC*, 2022 ONSC 373

- *Edwards* v. *Law Society of Upper Canada*, 36 C.P.C. (3d) 116 (Ontario Class Proceedings Committee)

Royaume-Uni

- *Mark & Co. Limited* v. *Knight Steamship Company Limited* [1910] 2 K.B. 1021, p. 1040-1041

États-Unis

- *Goldman Sachs Groups, Inc.* v. *Arkansas Teacher Retirement System*, 141 S Ct 1951 (2021)

- *In re Petrobras Sec.*, 862 F.3d 250, 260 (2d Cir). 2017

- *Comcast Corp* v. *Behrend*, 569 US 27 (2013)

- *Wal-Mart Stores, Inc* v. *Dukes*, 131 S Ct 2541 (2011)

- *Ortiz* v. *Fibreboard Corp.*, 527 U.S. 815 (1999)

- *Amchem Products, Inc.* v. *Windsor*, 521 U.S. 591(1997)

Australie

- *Williams* v. *Toyota Moto Corporation Australia Limited* [2022] FCA 344

- *TPT Patrol Pty Ltd. as trustee for Amies Superannuation Fund* v. *Myer Holdings Limited* [2019] FCA 1747

- *Campbells Cash and CarryPty Ltd.* v. *Fostif Pty Ptd*, (2006) 229 CLR 386

3. DOCTRINE

Monographies

- *The Cambridge Handbook of Class Actions: An International Survey*, 2021, Cambridge University Press:

    - Jasminka KALAJDZIC et Catherine PICHÉ, « Cold Facts from the Great White North-Empirical Truths, Contemporary Challenges and Class Action Reform », *The Cambridge Handbook of Class Actions: An International Survey*, 2021, 109.

    - Robert H. KLONOFF, « The Future of Aggregate Litigation in the United States », *The Cambridge Handbook of Class Actions: An International Survey*, 2021, 71.

    - Michael LEGG et Samuel J. HICKEY, « Class Actions in Australia », *The Cambridge Handbook of Class Actions: An International Survey*, 2021, 366.

- *Defending Class Actions in Canada: A Guide for Defendants*, 5e éd., McCarthy Tetrault, LexisNexis, 2020.

- M. EIZENGA, *The Class Actions Handbook*, Toronto, LexisNexis, 2022.

- Yves LAUZON et Bruce W. JOHNSTON, *Traité pratique de l'action collective*, Montréal, Éditions Yvon Blais, 2021.

- Catherine PICHÉ, *L'action collective : ses succès et ses défis*, Montréal, Éditions Thémis, 2019.

Périodiques

- Suzanne CHIODO, « Class actions in England, North America, and Australia », (2018) 14 *Canadian Class Action Rev.* 15.

- André DUROCHER, « Une grosse carotte, un gros bâton : l'accès à la justice et les aspects financiers de la pratique en matière de recours collectifs », Colloque national sur les recours collectifs : *Développements récents au Québec, au Canada et aux États-Unis* (2013), vol. 362, 335.

- Theodore EISENBERG, Geoffrey MILLER et Roy GERMANO, « Attorneys' Fees in Class.

- Actions: 2009-2013 », (2017) 92(4) *New York University Law Review*, 937.

- Shaun FINN, « In a Class of Its Own: The Advent of the Modern Class Action and its Changing Legal and Social Mission », (2005) 2 *Canadian Class Action Rev.* 333.

- Jonah B. GELBACH et Deborah R. HENSLER, « What we don't know about class actions but hope to know soon », (2018) *Fordham Law Review* 87-1 65.

- Rebecca GILSENAN, Ritika SARDAR, Irina LUBOMIRSKA et Vince MORABITO, « Aggregate Damages Awards – The Most Important Unused Dimension of Australia's Class Action Regimes? », (2022) 41 *Civil Justice Quarterly* 380.

- Deborah R. HENSLER, « The Future of Mass Litigation: Global Class Actions and Third-Party Litigation Funding », (2011) 79-2 *Geo Wash L Rev* 306.

- Jasminka KALAJDZIC, Peter CASHMAN et Alana LONGMOORE, « Justice for Profit: A Comparative Analysis of Australian, Canadian and U.S. Third Party Litigation Funding », (2013) 61 *Am. J. Comp. L.* 93.

- Robert H. KLONOFF, « Class Actions in the Year 2026: A Prognosis », 65 *Emory Law Journal* 1569.

- Pierre-Claude LAFOND, « Le recours collectif : entre la commodité procédurale et la justice sociale », (1998-1999) 29 *R.D.U.S.* 3.

- Jacob MEDVEDEV, Randy C. SUTTON, Linda FUERST, « Two Steps Forward, One Step Back: Some Basis in Fact and the Certification of Common Issues », (2022) 17-2 *Canadian Class Action Rev.* 33.

- Rebecca MEHARCHAND, « United We Stand, Divided We Fall: Class Actions and Corporate Hegemony », (2021) 16-2 *Canadian Class Action Rev.* 117.

- Arthur R. MILLER, « The American Class Action: from Birth to Maturity », 2018, 19-1, *Theoretical Inquiries in Law*, 1.

- Vince, MORABITO et Michael DUFFY, « An Australian Perspective on the Involvement of Commercial Litigation Funders in Class Actions », (2020) *New Zealand Law Review*, 377.

- Vince MORABITO et Jane CARUANA, « Can Class Action Regimes Operate Satisfactorily without a Certification Device? Empirical Insights from the Federal Court of Australia », (2013) 61 *American Journal of Comparative Law* 579.

- Rachael MULHERON, « Justice Enhanced: Framing an Opt-Out Class Action for England », (2007) 70 *Modern Law Review*, 530.

- Nicholas M. PACE, « Group and Aggregate Litigation in the United States », (2009) 622 *Annals Am Acad Pol & Soc Sci* 32.

- Jacqueline M. PALEF, « The Death of Champerty: Is Third Party Litigation Funding the New Normal in Class Actions? », (2020) 16-1 *Canadian Class Action Rev.* 78.

- Brandon PASTERNAK, « Cost-Shifting and Access to Justice: A quantitative motion for cost awards in Ontario », (2018) 13-2 *Canadian Class Action Rev.* 255.

- A. RYAN et S. FINN, « Une proposition plus modeste : soumissions bilingues au ministre de la Justice du Québec dans le cadre de réformes possibles au régime d'action collective », (2022) 17-2 *Canadian Class Action Rev.* 143.

- Vicky WAYNE et Vince MORABITO, « When Pragmatism Leads to Unintended Consequences: A Critique of Australia's Unique Closed Case Regime », (2018) 19-1 *Theoretical Inquiries in Law* 303.

- Andrew WATSON et Michael DONELLY, « Financing Access to Justice: Third-Party Litigation Funding and Class Actions in Australia », (2014) 55 *Can. Bus. L.J.* 17.

Publications en ligne de cabinets d'avocats et d'universitaires

- ASHURST, *Class Actions in Autralia – Quick Guide*, 21 octobre 2019, en ligne : <https://www.ashurst.com/en/news-and-insights/legal-updates/quickguide-class-actions-in-australia/>.

- Jeff BERRYIMAN et Robyn CARROLL, « Cy-pres as a Class Action Remedy – Justly Maligned or Just Misunderstood? », PRIVATE LAW: KEY ENCOUNTERS WITH PUBLIC LAW 320, 321-22 (Kit Barker et Darryn Jenson (dir.), 2013).

- Luciana BRASIL, Jonathan SCHACTER, Emmanuelle ROLLAND, « Recent Developments in Common Law Provinces », *Colloque national du Barreau du Québec sur l'action collective*, 10 novembre 2022, en ligne : <https://app.docurium.ca/d/b658c4b13ba34563b658/files/?p=%2F10h%20Rolland--%20Combined%20Presentation%20v4.pdf>.

- BLG, *Amendments to Ontario's Class Proceedings Act*, 19 novembre 2020, en ligne : <https://www.blg.com/en/insights/2020/11/2020-class-actions-update-webinar>.

- BLG, *Ontario Announces Significant Proposed Changes to the Class Proceedings Act, 1992*, 11 décembre 2009, en ligne : <https://www.blg.com/en/insights/2019/12/ontario-announces-significant-proposed-changes-to-the-class-proceedings-act-1992>.

- BLG – Hiver 2021, *Action collective – Rétrospective de l'année 2020 au Québec*, en ligne : <https://www.blg.com/fr/insights/2021/03/action-collective-retrospective-de-lannee-2020-au-quebec>.

- BLG – Juin 2022 – *Actions collectives – Rétrospective de l'année 2021 au Québec*, en ligne : <https://www.blg.com/fr/insights/2022/06/actions-collectives-retrospective-de-lannee-2021-au-quebec>.

- Daniel J. BUTLER et Christopher M. PARDO, « Numerosity and Rule 23: It's Not (Only) About the Numbers », HUNTON ANDREWS KURTH, 3 février 2021, en ligne : <https://www.huntonlaborblog.com/2021/02/articles/classactions/numerosity-and-rule-23-its-not-only-about-the-numbers/>.

- CARLTON FIELDS, 2022 Class Action Survey, en ligne : <https://classactionsurvey.com/wp-content/uploads/2020/06/2020-class-action-survey-preview.pdf>.

- CHAMBERS AND PARTNERS, « Class Actions in Australia – Trends and Developments », mis à jour le 8 novembre 2022, en ligne : <https://practiceguides.chambers.com/practice-guides/collective-redress-class-actions-2022/australia/trends-and-developments>.

- Debbie CLARKE, « Collective Redress in Australia », novembre 2021, *Observatoire des Actions de Groupe et autres Actions Collectives*, en ligne : <https://observatoireactionsdegroupe.com/wp-content/uploads/2021/11/Collective-Redress-In-Australia_Debbie-Clark.pdf>.

- CLAYTON UTZ, « Class actions in Australia – Frequently asked questions », 2021, en ligne : <https://www.claytonutz.com/knowledge/2021/july/class-actions-in-australia-frequently-asked-questions>.

- CLAYTON UTZ, « Western Australia opts in to new state class action regime », septembre 2022, en ligne : <https://www.claytonutz.com/knowledge/2022/september/western-australia-opts-in-to-new-state-class-action-regime>.

- CORRS CHAMBERS WESTGARTH, « Top 10 Class Action predictions for 2022 », mars 2022, en ligne : <https://www.corrs.com.au/insights/top-10-class-action-predictions-for-2022>.

- Natasha Rose ESPONDA et Kacey BENGEL, « Class Actions in the US », novembre 2021 *Observatoire des Actions de Groupe et autres Actions Collectives*, en ligne : <https://observatoireactionsdegroupe.com/wp-content/uploads/2021/11/ClassActionsInTheU.S.-Bengel-Esponda.pdf>.

- JONES DAY, « Australian Class Actions Update », novembre 2022, en ligne : <https://www.jonesday.com/en/insights/2022/11/australian-class-actions-update--november-2022>.

- Jasminka KALAJDZIC, « Overview of Canadian Class Actions Systems », 2021, *Observatoire des Actions de Groupe et autres Actions Collectives*, en ligne : <https://observatoireactionsdegroupe.com/wp-content/uploads/2022/07/Overview-of-Canadian-Class-Action-Systems-revised.pdf>.

- Robert H. KLONOFF, « Why Most Nations Do Not Have U.S.-Style Class Actions », Bloomberg Law, 11 mai 2015, en ligne : <https://news.bloomberglaw.com/class-action/why-most-nations-do-not-have-us-style-class-actions>.

- LAWYERS WEEKLY AUTRALIA, *The rise of state-based class action regimes*, 3 décembre 2020, en ligne : <https://www.lawyersweekly.com.au/biglaw/30176-the-rise-of-state-based-class-action-regimes>.

- MCCARTHY TETRAULT, *Filing Trends in British Columbia Class Actions*, mai 2021, en ligne : <https://www.mccarthy.ca/en/insights/blogs/canadian-class-actions-monitor/filing-trends-british-columbia-class-actions> (consulté le 3 août 2022).

- MCCARTHY TETRAULT, *Trends and Other Insights: 2021 British Columbia Class Actions Filings*, mai 2022, en ligne : <https://www.mccarthy.ca/en/insights/blogs/canadian-class-actions-monitor/trends-and-other-insights-2021-british-columbia-class-actions-filings#:~:text=Last%20year%2C%20we%20reported%20that,Vancouver%20registry%20alone%20in%202021> (consulté le 3 août 2022).

- Charles SHARMAN, « The Class Action Fairness Act: History, Uses, And Differences From Traditional Diversity Jurisdiction », Marquette University Law School Faculty Blog, septembre 2013, en ligne : <https://law.marquette.edu/facultyblog/2013/09/the-class-action-fairness-act-history-uses-and-differences-from-traditional-diversity-jurisdiction/>.

- Vince, MORABITO, « An Empirical Study of Australia's Class Action Regimes, Fifth Report: The First Twenty-Five Years of Class Actions in Australia », 20 juillet 2017. En ligne : <https://papers.ssrn.com/sol3/papers.cfm?abstract_id=3005901>.

- Vince MORABITO, « Courts see record number of class actions as shareholder proceedings drop in significance », LAWYERLY, 20 mai 2021, en ligne : <https://www.lawyerly.com.au/courts-see-record-number-of-class-actions-as-shareholder-proceedings-drop-in-significance/>.

- OSLER, *Rétrospective de l'année juridique 2021, Les actions collectives en Colombie-Britannique*, en ligne : <https://retrospectiveanneejuridique.ca/les-actions-collectives-en-colombie-britannique-tournez-vous-vers-louest-jeunes-demandeurs>.

- OSLER, *U.S. Guide to Class Actions in Canada*, en ligne : <https://www.osler.com/osler/media/Osler/reports/litigation/US-Guide-to-Class-Actions-in-Canada.pdf>.

- OSLER, *Les actions collectives en Colombie-Britannique : tournez-vous vers l'ouest, jeunes demandeurs*, en ligne : <https://retrospectiveanneejuridique.ca/wp-content/uploads/2021/11/2021-Osler-Les-actions-collectives-en-Colombie%E2%80%91Britannique-tournez-vous-vers-louest-jeunes-demandeurs.pdf>.

- TORYS, Revue de 2021, *Les actions collectives au Canada : à venir en 2022*, en ligne : <https://www.torys.com/fr-ca/our-latest-thinking/publications/2021/12/class-actions-in-canada>.

- WEIL, GOTSHAL & MANGES LLP, Class Actions 2020, Lexology, 98, publié en décembre 2019, en ligne : <https://www.weil.com/~/media/files/pdfs/2020/ca2020united-states.pdf>.

4. PUBLICATIONS D'ORGANISMES JURIDIQUES, RAPPORTS EN LIGNE, JOURNAUX

- ASSOCIATION DU BARREAU CANADIEN, *Base de données sur les recours collectifs*, en ligne : <https://www.cba.org/Publications-Resources/Class-Action-Database>.

- AUSTRALIA LAW REFORM COMMISSION, *Grouped Proceedings in the Federal Court*, Rapport n° 46, 1988, en ligne : <https://www.alrc.gov.au/publication/grouped-proceedings-in-the-federal-court-alrc-report-46/>.

- AUSTRALIA LAW REFORM COMMISSION, *Integrity, Fairness and Efficiency – An Inquiry into Class Action Proceedings and Third-Party Litigation Funders* (rapport ALRC 134), 2019, en ligne : <https://www.alrc.gov.au/publication/integrity-fairness-and-efficiency-an-inquiry-into-class-action-proceedings-and-third-party-litigation-funders-alrc-report-134/>.

- AUSTRALIE – Carte géographique, en ligne : <https://australie-voyage.fr/informations-pratiques-australie/carte-australie/>.

- BARREAU DU QUÉBEC, Mémoire du Barreau du Québec – Consultation publique – *Perspectives de réforme de l'action collective au Québec*, 28 septembre 2021, en ligne : <https://www.barreau.qc.ca/media/3167/memoire-perspectives-reforme-action-collective-quebec.pdf>.

- Yves BOISVERT, « Le casino de l'action collective », *La Presse*, 23 juin 2019, en ligne : <https://www.lapresse.ca/actualites/2019-06-23/le-casino-de-l-action-collective>.

- Yves BOISVERT, « L'obscène industrie de l'action collective », *La Presse+*, 18 juillet 2022, en ligne : <https://www.lapresse.ca/actualites/chroniques/2022-07-18/l-obscene-industrie-de-l-action-collective.php>.

- COMMISSION DU DROIT DE L'ONTARIO, *Introduction – Rapport Final, Les recours collectifs : Objectifs, constats, réformes* – juillet 2019 (introduction en français), en ligne : <https://www.lco-cdo.org/wp-content/uploads/2019/09/Rapport-Final-Introduction-Class-Actions-Revised.pdf>.

- CONGRESSIONAL RESEARCH SERVICE, *Class Action Lawsuits: A Legal Overview for the 115th Congress*, avril 2018, p. 41, rapport en ligne : <https://www.everycrsreport.com/files/20180411_R45159_9b7e15af0e88c65fd7e2664af2412549257babf0.pdf>.

- COUR SUPÉRIEURE DU QUÉBEC, *Registre des actions collectives*, information en ligne : <https://www.registredesactionscollectives.quebec/fr/Consulter/RecherchePublique>.

- COUR SUPÉRIEURE DE JUSTICE DE L'ONTARIO, Directive de pratique sur la base de données sur les recours collectifs de l'Association du Barreau canadien, information en ligne : <https://www.ontariocourts.ca/scj/fr/pratique/directives-de-pratique/provinciale/>.

- FEDERAL COURT OF AUSTRALIA, *Class Actions Statistics by Registry*, information en date du 4 mars 2022, en ligne : <https://www.fedcourt.gov.au/law-and-practice/class-actions/class-actions#current>.

- FONDS D'AIDE AUX ACTIONS COLLECTIVES, Rapport annuel 2020-2021, en ligne : <https://www.faac.justice.gouv.qc.ca/doc/RapportAnnuel2020-2021.pdf>.

- Bruce W. JOHNSTON, « Réplique – Actions collectives : rétablir les faits », *La Presse+*, 25 juillet 2022, en ligne : <https://plus.lapresse.ca/screens/162956de-c89f-425e-b2dc-4cd90039539a__7C___0.html?utm_content=email&utm_source=lpp&utm_medium=referral&utm_campaign=internal+share>.

- LA FONDATION DU DROIT DE L'ONTARIO, *Fonds d'aide aux recours collectifs*, en ligne : <https://lawfoundation.on.ca/fr/pour-avocats-et-parajuristes/fonds-daide-aux-recours-collectifs/>.

- LA FONDATION DU DROIT DE L'ONTARIO, Rapport annuel 2021, en ligne : <https://lawfoundation.on.ca/fr/download/rapport-annuel-2021-justice-en-relance/>.

- LAW COMMISSION OF ONTARIO, *Class Actions: Objectives, Experiences and Reforms: Final Report*, juillet 2019, en ligne : <www.lco-cdo.org>.

- MINISTÈRE DE LA JUSTICE DU QUÉBEC, Consultation publique – *Perspectives de réforme de l'action collective au Québec* – avril 2021, en ligne : <https://www.justice.gouv.qc.ca/fileadmin/user_upload/contenu/documents/Fr__francais_/centredoc/rapports/ministere/RA_Persp_Ref_Action_coll_Qc_MJQ.pdf>.

- Catherine PICHÉ, « Perspectives de réforme de l'action collective au Québec – Rapport préparé à l'attention du Ministère de la Justice du Québec – septembre 2019 », en ligne : <https://www.justice.gouv.qc.ca/fileadmin/user_upload/contenu/documents/Fr__francais_/centredoc/rapports/ministere/RA_Piche_Ref_Action_coll_Qc.pdf>.

- STATISTIQUES CANADA, Population des provinces en 2019, en ligne : <https://www150.statcan.gc.ca/t1/tbl1/fr/tv.action?pid=1710000901&cubeTimeFrame.startMonth=10&cubeTimeFrame.startYear=2019&cubeTimeFrame.endMonth=10&cubeTimeFrame.endYear=2019&referencePeriods=20191001%2C20191001>.

- SUPREME COURT OF BRITISH COLOMBIA – *Practice Direction – Class Proceedings* – mai 2022, en ligne : <https://www.bccourts.ca/supreme_court/practice_and_procedure/practice_directions/civil/PD%20-%205%20Class%20Proceedings.pdf>.

- SUPREME COURT OF VICTORIA, *2020-2021 Annual Report*, en ligne : <https://www.supremecourt.vic.gov.au/about-the-court/annual-reports/2020-21>.

- SUPREME COURT OF VICTORIA, *Group Proceedings*, en ligne : <https://www.supremecourt.vic.gov.au/law-and-practice/class-actions>.

- VICTORIAN LAW REFORM COMMISSION, *Access to Justice – Litigation Funding and Group Proceedings: Report*, 2018, en ligne : <https://www.lawreform.vic.gov.au/publication/access-to-justice-litigation-funding-report/>.

ANNEXE 1 : AUSTRALIE / FEDERAL COURT OF AUSTRALIA ACT 1976 (CTH), PART IVA

Part IVA—Representative proceedings

33C Commencement of proceeding

(1) Subject to this Part, where:

(a) 7 or more persons have claims against the same person; and

(b) the claims of all those persons are in respect of, or arise out of, the same, similar or related circumstances; and

(c) the claims of all those persons give rise to a substantial common issue of law or fact;

a proceeding may be commenced by one or more of those persons as representing some or all of them.

(2) A representative proceeding may be commenced:

(a) whether or not the relief sought:

(i) is, or includes, equitable relief; or

(ii) consists of, or includes, damages; or

(iii) includes claims for damages that would require individual assessment; or

(iv) is the same for each person represented; and

(b) whether or not the proceeding:

(i) is concerned with separate contracts or transactions between the respondent in the proceeding and individual group members; or

(ii) involves separate acts or omissions of the respondent done or omitted to be done in relation to individual group members.

33H Originating process

(1) An application commencing a representative proceeding, or a document filed in support of such an application, must, in addition to any other matters required to be included:

(a) describe or otherwise identify the group members to whom the proceeding relates; and

(b) specify the nature of the claims made on behalf of the group members and the relief claimed; and

(c) specify the questions of law or fact common to the claims of the group members.

(2) In describing or otherwise identifying group members for the purposes of subsection (1), it is not necessary to name, or specify the number of, the group members.

[...]

33J Right of group member to opt out

(1) The Court must fix a date before which a group member may opt out of a representative proceeding.

(2) A group member may opt out of the representative proceeding by written notice given under the Rules of Court before the date so fixed.

(3) The Court, on the application of a group member, the representative party or the respondent in the proceeding, may fix another date so as to extend the period during which a group member may opt out of the representative proceeding.

(4) Except with the leave of the Court, the hearing of a representative proceeding must not commence earlier than the date before which a group member may opt out of the proceeding.

33L Situation where fewer than 7 group members

If, at any stage of a representative proceeding, it appears likely to the Court that there are fewer than 7 group members, the Court may, on such conditions (if any) as it thinks fit:

(a) order that the proceeding continue under this Part; or

(b) order that the proceeding no longer continue under this Part.

33M Cost of distributing money etc. excessive

Where:

(a) the relief claimed in a representative proceeding is or includes payment of money to group members (otherwise than in respect of costs); and

(b) on application by the respondent, the Court concludes that it is likely that, if judgment were to be given in favour of the representative party, the cost to the respondent of identifying the group members and distributing to them the amounts ordered to be paid to them would be excessive having regard to the likely total of those amounts;

the Court may, by order:

(c) direct that the proceeding no longer continue under this Part; or

(d) stay the proceeding so far as it relates to relief of the kind mentioned in paragraph (a).

33N Order that proceeding not continue as representative proceeding where costs excessive etc.

(1) The Court may, on application by the respondent or of its own motion, order that a proceeding no longer continue under this Part where it is satisfied that it is in the interests of justice to do so because:

(a) the costs that would be incurred if the proceeding were to continue as a representative proceeding are likely to exceed the costs that would be incurred if each group member conducted a separate proceeding; or

(b) all the relief sought can be obtained by means of a proceeding other than a representative proceeding under this Part; or

(c) the representative proceeding will not provide an efficient and effective means of dealing with the claims of group members; or

(d) it is otherwise inappropriate that the claims be pursued by means of a representative proceeding.

(2) If the Court dismisses an application under this section, the Court may order that no further application under this section be made by the respondent except with the leave of the Court.

(3) Leave for the purposes of subsection (2) may be granted subject to such conditions as to costs as the Court considers just.

33P Consequences of order that proceeding not continue under this Part

Where the Court makes an order under section 33L, 33M or 33N that a proceeding no longer continue under this Part:

(a) the proceeding may be continued as a proceeding by the representative party on his or her own behalf against the respondent; and

(b) on the application of a person who was a group member for the purposes of the proceeding, the Court may order that the person be joined as an applicant in the proceeding.

33Q Determination of issues where not all issues are common

(1) If it appears to the Court that determination of the issue or issues common to all group members will not finally determine

the claims of all group members, the Court may give directions in relation to the determination of the remaining issues.

(2) In the case of issues common to the claims of some only of the group members, the directions given by the Court may include directions establishing a subgroup consisting of those group members and appointing a person to be the subgroup representative party on behalf of the subgroup members.

(3) Where the Court appoints a person other than the representative party to be a subgroup representative party, that person, and not the representative party, is liable for costs associated with the determination of the issue or issues common to the subgroup members.

[...]

ANNEXE 2 : ÉTATS-UNIS
EXTRAITS / USCS FED RULES
CIV PROC R 23 (A), (B) AND (H)

Rule 23. Class Actions

(a) Prerequisites. One or more members of a class may sue or be sued as representative parties on behalf of all members only if:

(1) the class is so numerous that joinder of all members is impracticable;

(2) there are questions of law or fact common to the class;

(3) the claims or defenses of the representative parties are typical of the claims or defenses of the class; and

(4) the representative parties will fairly and adequately protect the interests of the class.

(b) Types of Class Actions. A class action may be maintained if Rule 23(a) is satisfied and if:

(1) prosecuting separate actions by or against individual class members would create a risk of:

(A) inconsistent or varying adjudications with respect to individual class members that would establish incompatible standards of conduct for the party opposing the class; or

(B) adjudications with respect to individual class members that, as a practical matter, would be dispositive of the interests of the other members not parties to the individual adjudications or would substantially impair or impede their ability to protect their interests;

(2) the party opposing the class has acted or refused to act on grounds that apply generally to the class, so that final injunctive relief or corresponding declaratory relief is appropriate respecting the class as a whole; **or**

(3) the court finds that the questions of law or fact common to class members predominate over any questions affecting only individual members, and that a class action is superior to other available methods for fairly and efficiently adjudicating the controversy. The matters pertinent to these findings include:

(A) the class members' interests in individually controlling the prosecution or defense of separate actions;

(B) the extent and nature of any litigation concerning the controversy already begun by or against class members;

(C) the desirability or undesirability of concentrating the litigation of the claims in the particular forum; and

(D) the likely difficulties in managing a class action.

(h) Attorney's Fees and Nontaxable Costs. In a certified class action, the court may award reasonable attorney's fees and nontaxable costs that are authorized by law or by the parties' agreement. The following procedures apply:

(1) A claim for an award must be made by motion under Rule 54(d)(2), subject to the provisions of this subdivision (h), at a time the court sets. Notice of the motion must be served on all parties and, for motions by class counsel, directed to class members in a reasonable manner. Rule 23-10.

(2) A class member, or a party from whom payment is sought, may object to the motion.

(3) The court may hold a hearing and must find the facts and state its legal conclusions under Rule 52(a).

(4) The court may refer issues related to the amount of the award to a special master as provided in Rule 54(d)(2)(D).

ANNEXE 3 : ONTARIO
EXTRAITS : LOI DE 1992 SUR LES RECOURS COLLECTIFS L.O. 1992, CH. 6

Règlement précoce des questions en litige

4.1 Si, avant l'audience sur la motion en certification, une motion est présentée aux termes des règles de pratique et qu'elle peut régler l'instance en tout ou en partie, ou limiter les questions en litige à décider ou les éléments de preuve à présenter dans l'instance, cette motion est entendue et réglée avant la motion en certification, sauf si le tribunal ordonne que les deux motions soient entendues ensemble.

Certification

5 (1) Sous réserve du paragraphe (6) et de l'article 5.1, le tribunal saisi d'une motion visée à l'article 2, 3 ou 4 certifie un recours collectif si les conditions suivantes sont réunies :

a) les actes de procédure ou l'avis de requête révèlent une cause d'action ;

b) il existe un groupe identifiable de deux personnes ou plus qui se ferait représenter par le représentant des demandeurs ou des défendeurs ;

c) les demandes ou les défenses des membres du groupe soulèvent des questions communes ;

d) le recours collectif est le meilleur moyen de régler les questions communes ;

e) il y a un représentant des demandeurs ou des défendeurs qui :

  (i) représenterait de façon équitable et appropriée les intérêts du groupe,

(ii) a préparé un plan pour l'instance qui propose une méthode efficace de faire avancer l'instance au nom du groupe et d'aviser les membres du groupe de l'instance,

(iii) n'a pas de conflit d'intérêts avec d'autres membres du groupe, en ce qui concerne les questions communes du groupe, 1992, ch. 6, par. 5 (1) ; 2020, ch. 11, annexe 4, par. 7 (1).

Idem

5 (1.1) Dans le cas d'une motion visée à l'article 2, le recours collectif n'est le meilleur moyen de régler les questions communes en vertu de l'alinéa (1) d) que si, au minimum, les conditions suivantes sont réunies :

a) ce moyen est supérieur à tous les autres moyens raisonnablement disponibles pour établir le droit des membres du groupe à une mesure de redressement ou examiner la conduite reprochée au défendeur, notamment, selon le cas, une procédure quasi judiciaire ou administrative, la gestion des causes pour les demandes individuelles dans une instance civile ou un mécanisme ou programme de réparation hors du cadre d'une instance ;

b) les questions de fait ou de droit communes aux membres du groupe l'emportent sur les questions qui touchent uniquement les membres du groupe pris individuellement. 2020, ch. 11, annexe 4, par. 7 (2).

[...]

Existence d'autres recours collectifs

5 (6) Si un recours collectif ou un recours collectif envisagé, y compris un recours collectif multiterritorial ou un recours collectif multiterritorial envisagé, a été introduit dans un territoire canadien autre que l'Ontario en ce qui concerne le même objet ou un objet similaire et une partie ou la totalité des mêmes membres du groupe que ceux en cause dans une instance visée par la présente loi, le tribunal décide s'il serait préférable qu'une partie ou la totalité des demandes d'une partie ou de la totalité des membres du groupe, ou qu'une partie ou la totalité des questions communes soulevées par ces demandes, soit réglée dans le cadre de l'instance introduite dans l'autre territoire au lieu d'être réglée dans le cadre de l'instance visée par la présente loi.

2020, ch. 11, annexe 4, par. 7 (2).

Accords de financement par un tiers

33.1 (1) La définition qui suit s'applique au présent article.

« accord de financement par un tiers » Accord aux termes duquel un bailleur de fonds qui n'est pas partie à une instance visée par la présente loi convient d'indemniser le représentant des demandeurs ou de lui fournir des fonds en vue de la poursuite de l'instance visée par la présente loi moyennant une part du montant adjugé ou des fonds de transaction ou toute autre contrepartie. 2020, ch. 11, annexe 4, art. 31.

Accord assujetti à l'approbation du tribunal

(2) Tout accord de financement par un tiers est assujetti à l'approbation du tribunal, obtenue sur motion du représentant des demandeurs présentée dès que matériellement possible après la conclusion de l'accord, avec avis donné au défendeur. 2020, ch. 11, annexe 4, art. 31.

Nullité de l'accord non approuvé

(3) L'accord de financement par un tiers qui n'est pas approuvé par le tribunal est nul et sans effet. 2020, ch. 11, annexe 4, art. 31.

[...]

Honoraires et débours

32 (1) L'entente relative aux honoraires et aux débours entre le procureur et le représentant est conclue par écrit et :

a) indique les modalités de paiement des honoraires et des débours ;

b) donne une estimation des honoraires prévus, qu'ils soient subordonnés à l'issue favorable du recours collectif ou non ;

c) indique le mode de paiement choisi, notamment sous forme de somme globale ou de salaire. 1992, ch. 6, par. 32 (1).

Entente assujettie à l'approbation du tribunal

(2) L'entente conclue entre le procureur et le représentant en matière d'honoraires et de débours n'est opposable qu'avec l'approbation du tribunal saisi d'une motion à cet effet. 992, ch. 6, par. 32 (2).

Honoraires justes et raisonnables

(2.1) Le tribunal ne peut approuver l'entente que s'il établit que les honoraires et débours à payer aux termes de celle-ci sont justes et raisonnables, eu égard à ce qui suit :

a) les résultats obtenus pour les membres du groupe, notamment le nombre prévu de membres du groupe ou du sous-groupe qui devraient présenter une demande de redressement pécuniaire ou de fonds de transaction et, parmi ceux-ci, le nombre prévu de membres du groupe ou du sous-groupe qui devraient recevoir un redressement pécuniaire ou des fonds de transaction et le nombre prévu de ceux qui ne devraient pas en recevoir ;

b) le degré de risque assumé par le procureur dans la prestation de ses services de représentation ;

c) la proportionnalité des honoraires et débours par rapport à la valeur de tout montant adjugé ou aux fonds de transaction ;

d) toute question prescrite ;

e) toute autre question que le tribunal estime pertinente. 2020, ch. 11, annexe 4, par. 29 (1).

Idem

(2.2) Lorsqu'il examine le degré de risque assumé par le procureur, le tribunal tient compte de ce qui suit :

a) la probabilité que le tribunal refuse de certifier l'instance comme recours collectif ;

b) la probabilité que l'issue du recours collectif ne soit pas favorable ;

c) l'existence de tout autre facteur, notamment un rapport, une enquête, un litige, une initiative ou un accord de financement, qui a eu une incidence sur le degré de risque assumé par le procureur dans la prestation de ses services de représentation ;

d) toute autre question prescrite. 2020, ch. 11, annexe 4, par. 29 (1).

Idem

(2.3) Lorsqu'il établit si les honoraires et débours sont justes et raisonnables, le tribunal peut, à titre de comparaison, considérer différentes méthodes qui auraient pu servir à structurer ou à fixer les honoraires et débours. 2020, ch. 11, annexe 4, par. 29 (1).

[...]

ANNEXE 4 : QUÉBEC
ARTICLES 339 À 344 DU *CODE DE PROCÉDURE CIVILE*

Les frais de justice

339. Les frais de justice afférents à une affaire comprennent les frais et droits de greffe, y compris les débours engagés pour la confection matérielle des mémoires et des exposés d'appel, les frais et honoraires liés à la signification ou à la notification des actes de procédure et des documents et les indemnités et allocations dues aux témoins ainsi que, le cas échéant, les frais d'expertise, la rémunération des interprètes et les droits d'inscription sur le registre foncier ou sur le registre des droits personnels et réels mobiliers. Ils peuvent aussi comprendre les frais liés à la prise et à la transcription des témoignages produits au dossier du tribunal, si cela était nécessaire.

Les frais d'expertise incluent ceux qui sont afférents à la rédaction du rapport, à la préparation du témoignage le cas échéant et au temps passé par l'expert pour témoigner ou, dans la mesure utile, pour assister à l'instruction.

Une partie à une instance peut, en raison de sa situation économique, demander d'être dispensée du paiement des frais exigés par journée d'audience requise pour l'instruction au fond d'une affaire. Une telle dispense est exceptionnellement accordée par le tribunal, totalement ou partiellement, en tenant compte de tout facteur approprié, y compris de ceux qui peuvent être définis par un règlement du gouvernement, s'il lui est démontré que le paiement de ces frais entraînerait pour cette partie des difficultés à ce point excessives qu'elle ne sera pas en mesure de faire valoir son point de vue valablement.

Cette demande de dispense peut être faite à tout moment de l'instance ; elle suspend l'obligation de payer les frais qui en sont l'objet jusqu'à ce que le tribunal en dispose. La décision du tribunal est sans appel. Le tribunal peut néanmoins, même d'office, révoquer la dispense qu'il a accordée ou revoir sa décision de ne pas l'accorder si un changement significatif dans la situation économique de la partie le justifie.

Le tribunal ne peut toutefois accorder une telle dispense si elle s'inscrit dans le cadre d'une demande en justice ou d'un autre acte de procédure qui, émanant de la partie, est manifestement mal fondé, frivole ou dilatoire ou est autrement abusif.

340. Les frais de justice sont dus à la partie qui a eu gain de cause, à moins que le tribunal n'en décide autrement.

Cependant, les frais de justice sont à la charge, en matière familiale, de chacune des parties, en matière d'intégrité ou d'état, du demandeur et, en matière de capacité, de la personne concernée par la demande. Dans l'un ou l'autre de ces cas, le tribunal peut en décider autrement.

Dans les cas où le tribunal autorise la représentation d'un enfant ou d'un majeur inapte par un avocat, il se prononce sur les frais de justice relatifs à cette représentation suivant les circonstances.

Les frais afférents aux demandes conjointes sont répartis également entre les parties, à moins qu'elles n'aient convenu du contraire.

341. Le tribunal peut ordonner à la partie qui a eu gain de cause de payer les frais de justice engagés par une autre partie s'il estime qu'elle n'a pas respecté adéquatement le principe de proportionnalité ou a abusé de la procédure, ou encore, s'il l'estime nécessaire pour éviter un préjudice grave à une partie ou pour permettre une répartition équitable des frais, notamment ceux de l'expertise, de la prise des témoignages ou de leur transcription.

Il le peut également si cette partie a manqué à ses engagements dans le déroulement de l'instance, notamment en ne respectant pas les délais qui s'imposaient à elle, si elle a indûment tardé à présenter un incident ou un désistement, si elle a inutilement fait comparaître un témoin ou si elle a refusé sans motif valable d'accepter des offres réelles, d'admettre l'origine ou l'intégrité d'un élément de preuve ou de participer à une séance d'information sur la parentalité et la médiation en matière familiale.

Il le peut aussi si cette partie a tardé à soulever un motif qui a entraîné la correction ou le rejet du rapport d'expertise ou qui a rendu nécessaire une nouvelle expertise.

342. Le tribunal peut, après avoir entendu les parties, sanctionner les manquements importants constatés dans le déroulement de l'instance en ordonnant à l'une d'elles, à titre de frais de justice, de verser à une autre partie, selon ce qu'il estime juste et raisonnable, une compensation pour le paiement des honoraires professionnels de son avocat ou, si cette autre partie n'est pas représentée par avocat, une compensation pour le temps consacré à l'affaire et le travail effectué.

343. Les frais de justice portent intérêt au taux légal à compter du jour du jugement qui les accorde et sont payables à la partie à laquelle ils sont accordés. Si plusieurs parties sont tenues au paiement, elles le sont solidairement.

344. La partie qui a droit au paiement de frais de justice les établit suivant les tarifs en vigueur. Elle notifie l'état des frais à la partie qui les doit, laquelle dispose d'un délai de 10 jours pour notifier son opposition.

S'il y a opposition, l'état des frais est soumis au greffier pour vérification, lequel peut, pour en décider, requérir une preuve par déclaration sous serment ou par témoin que les frais ont été engagés. En appel, la vérification des frais de justice est faite par le greffier de la Cour d'appel.

Une fois l'état établi, une partie peut en demander l'homologation au greffier. La décision du greffier peut faire l'objet d'une révision dans les 10 jours par le tribunal ou, le cas échéant, par un juge d'appel. L'huissier peut aussi, dans les 10 jours de la connaissance de la décision, en demander la révision pour les frais qui le concernent.

La décision sur la vérification ou l'homologation des frais de justice donne lieu à exécution suivant les règles de l'exécution provisoire.

Développements jurisprudentiels en droit de l'action collective

Jean-Marc Lacourcière*
et Faiz Lalani**

I–	Introduction	109
II–	Rôle du juge autorisateur et critère de la « cause défendable »	110
	A. *Hand* c. *Denso International America inc.*	110
	B. *Hazan* c. *Micron Technology inc.*	112
III–	Questions communes	114
	A. *Beaulieu* c. *Facebook inc.*	114
IV–	Autorisation en matière de valeurs mobilières	116
	A. *Nseir* c. *Barrick Gold Corporation*	116
V–	Compétence *ratione materiæ* en actions collectives	119
	A. *Vidéotron ltée* c. *Télévision communautaire et indépendante de Montréal (TVCI-MTL)*	119
VI–	Approbation de règlements et d'honoraires	120

---

* Associé chez Trudel Johnston & Lespérance.
** Associé chez Davies Ward Phillips & Vineberg, S.E.N.C.R.L., s.r.l.
Les auteurs tiennent à remercier les étudiants Élyse Le Quoc et Aaron Gao, chez Davies Ward Phillips & Vineberg, pour leur importante contribution à la rédaction de cet article.

  A. *A.B. c. Clercs de Saint-Viateur du Canada* 120

  B. *MacDuff c. Vacances Sunwing inc.* 123

VII– Actions collectives multiterritoriales 125

  A. *Bourgeois c. Electronics Arts inc.* 125

  B. *Nippon Yusen Kabushiki Kaisha c. Option Consommateurs.* 127

  C. *Bernard c. Collège Charles-Lemoyne de Longueuil inc.* 128

VIII– Actions collectives décidées au mérite 131

  A. *McMullen c. Air Canada* 131

  B. *Guindon c. Brick Warehouse* 132

  C. *Union des consommateurs c. Air Canada* 134

  D. *Duguay c. General Motors du Canada ltée* 135

I– INTRODUCTION

Nous marquons cette année la vingtième édition du *Colloque national sur l'action collective*, signe véritable de la maturité jurisprudentielle d'un domaine de droit considéré autrefois comme empreint de « beaucoup d'incertitude »[1]. Au courant de la dernière décennie, la Cour suprême du Canada a été appelée à rendre cinq arrêts de principe au sujet de la procédure d'autorisation de l'action collective en droit québécois[2], ce qui frappe lorsque l'on constate le nombre limité de matières civiles (provenant de l'ensemble du pays) que tranche la Cour chaque année. Nous pourrions ainsi présumer que le droit de l'action collective (et surtout de l'autorisation) aurait acquis une certaine stabilité.

Notre revue de la jurisprudence en actions collectives de l'année précédente démontre, à certains égards, que cette hypothèse se relève vraie. La Cour suprême n'a rendu aucun arrêt en matière d'autorisation au Québec, et aucune autorisation d'appeler n'a été accordée par la Cour suprême en droit de l'action collective.

Or, l'évolution du droit de l'action collective se poursuit à l'intérieur du cadre établi par les instances d'appel et de nouvelles questions se posent. En premier lieu, l'application des critères d'autorisation, en particulier les questions de la suffisance d'allégations et du fardeau de démonstration du demandeur ainsi que les questions communes, demeure difficile – pour preuve, la dernière année compte deux appels accueillis à ce sujet. En deuxième lieu, de nouveaux sujets quant à la gestion procédurale – actions collectives multiterritoriales et/ou « nationales », critères d'approbation des règlements et des honoraires, etc. – prennent plus d'importance.

---

1. *Western Canadian Shopping Centres inc.* c. *Dutton*, 2001 CSC 46, par. 1.
2. *Infineon Technologies AG* c. *Option consommateurs*, 2013 CSC 59, *Vivendi Canada inc.* c. *Dell'Aniello*, 2014 CSC 1, *Banque de Montréal* c. *Marcotte*, 2014 CSC 55, *L'Oratoire Saint-Joseph du Mont-Royal* c. *J.J.*, 2019 CSC 35 et *Desjardins Cabinet de services financiers inc.* c. *Asselin*, 2020 CSC 30.

Finalement, plusieurs dossiers ayant été entendus au mérite, il y a lieu de souligner trois affaires qui ont été rejetées en matière de consommation pour absence de preuve des éléments constitutifs du droit d'action.

Le présent texte tente ainsi de résumer l'état du droit, mais nous n'avons pas l'intention – ou la prétention – d'y aborder tous les sujets et toutes les décisions qui pourraient être d'intérêt.

II– RÔLE DU JUGE AUTORISATEUR ET CRITÈRE DE LA « CAUSE DÉFENDABLE »

A. *Hand c. Denso International America inc.*

- **Référence : 2023 QCCA 546 (en appel de 2021 QCCS 3545)**
- **Sujets d'intérêt : Rôle du juge autorisateur**
- **Dispositions en cause : article 575 (2) et (4) du *Code de procédure civile* (« C.p.c. »)**

Le contexte

L'action collective porte sur des allégations de vice caché relativement aux pompes à essence fabriquées par la défenderesse Denso. En 2020, la fabricante Denso a émis des avis de rappel au Canada et aux États-Unis concernant certaines pompes à essence. Ces pompes avaient été installées sur plusieurs modèles de véhicules vendus ou loués par les défenderesses Toyota, Honda et Subaru.

Le juge de première instance a rejeté l'action collective proposée. Le demandeur alléguait l'existence de deux groupes : celui des gens ayant acheté ou loué un véhicule visé et ayant reçu un avis de rappel (« Premier groupe ») et celui de ceux ayant acheté ou loué un véhicule visé n'ayant pas reçu un avis de rappel (« Second groupe »). Pour le Premier groupe – dont le demandeur n'était pas membre, n'ayant jamais reçu d'avis de rappel –, le juge de première instance a conclu que les faits allégués et les pièces déposées démontraient une cause défendable. Or, pour le Second groupe – dont le demandeur était membre –, le juge de première instance a conclu que les faits ne démontraient pas que les véhicules visés auraient eux aussi dû être rappelés systématiquement. Finalement, le quatrième critère d'autorisation n'était pas satisfait puisque le demandeur ne faisait pas partie du Premier groupe, de sorte qu'il n'était pas qualifié pour le représenter.

L'arrêt

En appel, le demandeur allègue que les pompes à essence étaient munies d'une turbine[3] d'impulsion de basse densité, et que la présence d'une telle turbine dans un véhicule constituait en soi un vice de conception source de problèmes de fonctionnement[4]. Il prétend que le juge de première instance a erronément accepté la version des faits des fabricants quant à la cause des problèmes – soit qu'ils avaient plutôt été causés par un procédé de manufacture ayant seulement affecté les turbines posées dans certains modèles[5] – au lieu de la sienne, question qui ne pouvait être tranchée au stade de l'autorisation. Ainsi, cette erreur aurait amené le juge à réduire prématurément le groupe aux seuls membres du Premier groupe.

Le demandeur demande donc à la Cour d'appel d'infirmer le jugement de première instance et d'autoriser l'action collective, et ce, au nom d'un seul groupe de locateurs ou d'acheteurs de véhicules, sans distinction quant aux membres putatifs ayant reçu un avis de rappel et ceux n'en ayant pas reçu. Subsidiairement, il demande qu'un autre membre soit autorisé à le remplacer à titre de représentant. Les défenderesses répondaient, entre autres, que les faits allégués ne permettaient pas de soutenir que tous les exemplaires distribués au Canada d'un modèle précis d'automobile avaient été pourvus d'une turbine d'impulsion de basse densité.

La Cour d'appel conclut que le juge de première instance avait commis une erreur en déterminant que le demandeur n'avait pas démontré une cause défendable – les allégations de sa demande, en plus de la preuve qu'il avait présentée, étaient suffisantes à cet égard. Plus précisément, la Cour s'est dite d'accord que le juge de première instance avait erré en acceptant la version des faits des défenderesses quant à la cause du problème plutôt que de tenir pour avérées les allégations de la demande d'autorisation[6].

---

3. Le juge de première instance a traduit « *impeller* » comme étant un « rotor d'impulsion ».
4. *Hand* c. *Denso International America inc.*, 2023 QCCA 546, par. 32 [*Hand*].
5. *Hand*, par. 17-18, 34-35.
6. *Hand*, par. 33-36, 42.

Quant à la qualité pour représenter, les défenderesses soutenaient que le demandeur n'était pas qualifié puisqu'il n'avait pas eu de problèmes avec la pompe de son véhicule et puisqu'il ne pouvait faire de preuve *prima facie* qu'il avait subi des dommages. La Cour d'appel remarque que même les membres du groupe ayant reçu des avis de rappel n'avaient pas tous eu des problèmes avec leur pompe. De plus, la Cour qualifie de « déloyal » (« *disingenous* ») le reproche des défenderesses selon lequel le demandeur ne pouvait prouver que son véhicule était muni d'une turbine d'impulsion prétendument affectée d'un vice puisque celles-ci détenaient vraisemblablement cette information et avaient choisi de ne pas la produire. Finalement, la Cour conclut que, même s'il était loin d'être évident que le demandeur ait présenté une cause défendable pour chacun des chefs de dommages, puisqu'il est un consommateur au sens de la *Loi sur la protection du consommateur*, il bénéficie d'une présomption de préjudice[7].

B. *Hazan c. Micron Technology inc.*

- **Référence : 2023 QCCA 132 (en appel de 2021 QCCS 2710)**

- **Sujets d'intérêt : Suffisance d'allégations et de preuve au stade de l'autorisation**

- **Dispositions en cause : article 575 (2) C.p.c.**

Le contexte

Le demandeur souhaitait intenter une action collective nationale contre les défenderesses – fabricantes de puces de mémoire dynamique à accès aléatoire (DRAM) – réclamant compensation du préjudice résultant d'un prétendu complot entre les défenderesses sur la fixation des prix restreignant la production de DRAM. Pour soutenir sa thèse, le demandeur alléguait notamment la hausse des prix de DRAM pendant une période de deux ans et des articles de journaux faisant référence à une enquête chinoise relative à la hausse des prix. Le juge de première instance a rejeté la demande au motif que le demandeur n'avait pas réussi à démontrer que les faits allégués justifiaient les conclusions recherchées. Notamment, le juge a conclu que les allégations du demandeur n'étaient pas

---

7. *Hand*, par. 45-49.

appuyées par une preuve suffisante et qu'elles étaient contredites par sa propre preuve.

L'arrêt

En appel, le demandeur prétend que le juge de première instance a erré dans son analyse du critère prévu à l'article 575 (2) C.p.c., soit l'existence d'une cause défendable. Notamment, au stade de l'autorisation, il aurait demandé la preuve de l'existence d'une entente de fixation de prix, ce qui revenait à faire une analyse sur le mérite et non *prima facie*, comme il devait le faire au stade de l'autorisation. Selon le demandeur, ses allégations ainsi que les pièces justificatives déposées étaient suffisantes pour que l'action collective soit autorisée.

La Cour d'appel rejette l'argument de l'appelant selon lequel le juge de première instance ne s'en est pas tenu à son rôle de « filtre »[8]. La Cour conclut plutôt que ce dernier a correctement décidé que des allégations vagues et appuyées d'aucune preuve étaient insuffisantes pour démontrer l'existence d'une cause défendable[9]. En effet, comme l'a constaté le juge de première instance, le demandeur n'avait aucune connaissance personnelle des faits et il n'avait aucune preuve d'une entente entre les défendeurs selon laquelle une quelconque entente de fixation des prix serait intervenue. Le demandeur avait fait référence à des actions collectives similaires ayant été intentées aux États-Unis, mais celles-ci ont depuis été rejetées. Il a aussi fait référence à des données et à des graphiques dont l'origine est inconnue, ainsi qu'à une enquête des autorités chinoises dont le résultat est inconnu[10]. Finalement, certains éléments de preuve qu'il a amenés se contredisaient[11]. Ainsi, le juge de première instance a valablement conclu que, faisant abstraction de ces éléments de preuve sans valeur probante, aucun élément de la demande d'autorisation ne pouvait démontrer l'existence d'une faute commise par les défendeurs[12].

La Cour d'appel conclut, en outre, que le juge de première instance n'a pas excédé son rôle lorsqu'il a exigé de la preuve au soutien des allégations du demandeur. En effet, le juge de première instance,

---
8. *Hazan c. Micron Technology inc.*, 2023 QCCA 132, par. 7 [*Hazan*].
9. *Hazan*, par. 10.
10. *Hazan*, par. 11.
11. *Hazan*, par. 14.
12. *Hazan*, par. 12-13.

appliquant les enseignements d'*Infineon*[13], rappelle que le seuil à atteindre pour démontrer une cause défendable n'est pas élevé et que les faits allégués sont présumés véridiques. Cependant, lorsque les faits allégués sont vagues et imprécis, ces allégations doivent être appuyées d'une certaine preuve afin de faire la démonstration d'une cause défendable[14]. Ainsi, la Cour est d'avis que l'appelant n'a pas réussi à démontrer une erreur du juge de première instance méritant l'intervention de la Cour d'appel.

III- QUESTIONS COMMUNES

A. *Beaulieu c. Facebook inc.*

- **Référence : 2022 QCCA 1736 (permission d'appeler refusée par la Cour suprême du Canada, n° 40620)**
- **Sujets d'intérêt : Questions communes au stade de l'autorisation, description du groupe visé par l'action collective**
- **Dispositions en cause : article 575 (1) C.p.c.**

Le contexte

La demanderesse allègue que la plateforme Facebook permet ou encourage la communication de publicités reliées à l'emploi ou au logement d'une manière discriminatoire et prohibée par l'article 10 de la *Charte des droits et libertés de la personne* (« Charte québécoise »). Selon elle, Facebook permet aux tiers annonceurs de cibler, directement ou indirectement, des groupes d'utilisateurs en fonction de leur race, de leur sexe ou de leur âge, parmi d'autres motifs prohibés par l'article 10 de la *Charte* québécoise. De plus, l'algorithme de Facebook exclurait certaines personnes de la diffusion d'une publicité même quand le tiers annonceur ne choisit pas de cibler ou d'exclure un groupe, et ce, en se fondant sur des motifs prohibés. Finalement, Facebook permettrait la circulation de publicités explicitement discriminatoires.

La juge de première instance a rejeté la demande d'autorisation au motif que le critère de la question commune n'était pas satisfait et que le groupe était mal défini. D'une part, selon la juge, l'analyse du

---

13. *Infineon Techologies AG c. Option consommateurs*, 2013 CSC 59 [*Infineon*].
14. *Hazan*, par. 10 et 14.

caractère discriminatoire d'une publicité ou de sa diffusion et l'évaluation des dommages sont des questions qui dépendent fortement du contexte et qui ne se prêtent pas adéquatement au format d'une action collective. D'autre part, la plupart des membres du groupe ne peuvent pas savoir s'ils sont visés par cette action collective avant le jugement sur le mérite puisqu'ils ne savent pas s'ils ont été exclus d'une campagne de publicité diffusée sur Facebook. Ainsi, au stade de l'autorisation, le groupe est essentiellement constitué de tous les utilisateurs de Facebook au Québec, ce qui se chiffre dans les millions.

L'arrêt

La Cour d'appel est d'avis que la juge de première instance a erré dans son interprétation du critère de la question commune. En effet, la Cour rappelle que « les questions communes n'appellent pas nécessairement des réponses communes »[15]. Ainsi, ce critère est respecté même si des nuances existent entre les situations des membres du groupe, tant et aussi longtemps que l'action collective comporte un nombre non négligeable de questions communes. Selon la Cour, il ne faut pas « [minimiser] la dimension systémique et générale de l'affaire au profit de ses aspects individuels, sans s'intéresser aux questions communes »[16].

La Cour mentionne également qu'il faut éviter de confondre les critères de la question commune et de la cause défendable. Il n'y a pas lieu, au stade de l'autorisation, d'évaluer si les réponses envisagées à une question commune permettraient à l'action collective de réussir[17].

Selon la Cour, l'action collective proposée soulève un nombre non négligeable de questions communes, soit notamment : la nature précise des politiques et pratiques publicitaires des défenderesses[18] ; la question de savoir si ces politiques et pratiques établissent des distinctions, exclusions ou préférences fondées sur un motif prohibé par l'article 10 de la *Charte québécoise*[19] ; la question de savoir si ces distinctions, exclusions ou préférences, si elles sont établies, sont d'une gravité objective suffisante au point de compromettre le droit

---

15. *Beaulieu c. Facebook inc.*, 2022 QCCA 1736, au par. 49 [*Beaulieu*], la Cour cite *Vivendi Canada inc. c. Dell'Aniello*, 2014 CSC 1, par. 59.
16. *Beaulieu*, par. 61.
17. *Beaulieu*, par. 50.
18. *Beaulieu*, par. 54.
19. *Beaulieu*, par. 54

à la sauvegarde de la dignité des membres du groupe[20] ; l'application des articles 11 (prohibition des avis publics discriminatoires) et 16 (prohibition de la discrimination en matière d'emploi) de la *Charte québécoise* aux faits en litige[21].

En ce qui concerne la description du groupe, la Cour s'est attardée particulièrement à l'exigence, issue de la jurisprudence, que l'appartenance au groupe ne dépende pas de l'issue du litige. Ce critère posait problème à première vue puisqu'il était impossible pour les membres de savoir, à ce stade, s'ils avaient effectivement été empêchés de voir une annonce en raison d'un motif prohibé[22]. Infirmant la décision de première instance sur ce point, la Cour conclut que cette situation ne pose pas réellement problème[23]. Elle insiste sur le fait que l'action vise une forme de discrimination « occulte », et que les membres ignoraient leur appartenance au groupe précisément pour cette raison[24]. Citant son arrêt *Sibiga*, la Cour rappelle que les critères applicables quant à la description du groupe doivent être adaptés selon le contexte – une application rigide de ceux-ci minerait plutôt l'approche généreuse qui s'applique en matière d'autorisation[25]. Finalement, la Cour ajoute que les avis permettraient aux gens potentiellement visés par l'action de s'en exclure s'ils le souhaitent, et que le nombre très élevé de membres potentiels n'est pas un facteur déterminant[26].

IV– AUTORISATION EN MATIÈRE DE VALEURS MOBILIÈRES

A. *Nseir c. Barrick Gold Corporation*

- **Référence : 2022 QCCA 1718 (en appel de 2020 QCCS 1697)**

- **Sujets d'intérêt : Autorisation du recours statutaire portant sur le marché secondaire de valeurs mobilières**

---

20. *Beaulieu*, par. 56.
21. *Beaulieu*, par. 57.
22. *Beaulieu*, par. 80.
23. *Beaulieu*, par. 81.
24. *Beaulieu*, par. 82.
25. *Beaulieu*, par. 82.
26. *Beaulieu*, par. 66-67, 83-84.

- **Dispositions en cause : article 225.4 de la *Loi sur les valeurs mobilières* ; article 575 C.p.c.**

Le contexte

L'appelant a intenté un recours au nom de tous les résidents du Québec qui ont acheté des actions de l'intimée Barrick Gold durant une période s'échelonnant de 2009 à 2013. Il allègue que l'intimée a fait des fausses représentations quant au respect des règlements environnementaux s'appliquant à un projet minier en construction au Chili et en Argentine. Il prétend que la découverte de violations de ces règlements a mené à la suspension de l'exploitation du projet, entraînant par conséquent une baisse importante dans la valeur des actions des membres du groupe proposé. L'appelant réclame des dommages en vertu des articles 217 et s. et 225.2 et s. de la *Loi sur les valeurs mobilières* (« LVM ») ainsi qu'en vertu de l'article 1457 du *Code civil du Québec* (« C.c.Q. »). En plus de l'autorisation prévue par le C.p.c., l'appelant doit obtenir l'autorisation prévue par l'article 225.4 LVM.

Le juge de première instance a refusé d'autoriser l'action collective pour de nombreuses raisons, y compris que parce qu'il a conclu que la preuve administrée avait fait la démonstration que les défenderesses croyaient de bonne foi construire la mine conformément aux règlements environnementaux. Il a donc conclu que l'action ne présentait ni chance raisonnable de succès au sens de l'article 225.4 LVM, ni de cause défendable au sens de l'article 575 (2) C.p.c.

La décision

Selon la Cour d'appel, le juge de première instance n'a pas analysé le dossier d'une manière conforme aux limites inhérentes au mécanisme de filtrage établi par l'article 225.4 LVM[27]. Comme on le sait[28], ce critère est plus exigeant que le fardeau de la cause défendable prévu à l'article 575 (2) C.p.c. L'article 225.4 LVM joue un rôle de filtrage pour protéger les émetteurs publics et leurs actionnaires contre les recours qui sont intentés de mauvaise foi ou qui sont sans fondement juridique. Ainsi, les faits allégués doivent non seulement paraître justifier les conclusions recherchées, mais le demandeur

---

27. *Nseir c. Barrick Gold Corporation*, 2022 QCCA 1718, par. 44-50 [*Barrick*].
28. Voir *Theratechnologies inc. c. 121851 Canada inc.*, 2015 CSC 18, par. 35-36 [*Theratechnologies*].

doit aussi « offrir une analyse plausible des dispositions législatives applicables, et [...] présenter des éléments de preuve crédibles à l'appui de sa demande »[29].

Commentant le cadre d'analyse s'appliquant à l'article 225.4 LVM, la Cour précise que celui-ci se divise en deux étapes. D'abord, le juge d'autorisation doit déterminer s'il y a « une preuve suffisante pour convaincre le tribunal de l'existence d'une possibilité raisonnable que le demandeur ait gain de cause »[30], sans toutefois conduire un « mini-procès ». En d'autres mots, la Cour ne doit pas « faire de son mieux » pour trancher entre les positions opposées des parties ou la preuve contradictoire, mais plutôt conduire un « examen préliminaire » du recours proposé[31]. Si c'est le cas, le juge doit ensuite déterminer si le demandeur réussit à démontrer que la preuve et l'analyse du défendeur ne parviennent pas à complètement réfuter ses propres prétentions[32]. En outre, la Cour souligne que l'étape de l'autorisation se déroule avant toute divulgation de preuve préalable au procès ; il y a donc un risque que le dossier à ce stade soit non seulement incomplet, mais déséquilibré en faveur du défendeur, qui aura normalement bien plus facilement accès à la preuve pertinente[33].

Appliquant ce cadre d'analyse, la Cour conclut que le juge de première instance a commis une erreur en effectuant une comparaison de la valeur probante de la preuve de chaque partie au lieu d'appliquer le critère de la « possibilité raisonnable que le demandeur ait gain de cause ».

Ayant conclu à l'erreur du juge de première instance, la Cour procède à l'évaluation *de novo* des critères prévus à l'article 225.4 LVM[34]. La Cour conclut que les éléments de preuve présentés par l'appelant satisfont aux critères d'autorisation et que la preuve de l'intimée ne suffit pas à complètement réfuter les arguments de l'appelant. De fait, et entre autres choses, la défense d'« enquête raisonnable » de la défenderesse est une question hautement factuelle et contestée, et la preuve à son sujet est peu concluante et contradictoire[35]. Le recours de l'appelant présente donc une possibilité

---

29. *Barrick*, par. 40, citant *Theratechnologies*, par. 39.
30. *Theratechnologies*, par. 39.
31. *Barrick*, par. 41.
32. *Barrick*, par. 42.
33. *Barrick*, par. 43.
34. *Barrick*, par. 50.
35. *Barrick*, par. 87.

raisonnable de succès. Le critère énoncé à l'article 225.4 LVM étant plus exigeant que le critère de la cause défendable prévu à l'article 575 (2) C.p.c., le respect du premier implique nécessairement celui du second[36].

L'appel visant les recours fondés sur les articles 217 et s. LVM et 1457 C.c.Q. sont rejetés, faute d'absence de faits suffisants allégués. À ce titre, la Cour rejette la prétention de l'appelant selon laquelle il n'était pas tenu d'alléguer qu'il s'était fié aux prétendues fausses représentations au moment d'investir dans la société défenderesse[37].

V– COMPÉTENCE *RATIONE MATERIÆ* EN ACTIONS COLLECTIVES

A. *Vidéotron ltée c. Télévision communautaire et indépendante de Montréal (TVCI-MTL)*

- **Référence : 2023 QCCA 70 (en appel de 2022 QCCS 5119)**

- **Sujets d'intérêt : Moyens préliminaires en matière d'actions collectives**

- **Dispositions en cause : articles 167 et 575 C.p.c.**

Le contexte

En 2018, la Cour d'appel a autorisé TVCI-MTL à exercer une action collective en responsabilité civile contre Vidéotron (« l'Arrêt d'autorisation ») relativement au non-respect allégué de certaines exigences du Conseil de la radiodiffusion et des télécommunications canadiennes (« CRTC ») faisant partie intégrante des contrats de télédistribution conclus avec les membres. (Une décision du CRTC avait déterminé que Vidéotron était en situation de non-conformité relativement à ces exigences). Vidéotron a tenté de porter en appel cette décision de la Cour d'appel, ce qui fut refusé par la Cour suprême. Après le dépôt de la demande introductive d'instance, Vidéotron a plaidé l'absence de compétence *ratione materiæ* de la Cour supérieure dans sa défense. À la suite d'une audience de gestion, la Cour supérieure a radié les paragraphes de la défense faisant valoir ce

---

36. *Barrick*, par. 109.
37. *Barrick*, par. 123-125.

moyen, au motif que cette question avait été tranchée dans l'Arrêt d'autorisation.

Vidéotron se pourvoit contre cette décision, notamment au motif que l'Arrêt d'autorisation, fondé sur le critère de l'apparence de droit, ne pouvait avoir pour effet de limiter ses moyens de défense sur le fond. De plus, la défense d'incompétence d'attribution est d'ordre public et serait si liée à la preuve qu'elle devrait être tranchée lors d'un procès.

L'arrêt

Dans l'Arrêt d'autorisation, la Cour d'appel s'était exprimée ainsi sur la compétence de la Cour supérieure : « [...] la compétence du CRTC pour entendre des plaintes relativement au non-respect de la réglementation en matière de radiodiffusion n'écarte pas la compétence de la Cour supérieure pour entendre un recours en violation d'obligations contractuelles, de la *Loi sur la protection du consommateur* et de la *Charte des droits et libertés de la personne.* »[38]

La Cour d'appel conclut que ses propos dans l'Arrêt d'autorisation disposaient entièrement de la question de compétence. La Cour rappelle que la question de la compétence d'attribution doit être tranchée *in limine litis*. En matière d'actions collectives, cela inclut le stade d'autorisation. De fait, si le tribunal n'est pas compétent pour entendre le litige, il n'est *a fortiori* pas compétent pour évaluer le respect des critères d'autorisation[39]. En l'espèce, ce principe s'applique puisque la question de compétence n'était pas susceptible d'être influencée par une question de fait devant être tranchée sur le fond[40].

VI– APPROBATION DE RÈGLEMENTS ET D'HONORAIRES

A. *A.B.* c. *Clercs de Saint-Viateur du Canada*

- **Référence : 2023 QCCA 527 (en appel de 2022 QCCS 2484)**

---

38. *Télévision communautaire et indépendante de Montréal (TVCI-MTL)* c. *Vidéotron*, 2018 QCCA 527, par. 24.
39. *Vidéotron ltée* c. *Télévision communautaire et indépendante de Montréal (TVCI-MTL)*, 2023 QCCA 70, par. 15 [*TVCI*].
40. *TVCI*, par. 15.

- **Sujets d'intérêt : Approbation d'honoraires**
- **Dispositions en cause : article 593 C.p.c.**

Le contexte

Un règlement de 28 000 000 $, à titre de recouvrement collectif, intervient entre le demandeur, qui représente un groupe de victimes d'agressions sexuelles, et un ensemble de défenderesses incluant les Clercs de Saint-Viateur du Canada, une communauté religieuse. Le règlement prévoit 8 000 000 $, soit 25 % du fonds de règlement, à titre d'honoraires des avocats du demandeur. Un membre du groupe conteste les honoraires proposés. Tout en écartant les moyens de contestation de ce dernier, le juge de première instance refuse d'approuver l'entente de règlement au motif que les honoraires prévus sont déraisonnables. Entre autres, le juge de première instance est d'avis que le multiplicateur d'environ 4,64 – c'est-à-dire, le ratio entre les honoraires estimés selon le taux horaire des avocats et les honoraires réclamés – « se situe nettement au-dessus de la norme » de 2 et 3, et que le dossier « représentait une difficulté et un risque global moyens » au moment du dépôt des procédures. Il conclut que le règlement doit être rejeté en vertu d'une clause prévoyant sa nullité advenant que « tribunal refuse d'approuver l'intégralité » de l'entente de règlement. Le demandeur porte en appel le jugement de première instance. Le membre dissident n'étant pas représenté en appel, la Cour d'appel demande la nomination d'un *amicus curiae*.

L'arrêt

La Cour d'appel accueille l'appel pour plusieurs motifs. Premièrement, le juge de première instance a erré dans sa lecture de l'entente de règlement. Les autres clauses de l'entente permettaient de conclure que le juge pouvait modifier le montant des honoraires puisqu'elles prévoyaient le pouvoir du juge de fixer leur montant (en employant des expressions telles que « sous réserve de l'approbation du tribunal »). Ainsi, le juge de première instance aurait dû approuver l'entente de règlement tout en révisant le montant des honoraires[41].

---

41. *A.B. c. Clercs de Saint-Viateur du Canada*, 2023 QCCA 527, par. 38-43 [*Clercs de Saint-Viateur*].

Deuxièmement, la Cour d'appel rejette l'approche du juge de première instance insistant sur les critères du temps consacré et du taux horaire, notant que cette approche mène à un raisonnement circulaire : si les honoraires sont évalués sur la base du temps consacré, alors que la convention d'honoraires prévoit plutôt un pourcentage des sommes recueillies, le montant d'honoraires risque toujours de sembler déraisonnable[42]. La Cour note également que les tribunaux doivent favoriser l'acceptation de mandats à pourcentage par les avocats, ceux-ci étant d'importants outils d'accès à la justice[43]. La réduction des honoraires prévus par ces conventions ne doit pas devenir la norme[44]. La Cour rappelle les principes qui doivent guider un tribunal lors de l'approbation des honoraires : a) la convention d'honoraires est présumée valide[45] ; b) les facteurs énumérés à l'article 102 du *Code de déontologie* en matière de fixation des honoraires des avocats (l'expérience, le temps et l'effort requis, la difficulté de l'affaire, etc.) doivent être pris en considération[46] ; c) le risque couru par les avocats – analysé au moment où ils ont reçu le mandat, et non au moment de l'approbation des honoraires – est un autre facteur pertinent[47] ; d) le tribunal doit tenir compte de l'effet de l'entente sur l'image de la profession pour éviter de donner à la profession un caractère de lucre et de commercialité, tout en soupesant les finalités de l'action collective, visant à contribuer à l'accès à la justice[48] ; e) le pourcentage d'honoraires jugés raisonnables se situe normalement entre 15 % à 33 %, mais cela ne devrait pas être un automatisme[49].

La Cour commente également en détail l'approche du « facteur multiplicateur » retenue par le juge de première instance et employée régulièrement par la Cour supérieure. Selon la Cour, cette approche doit être utilisée seulement lorsque l'application des critères mentionnés précédemment – à l'exception, toutefois, du temps consacré à l'affaire – soulève un doute sur la raisonnabilité des honoraires[50]. À l'inverse, une application trop rigide de cette approche aurait équivalu à l'instauration *de facto* de « plafonds » d'honoraires, ce qui

---

42. *Clercs de Saint-Viateur*, par. 64.
43. *Clercs de Saint-Viateur*, par. 57.
44. *Clercs de Saint-Viateur*, par. 56.
45. *Clercs de Saint-Viateur*, par. 51.
46. *Clercs de Saint-Viateur*, par. 52-53.
47. *Clercs de Saint-Viateur*, par. 54.
48. *Clercs de Saint-Viateur*, par. 55.
49. *Clercs de Saint-Viateur*, par. 58.
50. *Clercs de Saint-Viateur*, par. 64.

aurait enlevé à l'exercice la flexibilité requise[51]. La Cour indique aussi que cette approche accorde une trop grande importance au temps consacré à l'affaire. De fait, les critères du risque assumé et du résultat obtenu seront généralement plus importants que celui du temps consacré[52]. Finalement, les tribunaux doivent tenir compte du fait que les avocats acceptent souvent des risques importants non seulement dans le dossier à l'étude, mais également dans plusieurs autres dossiers[53].

Finalement, puisque le juge de première instance n'a pas exercé son pouvoir discrétionnaire afin de réduire le montant réclamé, la Cour d'appel le fixe. En appel, les avocats du demandeur ont réduit volontairement le montant réclamé à 5 600 000 $, soit 20 % du règlement. La Cour approuve ce montant, jugeant qu'il est raisonnable tant au vu des critères mentionnés précédemment qu'au vu de l'approche du facteur multiplicateur[54].

B. *MacDuff* c. *Vacances Sunwing inc.*

- **Référence : 2023 QCCS 343 (permission d'appeler accordée 2023 QCCA 476)**

- **Sujets d'intérêt : Approbation de règlements, approbation d'honoraires**

- **Dispositions en cause : articles 590 et 593 C.p.c.**

Le contexte

L'action collective autorisée allègue que Sunwing a contrevenu à la *Loi sur la protection du consommateur* en menant une campagne de publicité insistant sur le champagne gratuit offert aux acheteurs de certains forfaits de voyage alors qu'elle leur sert en réalité du vin mousseux ne bénéficiant pas de cette désignation. Un règlement ayant été conclu, les parties demandent son approbation. L'entente de règlement prévoit, entre autres choses, un rabais de 7 % sur tout vol ou forfait de voyage Sunwing réservé en direct auprès de celle-ci (à certaines conditions), ainsi qu'un paiement de 1 500 000 $ aux

---

51. *Clercs de Saint-Viateur*, par. 58 et 62.
52. *Clercs de Saint-Viateur*, par. 65.
53. *Clercs de Saint-Viateur*, par. 65.
54. *Clercs de Saint-Viateur*, par. 76-78.

avocats du demandeur à titre d'honoraires et débours. L'Association des agents de voyages du Québec s'est vue autorisée à intervenir au débat afin de contester l'entente ; elle prétend que le règlement avantage indûment la défenderesse en raison des modalités qui favoriseraient les transactions directes avec Sunwing plutôt que celles conclues par l'entremise d'un agent de voyages.

La décision

D'abord, la Cour supérieure reformule les facteurs qui doivent être étudiés lors de l'approbation d'une entente de règlement en matière d'actions collectives, retenant : a) les modalités, les termes et les conditions de la transaction ; b) les probabilités de succès du recours ; c) le coût anticipé et la durée probable du litige ; d) l'importance et la nature de la preuve anticipée ; e) la nature et le nombre d'objections à la transaction ; f) le nombre d'exclusions ; et g) la recommandation d'une tierce personne neutre, le cas échéant. Dans tous les cas, la bonne foi des parties et l'absence de collusion (conditions *sine qua non*) doivent être présentes[55]. Ainsi, la Cour écarte certains facteurs traditionnellement pris en considération par la jurisprudence, soit l'accord du représentant, la recommandation des avocats et l'expérience de ces derniers, qu'elle juge superflus[56].

À la lumière du test reformulé, la Cour conclut à l'approbation du règlement : a) le rabais est considérable, équivalant à quelques dizaines de dollars par client, de façon presque illimitée pendant sur trois ans ; b) le succès de la demande n'était pas du tout assuré (Sunwing avait monté une défense sérieuse) ; c) on prévoyait un procès long et coûteux ; d) l'absence d'exclusions provenant de membres ; et e) seuls quatre membres se sont opposés[57]. Quant à l'objection des agents de voyage, celle-ci relevait d'un intérêt économique privé, et ne pouvait être prise en considération[58].

Cependant, le tribunal rejette le paiement d'honoraires prévu à l'entente de règlement. Malgré le fait que le montant forfaitaire de 1 500 000 $ représente un facteur multiplicateur de 2, ce qui a déjà été jugé raisonnable dans pareilles circonstances[59], le tribunal est d'avis qu'un mode de paiement progressif des honoraires serait plus

---

55. *MacDuff c. Vacances Sunwing inc.*, 2023 QCCS 343, par. 15-16 [*Sunwing*].
56. *Sunwing*, par. 14.
57. *Sunwing*, par. 18-22.
58. *Sunwing*, par. 31.
59. *Sunwing*, par. 37-38.

approprié dans cette affaire. De fait, le tribunal était d'avis que le succès de l'action collective ne pouvait être réellement évalué qu'une fois le taux de réclamation connu[60]. Il a donc approuvé seulement la moitié des honoraires demandés, et a conditionné l'approbation de la seconde moitié à la réalisation d'un taux de réclamation d'au moins 50 %[61]. Le demandeur a obtenu la permission d'appeler de cette portion du jugement[62].

VII– ACTIONS COLLECTIVES MULTITERRITORIALES

A. *Bourgeois* c. *Electronics Arts inc.*

- **Référence : 2023 QCCS 1011 (permission d'appeler accueillie 2023 QCCA 826)**
- **Sujets d'intérêt : Exception déclinatoire quant au groupe national**
- **Dispositions en cause : article 3148 C.c.Q. et articles 167 et 575 C.p.c.**

Le contexte

Cette action collective – au stade de l'autorisation et intentée contre plusieurs compagnies relativement à l'illégalité alléguée des coffres de butin (*loot boxes*) dans des jeux vidéo – vise un groupe national. Certaines défenderesses, dont Electronic Arts inc., Electronic Arts (Canada) inc., Activision Blizzard inc., Activision Publishing inc. et Blizzard Entertainment inc. (les « Défenderesses »), déposent une demande en exception déclinatoire fondée sur l'absence de compétence à l'égard des membres qui ne sont pas résidents du Québec.

La décision

La décision de la Cour supérieure repose essentiellement sur l'analyse du facteur de rattachement prévu au paragraphe 2 de l'article 3148 C.c.Q., soit : « Le défendeur est une personne morale qui n'est pas domiciliée au Québec, mais y a un établissement et la contestation est relative à son activité au Québec ». Pour établir la

---

60. *Sunwing*, par. 39-41.
61. *Sunwing*, par. 42.
62. *MacDuff* c. *Vacances Sunwing inc.*, 2023 QCCA 476.

compétence des tribunaux québécois, le tribunal affirme qu'il suffit qu'un défendeur possède un établissement au Québec et que le litige soit relatif à l'activité du défendeur au Québec. Le tribunal examine donc si ce facteur de rattachement s'applique à chacune des Défenderesses[63].

Premièrement, en ce qui concerne Electronics Arts (Canada) inc. (« EA Canada »), le tribunal constate qu'elle possède un établissement au Québec et que c'est dans un de ses studios montréalais de EA Canada qu'a été principalement développé un des jeux vidéo visés par l'action collective[64]. En ce qui concerne Electronics Arts inc. (« EA »), la société mère, le tribunal s'appuie sur l'arrêt *Intervest (Bermuda) Ltd. c. Herzog*[65] pour conclure qu'une filiale exerçant ses activités au Québec peut être considérée comme un établissement d'une société mère quand elle fait partie intégrante de la compagnie mère ou si elle est sous son contrôle ou direction immédiate[66]. Le tribunal détermine que les faits présentés démontraient *prima facie* que les activités d'EA Canada à Montréal faisaient partie intégrante de l'organisation d'EA. Ainsi, les locaux montréalais d'EA Canada sont considérés comme des établissements d'EA au sens du paragraphe 2 de l'article 3148 C.c.Q.[67]. Quant aux activités québécoises d'EA, le tribunal détermine que, même si le studio montréalais n'était plus actif quand l'action a été intentée, ce critère est rempli puisque l'action vise une période où le studio était encore actif[68].

En deuxième lieu, le tribunal analyse les faits allégués relativement aux défenderesses Activision Blizzard Inc. (« AB »), Activision Publishing inc. (« AP ») et Blizzard Entertainment (« BE »). Le tribunal conclut que les services fournis par Beenox (une filiale d'AP à Québec) font partie intégrante des activités de ses sociétés mères[69]. De plus, les allégations permettent d'inférer que AB, AP et BE exercent une entreprise commune ayant un établissement au Québec, soit les bureaux de Beenox[70]. Le tribunal conclut aussi que le litige porte sur les activités de AB, AP et BE au Québec[71].

---

63. *Bourgeois c. Electronics Arts inc.*, 2023 QCCS 1011, par. 13-14 [*Bourgeois*].
64. *Bourgeois*, par. 23-25.
65. *Interinvest (Bermuda) Ltd. c. Herzog*, 2009 QCCA 1428, par. 20.
66. *Bourgeois*, par. 29.
67. *Bourgeois*, par. 30-34.
68. *Bourgeois*, par. 42-43.
69. *Bourgeois*, par. 51-53.
70. *Bourgeois*, par. 54-56.
71. *Bourgeois*, par. 57-61.

Ainsi, le tribunal rejette l'exception déclinatoire. La permission d'appeler de cette décision a été accordée au motif que les questions soulevées semblent sérieuses. Les Défenderesses soutiennent, notamment, que le tribunal a erré parce qu'il n'a pas suivi le test en deux volets établi par la jurisprudence relativement à la nécessité d'un lien entre l'objet du litige et les activités au Québec d'un défendeur étranger.

B. *Nippon Yusen Kabushiki Kaisha* c. *Option Consommateurs*

- **Référence : 2023 QCCA 513 (en appel de 2022 QCCS 1338)**
- **Sujets d'intérêt : Actions collectives multiterritoriales**
- **Dispositions en cause : article 3137 C.c.Q. et articles 49 et 577 C.p.c.**

Le contexte

Dans le cadre d'une action collective autorisée au Québec en 2019, les défenderesses ont demandé à la Cour supérieure de suspendre l'action au Québec au profit d'une action collective parallèle certifiée en Colombie-Britannique jusqu'au jugement final sur les questions communes dans ce dossier. Or, les membres du Québec ne faisaient pas partie du groupe certifié en Colombie-Britannique. Subsidiairement, les défenderesses ont demandé de suspendre l'action jusqu'à ce que la Cour suprême de la Colombie-Britannique se prononce sur leur demande de modification de la définition du groupe visant à ajouter un sous-groupe québécois et établir un groupe national.

Le juge de première instance a rejeté la demande de suspension. Il a estimé qu'il n'était pas proportionnel, approprié ou dans l'intérêt des membres québécois d'attendre la modification du groupe en Colombie-Britannique[72]. Le juge de première instance a aussi rejeté les moyens de suspension fondés sur la doctrine du *forum non conveniens*, notamment parce que le jugement éventuel en Colombie-Britannique ne pourrait être reconnu au Québec[73], et la litispendance,

---

72. *Option Consommateurs* c. *Nippon Yusen Kabushiki Kaisha (NYK)*, 2022 QCCS 1338, par. 43 [NYK QCCS].
73. *NYK QCCS*, par. 95-103. Voir aussi les articles 3164 et 3168 C.c.Q. et l'arrêt *Hocking* c. *Haziza*, 2008 QCCA 800, par. 180-222.

car le critère d'antériorité du recours étranger n'était pas respecté[74]. À la fin de son jugement, le juge écrit que son jugement « vient donc remettre en question la notion établie des classes nationales pancanadiennes partout au Canada »[75]. Selon lui, une action collective nationale incluant des résidents québécois ne pourrait exister que dans certaines circonstances : soit les membres du groupe québécois consentent à la compétence du tribunal d'une autre province, soit il y a des facteurs de rattachement avec l'autre province[76].

L'arrêt

Les défenderesses ont porté le jugement en appel, avec permission. La Cour d'appel détermine que, puisque les membres québécois n'étaient pas inclus dans le groupe certifié en Colombie-Britannique, le juge de première instance n'a pas erré en rejetant la demande de suspension[77]. En outre, le pouvoir de suspendre relevant de la discrétion judiciaire, le juge pouvait exercer son pouvoir discrétionnaire pour rejeter la demande[78]. La Cour d'appel tranche aussi que, puisque le reste du jugement de première instance n'est qu'*obiter*, le juge a donné à son jugement « une portée qu'il n'a pas »[79].

C. *Bernard* c. *Collège Charles-Lemoyne de Longueuil inc.*

- **Référence : 2023 QCCA 854 (en appel de 2022 QCCS 555)**

- **Sujets d'intérêt : Communication avec les membres après l'autorisation**

- **Dispositions en cause : Aucune disposition expresse**

Le contexte

En 2021, une action collective a été autorisée contre l'ensemble des établissements privés primaires et secondaires à Montréal (« Établissements »). Elle vise le remboursement partiel des frais de

---

74. *NYK QCCS*, par. 157-164.
75. *NYK QCCS*, par. 173.
76. *NYK QCCS*, par. 173.
77. *Nippon Yusen Kabushiki Kaisha* c. *Option Consommateurs*, 2023 QCCA 513, par. 11 [NYK QCCA].
78. *NYK QCCA*, par. 11.
79. *NYK QCCA*, par. 9.

scolarité payés pour l'année scolaire 2019-2020, en raison de la suspension de certaines activités d'enseignement causée par la pandémie. Les membres visés sont les parents des enfants ayant fréquenté les Établissements durant cette année scolaire (« Parents »).

La Cour supérieure a défini la teneur et les modalités de diffusion de l'avis aux membres du groupe et a fixé la fin du délai d'exclusion au 10 décembre 2021. La plupart des Établissements ont communiqué l'avis aux Parents par le portail numérique de l'établissement en question ou par courriel.

Cependant, au moment de l'envoi de l'avis, plusieurs Établissements ont aussi fait parvenir une seconde lettre partageant la position de l'établissement, soit leur contestation de l'action collective, et invitant les Parents à s'exclure. Certaines communications comportaient un passage controversé sur l'intérêt des avocats du demandeur, soit : « […] par ailleurs, un pourcentage important de ces frais sera perçu par les avocats qui ont entrepris le recours pour leur propre bénéfice »[80].

Les demandeurs ont demandé la suspension de la période d'exclusion originale, l'annulation des formulaires d'exclusion, une nouvelle période d'exclusion et l'envoi d'un nouvel avis aux membres.

Le juge de première instance rejette la demande. Il souligne le caractère systématique de la campagne et fait ressortir l'impression d'ensemble que les communications ont pu laisser dans l'esprit des Parents. Il précise que le nombre élevé d'avis d'exclusions, au nombre de 24 000, ne témoigne pas nécessairement d'une situation suspecte. S'attardant au contenu de la lettre type envoyée par les Établissements, le juge ne peut leur reprocher d'avoir cherché le soutien des parents et énoncé leur position. Il conclut que la lettre n'avait pas outrepassé les limites jurisprudentielles, et donc qu'il n'y avait pas lieu d'intervenir et de faire obstacle à la liberté d'expression des Établissements.

Les demandeurs portent en appel la décision de la Cour supérieure.

---

80. *Bernard c. Collège Charles-Lemoyne de Longueuil inc.*, 2023 QCCA 854, par. 5-7 [*Collège Charles-Lemoyne*].

L'arrêt

La Cour d'appel souligne que la communication entre les parties pendant la période d'exclusion ou suivant l'autorisation ne fait pas l'objet d'une disposition législative expresse. Elle précise aussi que la jurisprudence québécoise sur le sujet est peu abondante.

En s'inspirant de la jurisprudence ontarienne sur le sujet, la Cour d'appel explique que, lorsque le tribunal évalue les communications entre un défendeur et les membres, il ne doit intervenir que si la communication constitue de la désinformation, une menace, de l'intimidation ou de la coercition, ou encore si elle vise une finalité inappropriée pouvant nuire au bon déroulement de l'action[81]. Cela est encore plus vrai pour les communications faites pendant la période d'exclusion[82]. Ainsi, la Cour d'appel conclut qu'il faut déterminer si les communications transmises par les Établissements respectent l'équilibre entre la liberté d'expression des défenderesses et les objectifs de l'action collective, soit notamment le rééquilibrage du rapport de force entre les parties[83].

En l'espèce, la Cour d'appel détermine que les communications des Établissements se situent à la limite de ce qui est acceptable[84]. En particulier, le contenu de leur message quant à leur prise de position et aux possibles conséquences négatives pour les Parents si les Établissements sont condamnés est acceptable[85]. Le commentaire sur la motivation des avocats de la demande est discutable, mais ne franchit pas le seuil de l'acceptabilité[86].

La Cour est davantage préoccupée par la démarche concertée des défenderesses, entamée durant la période d'exclusion. Les parties s'étaient entendues sur le contenu de l'avis à envoyer aux membres. Le fait que les Établissements fassent suivre cet avis d'une communication dont ils sont les seuls à avoir prévu le contenu pourrait compromettre le processus d'exclusion[87].

Or, dans le cas d'espèce, la Cour détermine qu'il n'est pas nécessaire d'intervenir et d'ordonner la diffusion d'un nouvel avis avec

---

81. *Collège Charles-Lemoyne*, par. 51.
82. *Collège Charles-Lemoyne*, par. 52.
83. *Collège Charles-Lemoyne*, par. 50 et 52.
84. *Collège Charles-Lemoyne*, par. 53.
85. *Collège Charles-Lemoyne*, par. 53.
86. *Collège Charles-Lemoyne*, par. 54.
87. *Collège Charles-Lemoyne*, par. 55-56.

une nouvelle période d'exclusion. En effet, elle conclut que la preuve n'établit pas que les communications des Établissements ont incité certains membres à s'exclure. Selon la Cour, le nombre d'exclusions élevé s'expliquerait plutôt par la nature du recours et la relation établie entre les Établissements et les Parents[88].

VIII– ACTIONS COLLECTIVES DÉCIDÉES AU MÉRITE

Note : Les résumés qui suivent sont sommaires et ne visent qu'à fournir un aperçu des conclusions principales des tribunaux.

A. *McMullen c. Air Canada*

- **Référence : 2022 QCCS 4132 (permission d'appeler accueillie 2023 QCCA 177)**

- **Sujets d'intérêt : Scission d'instance en action collective**

- **Dispositions en cause : articles 591, 592 et 602 C.p.c.**

L'action était portée pour le compte des anciens employés des centres de révision et d'entretien des avions d'Air Canada, lesquels ont fermé leurs portes à la suite de la faillite de la société Aveos – fournisseur unique d'Air Canada – en 2012. En 2015, la Cour d'appel[89] a confirmé un jugement de la Cour supérieure[90] ayant déclaré que, en omettant de faire effectuer l'entretien de sa flotte dans ces centres, Air Canada avait violé ses obligations en vertu de la loi fédérale encadrant sa privatisation (la « Loi »)[91]. Le demandeur prétendait que cette violation de la Loi constituait également une faute civile, et réclamait à Air Canada l'indemnisation du préjudice subi par les membres à la suite de la perte de leur emploi. Il prétendait également qu'Air Canada avait intentionnellement provoqué la faillite d'Aveos dans le but de se libérer des contrats d'exclusivité conclus avec elle.

La Cour supérieure donne en partie raison au demandeur : elle conclut qu'en omettant de prendre des mesures raisonnables pour se

---

88. *Collège Charles-Lemoyne*, par. 57-58.
89. *Air Canada c. Québec (Procureure générale)*, 2015 QCCA 1789.
90. *Québec (Procureur général) c. Air Canada*, 2013 QCCS 367.
91. Soit la *Loi sur la participation publique au capital d'Air Canada*, L.R.C. (1985), ch. 35.

conformer à la Loi, Air Canada avait commis une faute engageant sa responsabilité[92]. Elle rejette toutefois la prétention du demandeur selon laquelle Air Canada aurait provoqué la faillite d'Aveos[93]. La Cour conclut que l'évaluation des divers chefs de dommages réclamés devra se faire selon un recouvrement individuel[94]. Elle ordonne également aux parties de soumettre des propositions détaillées quant aux modalités de preuve et de calcul des dommages accordés par son jugement, ainsi qu'aux modalités de recouvrement[95].

Air Canada a demandé la permission d'appeler, soutenant que le jugement de première instance avait scindé cette dernière en remettant à une phase ultérieure la détermination des modalités d'évaluation du préjudice subi par les membres. Il s'agit donc d'un jugement rendu en cours d'instance nécessitant permission. Un juge unique de la Cour d'appel donne raison à Air Canada[96]. Ainsi, le juge rejette l'argument du demandeur selon lequel cette détermination faisait en réalité partie du processus de recouvrement individuel des réclamations prévu par les articles 599 à 601 C.p.c. Le juge unique accède donc à la demande de la défenderesse et accorde la permission d'appeler du jugement de première instance tout en suspendant l'appel jusqu'à ce que jugement soit rendu sur la deuxième phase de l'instance scindée.

B. *Guindon c. Brick Warehouse*

- **Référence : 2023 QCCS 1119 (dossiers parallèles, 2023 QCCS 1120/1121/1126, demandes en rejet d'appel accueillies le 1er septembre 2023)**

- **Sujets d'intérêt : Fardeau de preuve du demandeur en droit de la consommation**

- **Dispositions en cause : articles 216, 219, 227, 228 de la Loi sur la protection du consommateur (« L.p.c. »)**

Il s'agit de plusieurs actions collectives connexes intentées contre des magasins d'ameublement et d'électroménagers. Les demandeurs représentent divers groupes de consommateurs ayant acheté, avant le 30 juin 2010, « une garantie supplémentaire en se

---
92. *McMullen c. Air Canada*, 2022 QCCS 4132, par. 274, 299-312 [*McMullen*].
93. *McMullen*, par. 316, 322-352.
94. *McMullen*, par. 525-534.
95. *McMullen*, par. 540.
96. Voir *Air Canada c. McMullen*, 2023 QCCA 177.

fondant sur les représentations de l'intimée, à savoir que si elles n'achetaient pas cette garantie supplémentaire et qu'un bris survenait après l'expiration de la garantie d'un an du manufacturier, elles devraient assumer le coût des réparations ou du remplacement »[97]. Les faits allégués et les dommages réclamés étant très similaires, la Cour supérieure a demandé le consentement des parties pour que les dossiers soient entendus ensemble.

Dans des jugements parallèles, la Cour supérieure rejette les actions, car : a) une proportion importante de la demande entière est prescrite ; b) la preuve est nettement insuffisante ; et c) la formulation des représentations alléguées fausses ou trompeuses ne l'est pas intrinsèquement.

Plus particulièrement, le tribunal conclut que les allégations des demandeurs, soit que les prétendues fausses représentations avaient été communiquées systématiquement par les représentants des défenderesses lors de la vente des garanties prolongées, n'avaient pas été prouvées par une preuve prépondérante[98].

Poursuivant son analyse, le tribunal conclut aussi que : a) la représentation du commerçant selon laquelle la garantie conventionnelle du fabricant est de un an n'est pas trompeuse et elle est « strictement factuelle »[99] ; et b) la représentation reprochée voulant que le consommateur doive supporter le coût de réparation ou de remplacement après un an n'est ni fausse ni trompeuse, car le consommateur crédule et inexpérimenté comprend qu'il lui reviendra d'effectuer les démarches nécessaires s'il pense que le produit est affecté d'un vice et qu'il devra supporter les coûts et les frais qui en résultent jusqu'à ce qu'il soit en mesure d'en apporter la preuve et d'obtenir un remboursement en établissant l'application de la garantie légale[100].

Sur la question des dommages, traitée aussi de façon subsidiaire, le tribunal décide d'abord que le prix total des garanties supplémentaires achetées ne peut pas être remboursé puisque cela équivaudrait à une demande en nullité du contrat, alors que les membres ont bénéficié des plans de garantie supplémentaire[101]. En outre, la réduction des obligations n'était pas une mesure appropriée,

---

97. *Gundon c. Brick Warehouse*, 2023 QCCS 1119, par. 5 [*Guindon*].
98. *Guindon*, par. 164-166.
99. *Guindon*, par. 93-97.
100. *Guindon*, par. 188-189.
101. *Guindon*, par. 270-271.

parce qu'il n'y avait : a) aucune démonstration d'un lien entre l'usage de la représentation reprochée et le prix des plans de garantie supplémentaire dont l'étendue excède celle de la garantie légale et b) aucune preuve que les membres n'auraient pas acheté les garanties supplémentaires s'ils avaient été informés de l'existence de la garantie légale[102]. Des dommages compensatoires engendreraient une forme d'enrichissement injustifié[103]. Finalement, le tribunal a refusé d'accorder des dommages punitifs au motif que, même en présumant une violation de la L.p.c., la conduite ici n'était ni insouciante et ignorante, ni dérogatoire et répréhensible envers les consommateurs[104].

Les demandeurs n'ont pas réussi à convaincre la Cour d'appel, laquelle a accueilli toutes les demandes en rejet d'appel présentées par les défenderesses peu après le dépôt des déclarations d'appel.

C. *Union des consommateurs c. Air Canada*

- **Référence : 2022 QCCS 4254 (en appel, mémoires d'appel déposés le 1ᵉʳ mai 2023 par les parties appelantes et le 3 juillet 2023 par la partie intimée)**

- **Sujets d'intérêts : Preuve de préjudice en droit de la consommation**

- **Dispositions en cause : article 224 (c) L.p.c.**

Il s'agit d'un jugement sur le mérite d'une action collective intentée contre Air Canada par l'Union des consommateurs (« Union »). L'Union allègue que le prix annoncé par Air Canada sur son site Web contrevenait à l'article 224(c) L.p.c. puisque les consommateurs ont payé un prix supérieur à celui-ci. De fait, Air Canada n'annonçait pas tous les frais applicables au prix final sur la première page de son site.

Tout d'abord, la Cour supérieure rejette les arguments voulant que l'article 224(c) L.p.c. empiète sur la compétence fédérale en matière aéronautique et que cette disposition soit inopérante en vertu de la doctrine de la prépondérance fédérale[105].

---

102. *Guindon*, par. 274-279.
103. *Guindon*, par. 280.
104. *Guindon*, par. 303-304.
105. *Union des consommateurs c. Air Canada*, 2022 QCCS 4254, par. 117, 128 et 139 [*Union des consommateurs*].

En ce qui concerne le cœur du litige, le tribunal conclut que le montant affiché à la première étape de l'achat est un « prix annoncé », inférieur au prix exigé. Ainsi, Air Canada contrevient à l'article 224(c) L.p.c.[106]. Or, lors de l'analyse du quatrième critère du test de l'arrêt *Time*[107], le tribunal conclut que la pratique interdite n'est pas « susceptible d'influer sur le comportement adopté par le consommateur relativement à la rédaction, la modification ou à l'exécution du contrat de consommation » et qu'aucun membre n'a subi de préjudice en raison de cette pratique. Ainsi, aucun dommage compensatoire ne peut être accordé [108].

Quant aux dommages-intérêts punitifs réclamés par l'Union, le tribunal est d'avis que cette dernière n'a pas établi qu'elle y avait droit. En effet, afin d'accorder de tels dommages, le tribunal doit apprécier le comportement du commerçant avant et après la violation et déterminer s'il y a eu un changement dans son attitude envers les consommateurs. Après une telle analyse, le tribunal n'accordera de tels dommages que s'il conclut que des impératifs de prévention justifient une telle condamnation. Le tribunal arrive à la conclusion que le comportement d'Air Canada ne démontrait pas « une conduite marquée par de l'ignorance, de l'insouciance ou de la négligence sérieuse » à l'égard de ses obligations ou des droits du consommateur, ni avant ni après la violation de la *L.p.c.* La condamnation à des dommages-intérêts punitifs n'était donc pas nécessaire pour dissuader Air Canada de répéter cette violation[109].

D. *Duguay* c. *General Motors du Canada ltée*

- **Référence : 2023 QCCS 3223**

- **Sujets d'intérêt : Représentations fausses ou trompeuses en droit de la consommation**

- **Dispositions en cause : articles 216, 218, 219, 228 et 272 L.p.c.**

Le demandeur reproche aux défenderesses de s'être livrées à des pratiques de commerce interdites par le Titre II de la *Loi sur*

---

106. *Union des consommateurs*, par. 84.
107. *Richard* c. *Time inc.*, 2012 CSC 8.
108. *Union des consommateurs*, par. 140, 159-160.
109. *Union des consommateurs*, par. 188-191.

la protection du consommateur en représentant que la voiture électrique de marque « Volt » ne consomme aucune essence lorsque sa batterie est pleinement chargée. Selon le demandeur, les représentations à cet effet étaient fausses et trompeuses car, par temps froid, la génératrice à essence s'active systématiquement afin de réchauffer l'habitacle du véhicule.

Le demandeur insiste sur certaines représentations contenues dans les brochures promotionnelles et sur le site Web des défenderesses. Il invite le tribunal à tirer une présomption de fait selon laquelle l'ensemble des membres avaient pris connaissance du « message central » véhiculé par ces représentations, soit, selon lui, l'absence de consommation d'essence lorsque la batterie est chargée. Le tribunal conclut que la preuve ne permet pas de tirer cette présomption en raison d'une absence de preuve quant à la variété d'informations dont les membres auraient pu prendre connaissance avant d'acheter un véhicule. Cette variété était illustrée, notamment, par les témoignages de divers membres[110]. En outre, les matériaux promotionnels des défenderesses contenaient également, à d'autres endroits, des mises en garde alertant le lecteur sur l'utilisation d'essence reprochée par le demandeur. Selon le tribunal, cela contredit la prétention du demandeur selon laquelle chaque membre avait reçu le « message central » mentionné précédemment[111].

Le tribunal conclut également que les représentations reprochées par le demandeur ne véhiculaient pas une « impression générale » fausse, trompeuse ou omettant un fait important. Le tribunal insiste, encore une fois, sur le fait que les messages promotionnels soulignés par le demandeur ne pouvaient être lus isolément, et qu'il fallait prendre en considération les avertissements contenus dans les documents publicitaires qualifiant ces messages[112].

Poursuivant son analyse bien qu'il n'ait pas été requis de le faire, le tribunal conclut que les quatre critères énoncés dans l'arrêt *Time* n'étaient pas remplis, et que le demandeur n'avait établi ni le droit à des dommages-intérêts compensatoires selon l'article 272 L.p.c., ni le droit à des dommages-intérêts punitifs[113].

---

110. *Duguay c. General Motors du Canada ltée*, 2023 QCCS 3223, par. 81-89 [*General Motors*].
111. *General Motors*, par. 102-106.
112. *General Motors*, par. 107-119.
113. *General Motors*, par. 134-146 et 180-185.

Sequencing of Dispositive Motions in Class Actions in Ontario, Alberta, and British Columbia

Timothy Pinos and Hardeep Dhaliwal*

Introduction		139
I–	The Pre-certification Dispositive Motions in a Class Action Proceeding	139
	A. Motion to dismiss or stay on jurisdictional or forum non conveniens grounds	139
	B. Motion to strike for failure to state a reasonable cause of action	140
	C. Motion for summary judgment	141
II–	The History of Pre-certification Dispositive Motions in Class Action Proceedings	141
III–	The Rise of Pre-certification Dispositive Motions	143
IV–	Arguments For and Against Permitting Dispositive Motions Pre-certification	145

---

* Cassels Brock & Blackwell LLP, Toronto. The authors would like to acknowledge the assistance of Laura Cloutier and Saad Rajper, articling students, in the preparation of this paper.

V– Recent Developments with Pre-certification Dispositive
Motions. 146

    A. Ontario 146

    B. British Columbia 150

    C. Alberta 153

Conclusion and Commentary 155

INTRODUCTION

Class actions are a critical tool in the Canadian legal system, enabling groups of people with common claims to consolidate their cases into one proceeding. Pre-certification motions play a vital role in this process, serving as a gatekeeping function to ensure that only suitable cases proceed as class actions. This paper discusses the criteria that must be met for such motions to be heard before the certification hearing. This paper focuses on these topics as they relate to Ontario, British Columbia, and Alberta.

I– THE PRE-CERTIFICATION DISPOSITIVE MOTIONS IN A CLASS ACTION PROCEEDING

In a regular proceeding, the defendant has an array of potentially dispositive motions available in response to the commencement of a claim or during, and immediately after, the pleadings stage. This paper will focus on the three main ones: motion to dismiss or stay on jurisdictional or *forum non conveniens* grounds, motion to strike for failure to state a reasonable cause of action, and motion for summary judgment.

A. Motion to dismiss or stay on jurisdictional or forum non conveniens grounds

The motion to dismiss or stay on jurisdictional or *forum non conveniens* grounds is governed by statute in British Columbia and by the common law in Ontario and Alberta. The leading decision from the Supreme Court on determining jurisdiction is *Van Breda* v. *Village Resorts Ltd.*[1] (*"Van Breda"*). Ontario and Alberta follow the common law as there is no legislation governing jurisdiction in these provinces. In British Columbia, the *Court Jurisdiction Proceedings*

---

1. *Club Resorts Ltd.* v. *Van Breda*, 2012 SCC 17 [*"Van Breda"*].

and Transfer Act[2] ("*CJPTA*") governs jurisdiction in proceedings. The factors under *Van Breda* and the *CJPTA* for determining jurisdiction are generally similar. Both the *CJPTA* and *Van Breda* require a "real and substantial connection" between a provinces' court and the proceeding such that the court can exercise jurisdiction ("*jurisdiction simpliciter*").[3] A court with jurisdiction may also exercise its discretion to decline to take jurisdiction because there is a more convenient forum (*forum non conveniens*).[4]

The courts in Ontario, British Columbia, and Alberta have all affirmed that the approach to jurisdiction remains the same in class action proceedings.[5] Firstly, the court must determine if there is a real and substantial connection between the facts and the jurisdiction where the proceeding is being brought.[6] Secondly, if there is a real and substantial connection between the facts of the proceeding and the jurisdiction, the court must decide whether it will decline to exercise jurisdiction because there is another preferable forum.[7]

B. Motion to strike for failure to state a reasonable cause of action

The motion to strike is provided for in the civil procedure legislation for Ontario, British Columbia, and Alberta. All three provinces provide that a judge may strike a pleading on the basis it "discloses no reasonable cause of action" or claim.[8] There are no material differences in how Ontario, British Columbia, and Alberta approach motions to strike. The courts broadly approach a motion strike in the context of a class action proceeding, as they would an ordinary action.[9] The Supreme Court has affirmed that for motions to strike

---

2. *Court Jurisdiction Proceedings and Transfer Act*, S.B.C. 2003, c. 28 ["*BC CJPTA*"].
3. *BC CJPTA*, *supra* note 2, s. 10; *Van Breda*, *supra* note 1 at para. 90.
4. *BC CJPTA*, *supra* note 2, s. 11(2); *Van Breda*, *supra* note 1 at para. 102.
5. *Airia Brands Inc* v. *Air Canada*, 2017 ONCA 792 at paras. 88, 121 ["*Airia*"]; *Hershey Company* v. *Leaf*, 2023 BCCA 264 at paras. 11-13 ["*Hershey*"]; *Sears Canada Inc.* v. *C&S Interior Designs Ltd.*, 2012 ABQB 573 at paras. 13-14 ["*Sears*"].
6. *Airia*, *supra* note 5 at para. 88; *Hershey*, *supra* note 5 at para. 11; *Sears*, *supra* note 5 at para. 14.
7. *Airia*, *supra* note 5 at para. 121; *Hershey*, *supra* note 5 at para. 13; *Sears*, *supra* note 5 at para. 14.
8. *Rules of Civil Procedure*, R.R.O. 1990, Reg. 194, s. 21.01 ["*ON CPR*"]; *Supreme Court Civil Rules*, B.C. Reg. 168/2009, s. 9-5 ["*BC SCR*"]; *Alberta Rules of Court*, Alta. Reg. 124/2010, s. 3.68(2) ["*AB RC*"].
9. *Spina* v. *Shoppers Drug Mart Inc.*, 2012 ONSC 5563 at paras. 105, 108; *Lee* v. *Transamerica Life Canada*, 2017 BCSC 843 at para. 56 ["*Lee*"]; *Willott* v. *Northwynd Resort Properties Ltd.*, 2021 ABQB 747 at para. 30.

in class action proceedings, the facts pleaded are assumed to be true and will only be struck if it is "plain and obvious" that there is no reasonable claim.[10]

C. Motion for summary judgment

The test for a summary judgment motion in Ontario and British Columbia is whether there is "no genuine issue for trial" for a claim or defence.[11] The test for a motion for summary judgment in Alberta is whether there is "no defence to a claim or part of it" or "there is no merit to a claim or part of it".[12] There are some notable differences among the provinces. Rule 20 summary judgment motions in Ontario differ from British Columbia and Alberta in that they are more akin to a "mini trial". The leading decision on Ontario summary judgment motions from the Supreme Court is *Hyrniak* v. *Mauldin*.[13] The Supreme Court confirmed that under Rule 20 of the Ontario *Rules of Civil Procedure* judges are able to weigh evidence, assess credibility and draw inferences from the evidence on a summary judgment motion in Ontario.[14] British Columbia and Alberta summary judgment motions do not have the same latitude for judges to weigh evidence nor assess credibility.[15]

II– THE HISTORY OF PRE-CERTIFICATION DISPOSITIVE MOTIONS IN CLASS ACTION PROCEEDINGS

When class proceedings legislation was first discussed and enacted in common law provinces in Canada, little regard was paid to the interplay between certification and other potentially dispositive motions. Early law reform materials from the Ontario Law Reform Commission indicated a clear intention for class action cases

---

10. *Knight* v. *Imperial Tobacco Ltd.*, 2011 SCC 42 at para. 17; *Nevsun Resources Ltd.* v. *Araya*, 2020 SCC 5 at para. 64.
11. *ON CPR*, supra note 8, s. 20.04(1); *BC SCR*, supra note 8, s. 9-6(5).
12. *AB RC*, supra note 8, s. 7.3(1).
13. *Hryniak* v. *Mauldin*, 2014 SCC 7.
14. Neil Finkelstein *et al.*, "Summary Judgment Prior to Certification in Class Actions: How Microsoft and Hryniak Have Changed the Landscape" (2015) 44:2 Adv. Q. 229 at 240; *ON CPR*, supra note 8, s. 20.
15. *Lee*, supra note 9 at para. 124; *Shaver* v. *Mallinckrodt Canada ULC*, 2021 BCSC 455 at para. 53 ["Shaver"]; Neufeld v. County of Mountain View, 2016 ABQB 676 at para. 70, *McDonald* v. *Brookfield Asset Management Inc*, 2016 ABCA 375 at paras. 13-14.

to proceed to certification as a first step.[16] The most recent report from the Law Commission of Ontario confirmed that the "certification regime in Ontario does not warrant major reforms", further affirming that certification remains a crucial and relevant step in a class action.[17] However, little emphasis or thought was given to the possibility of motions arising before the certification stage and their impact on the progress of the action and the timing of certification.

Historically, since the advent of class action legislation in Canada, it has been the intention, if not the practice, that a case would proceed directly to certification after the commencement and initial pleadings.[18] In Ontario, the rationale prior to the 2020 amendments was that both the time limits in the legislation and the "deliberate omission" of a preliminary merits assessment signalled the legislature's intent for class action proceedings to go immediately to certification.[19] Prior to 2020, the *Class Proceedings Act, 1992*, required that certification motions be made within 90 days after the last statement of defence, notice of intent to defend or notice of appearance.[20] British Columbia and Alberta still require that an application for certification be made within 90 days after the statement of defence is served for Alberta and after the last response to civil claims in British Columbia.[21] Courts further confirmed that the time limits for proceeding to certification indicated the legislature's intent to have class actions proceed immediately to certification subject to certain exceptions.[22]

---

16. Ontario Law Reform Commission, *Reports on Class Actions, Volume 1* (Toronto: 1982) at 298, 304.
17. Law Commission of Ontario, *Class Actions Objectives Experiences and Reforms* (Toronto: July 2019) at 36.
18. Alexander Mulligan, "Pre-Certification Motions that Dispose of or Limit the Issues at Trial: Six Factors to Consider" (2022) 18:1 Can. Class Action Rev. at 101; Fiona Sarazin, "Early disposition or prejudicial attrition? An analysis of bill 161 and pre-certification dispositive motions in class actions" (2022) 18:1 Can. Class Action Rev. at 57.
19. Mulligan, *supra* note 18 at 102; Sarazin, *supra* note 18 at 57.
20. *Class Proceedings Act, 1992*, S.O. 1992, c. 6, s. 2(3) as it appeared on 01 January 2019.
21. *Class Proceedings Act*, R.S.B.C. 1996, c. 50, s. 2(3); *Class Proceedings Act*, S.A. 2003, c. C-16.5, s. 2(3).
22. *Moyes v. Fortune Financial Corp.*, [2001] OJ No 4455, 2001 CarswellOnt 4062 at para. 8 ["*Moyes*"]; *Kwicksutaineuk/Ah-Kwa-Mish First Nation v. British Columbia (Minister of Agriculture & Lands)*, 2009 BCSC 1593 at para. 59 ["*Kwicksutaineuk*"].

It was also widely believed that class actions should proceed directly to certification because there was no statutory requirement for a preliminary merits assessment. The accepted standard of proof for certification articulated in *Hollick* is "some basis in fact".[23] The Supreme Court signalled their support for class action proceedings to go to the certification stage by affirming that the purpose of the certification step is not to test the merits of a claim nor to determine the likelihood of success of a class action.[24]

In any event, certification has become the major battleground in class actions in Canada, including Ontario, British Columbia, and Alberta.[25] This result is primarily driven by the influence of the United States, where the fear of the jury trial leads defendants to throw everything they have into defending against certification before a judge, in an attempt to avoid trial before a jury of the class action on the merits. The Law Commission of Ontario referred to the certification stage as the "defining moment in the life of a class action".[26] Even if certification in Canada may not create the immediate jeopardy that is perceived in the United States due to our predominance of judge-alone trials, it has become a complex and costly proceeding that plays out over many months if not years. From the first days of the legislation in each of the common law provinces, certification is now something that defendants seek to delay or possibly avoid entirely. It is understandable, then, that defendants will resort to any motion that may eliminate or reduce the chances of getting a certification motion heard.

III– THE RISE OF PRE-CERTIFICATION DISPOSITIVE MOTIONS

Knowing that certification would be the pivotal moment in a class action, defendants began using all the means at their disposal to end proceedings before reaching the certification stage.[27] The result that can be seen in the case law is a dramatic increase in pre-certification motions being brought in class actions:

---

23. *Hollick v. Toronto (City)*, 2001 SCC 68 at para. 25 ["*Hollick*"].
24. *Ibid.* at para. 16.
25. Law Commission of Ontario, *supra* note 17 at 36.
26. *Ibid.*
27. Ontario Law Reform Commission, *supra* note 16 at 151.

- In *Wise* v. *Abbott Laboratories Ltd.*,[28] the Court granted the defendant's pre-certification motion for summary judgment. In this case there was a sufficient evidentiary record such that the Court could rule on the issues in the proceeding.[29]

- In *Pro-Sys Consultants Ltd.* v. *Microsoft Corp.*,[30] the Court held that pre-certification motions "must be looked at in the context of the case in question and no absolute rule can be laid down".[31] While this was not a pre-certification dispositive motion, the Court did rule that pre-certification motions could be granted based on the circumstances of the case.[32]

- In *P(W)* v. *Alberta*,[33] the Court dismissed the plaintiff's appeal of the lower court decision granting summary judgment to the defendants. The Court here affirmed that "the mere fact that a claim is advanced by way of a class proceeding does not endow it with special status allowing it to survive where the same claim would otherwise be doomed".[34]

Plaintiffs have pushed back with arguments that generally other motions should not precede certification:

- In *Singh* v. *RBC Insurance Agency Ltd.*,[35] the Court dismissed the defendant's pre-certification application for summary judgment, stating that a certification motion "ought to be the first procedural matter to be heard and determined".[36] The Court found that the summary judgment motion here did not meet one of the exceptions that would warrant the Court exercising its discretion to hear the pre-certification motion.

- In *Moyes* v. *Fortune Financial Corp.*,[37] the Court ordered that the defendant's motion for summary judgment be heard at the certification hearing. The Court found that it would be the fairest for all parties if the motion for summary judgment were heard at

---

28. Wise v. Abbott Laboratories, Limited, 2016 ONSC 7275.
29. *Ibid.* at para. 335.
30. *Pro-Sys Consultants Ltd.* v. *Microsoft Corporation*, 2008 BCSC 1263.
31. *Ibid.* at para. 15.
32. *Ibid.* at para. 50.
33. WP v. Alberta, 2014 ABCA 404 at para. 21.
34. *Ibid.*
35. *Singh* v. *RBC Insurance Agency Ltd.*, 2020 ONSC 182 at para. 28 ["*Singh*"].
36. *Ibid.*
37. *Moyes, supra* note 22 at para. 11.

certification, and that waiting until certification would cause no prejudice to the defendant.[38]

- In *Martin* v. *AstraZeneca Pharmaceuticals*,[39] the plaintiffs successfully defeated the defendant's pre-certification motion for summary judgment. In dismissing the defendant's application, the Court held there were no facts in the present case that would warrant the court exercising its discretion to hear the pre-certification motion.[40]

- In *Kwicksutaineuk / Ah-Kwa-Mish First Nation* v. *British Columbia (Minister of Agriculture & Lands)*,[41] the Court declined the defendant's motion for leave to file a motion to strike. The Court appeared concerned that allowing the pre-certification motion would cause undue delay, expense, and duplicate proceedings.[42]

- In *Watson* v. *Bank of America Corp.*,[43] the defendants brought an application for leave to file a motion to strike before the certification hearing. The Court ordered that the motion to strike be heard during the certification hearing, stating that certification should be the first matter in a class action proceeding.[44]

- In *Carlson* v. *Transalta*,[45] the defendant brought an application to have their order to strike heard before the certification hearing. The Court dismissed the application, holding that a pre-certification motion to strike in these circumstances would not promote the "fair and efficient determination of the proceeding".[46]

IV– ARGUMENTS FOR AND AGAINST PERMITTING DISPOSITIVE MOTIONS PRE-CERTIFICATION

Generally, there are two schools of thought on the scheduling of pre-certification dispositive motions.

---

38. *Ibid.* at paras. 10-11.
39. *Martin* v. *AstraZeneca Pharmaceuticals*, [2009] OJ No 3847 ["*Martin*"].
40. *Ibid.* at para. 17.
41. *Kwicksutaineuk*, *supra* note 22.
42. *Ibid.* at paras. 62-64.
43. *Watson* v. *Bank of America Corporation*, 2012 BCSC 146 ["*Watson*"].
44. *Ibid.* at paras. 16, 20, 43.
45. *Carlson* v. *Transalta Corporation*, 2018 ABQB 343 at para. 18 ["*Carlson*"].
46. *Ibid.* at para. 18.

Those in favour of pre-certification dispositive motions argue that these preliminary steps help promote the objectives of class action litigation, namely they help reduce inefficiencies and prevent wasting resources.[47] Moreover, advocates for pre-certification dispositive motions also advance the position that these procedural steps improve cost-effectiveness by providing a forum to test cases before expending significant time and resources preparing for a certification hearing.[48]

Those who advocate for no dispositive motions before certification argue that allowing these types of motions will militate against achieving the objectives of class action proceedings. Critics of pre-certification motions raise concerns about limiting access to justice for plaintiffs by providing defendants an additional way to dispose of claims early in proceedings before assessing a case on its merits.[49] Moreover, the rise of pre-certification motions also creates additional delays and increased costs for all parties by protracting proceedings.[50]

With these positions in mind, we now proceed to the current state of the law around pre-certification dispositive motions in Ontario, British Columbia, and Alberta.

V– RECENT DEVELOPMENTS WITH PRE-CERTIFICATION DISPOSITIVE MOTIONS

A. Ontario

On July 8, 2020, the Ontario government enacted significant changes to the *Class Proceedings Act, 1992*, when the Lieutenant Governor gave Royal Assent to Bill 161, *The Smarter and Stronger Justice Act, 2020*.[51] The amendments were intended to make Ontario's class actions regime more efficient and to balance rights between plaintiffs and defendants effectively. One such amendment, which will be discussed in detail later, is the addition of section 4.1. This

---

47. Mulligan, *supra* note 18 at 106; *Player v. Janssen-Ortho Inc.*, 2014 BCSC 1122 at para. 181.
48. Sarazin, *supra* note 18 at 59; *Attis v. Canada (Minister of Health)*, [2005] OJ No 1337, 75 O.R. (3d) 302 at para. 9.
49. Mulligan, *supra* note 18 at 108; *Singh, supra* note 35 at para. 41.
50. Mulligan, *supra* note 18 at 109; *Watson, supra* note 43 para. 23.
51. *Class Proceedings Act, 1992*, S.O. 1992, c. 6; Bill 161, *Smarter and Stronger Justice Act, 2020*, 1st Sess., 42 Parliament, 2020 (assented 08 July 2020).

section reverses the presumption that a certification motion is the first substantive motion to be heard in a class proceeding. Section 4.1 states:

> 4.1 If, before the hearing of the motion for certification, a motion is made under the rules of court that may dispose of the proceeding in whole or in part, or narrow the issues to be determined or the evidence to be adduced in the proceeding, that motion shall be heard and disposed of before the motion for certification, unless the court orders that the two motions be heard together.[52]

Before the section 4.1 amendment, the leading case to determine whether a motion should be heard before the certification motion was *Cannon v. Funds for Canada Foundation*[53] (*"Cannon"*). In *Cannon*, the Court set out the following non-exhaustive list of factors that should be considered when a court is deciding whether to use its discretion to allow another motion to proceed in advance of the certification motion:

> a) whether the motion will dispose of the entire proceeding or will substantially narrow the issues to be determined;
>
> b) the likelihood of delays and costs associated with the motion;
>
> (c) whether the outcome of the motion will promote settlement;
>
> (d) whether the motion could give rise to interlocutory appeals and delays that would affect certification;
>
> (e) the interests of economy and judicial efficiency; and
>
> (f) generally, whether scheduling the motion in advance of certification would promote the "fair and efficient determination" of the proceeding.[54]

These factors are still relevant in determining whether pre-certification motions should be heard in proceedings commenced before October 1, 2020.

---

52. *Ibid.*, s. 4.1.
53. *Cannon v. Funds for Canada Foundation*, 2010 ONSC 146.
54. *Ibid.* at para. 15.

The section 4.1 amendment only applies to class actions commenced after October 1, 2020. The two cases decided under section 4.1 so far confirm that defendants now have a presumptive right to have certain motions heard before a certification motion.

In *Dufault* v. *Toronto Dominion Bank*,[55] the first case in Ontario interpreting section 4.1, the defendant bank filed a motion for summary judgment and requested that the summary judgment motion be heard before the plaintiff's certification motion. The plaintiff argued that the two motions should be heard together. Justice Belobaba found that, under section 4.1, "if a pre-certification motion can arguably dispose of the proceeding in whole or in part, or can narrow the issues or the evidence, the motion *must* be heard before certification, *unless* the court orders that the two motions be heard together".[56] In other words, section 4.1 gives defendants a presumptive right to have certain motions heard before a certification motion. That presumption can be displaced if the court is persuaded that there is an overarching and good reason for the two motions to be heard together. Justice Belobaba described what he considered to be two good reasons for denying a defendant's request for a pre-certification motion as follows:

(i) the defendant's motion does not raise any genuinely arguable issues that can dispose of all or part of the litigation and appears to be a delay tactic; or

(ii) the defendant's motion does raise genuinely arguable issues that can narrow or dispose of all or part of the litigation but the existing or proposed dates for the certification motion and the summary judgment motion are sufficiently close that it makes sense to hear the two motions together.[57]

Ultimately, Justice Belobaba granted the defendant's motion to schedule a pre-certification summary judgment motion because it could narrow or dispose of all or part of the litigation. Justice Belobaba also noted that if a certification record had already been filed and the certification motion was scheduled to be heard only a few months later, he would have ordered that the motions be heard together.

---

55. *Dufault* v. *Toronto Dominion Bank*, 2021 ONSC 6223.
56. *Ibid.* at para. 6.
57. *Ibid.* at para. 10.

In *Davis v. Desjardins Financial Services Firm Inc.*[58] ("*Davis*"), the defendants brought a sequencing motion, requesting that their proposed summary judgment motion be heard before the certification motion. Justice Shaw agreed with Justice Belobaba's interpretation of section 4.1. The plaintiff argued that section 4.1 only applies if a "motion is made under the rules".[59] Since the defendants had not yet filed or served a summary judgment motion record, the plaintiff argued that a motion had not yet "been made" and, therefore, section 4.1 did not apply.[60] Justice Shaw rejected this argument as the plaintiff had been made aware shortly after the service of his certification motion that the defendants would be bringing a summary judgment motion, and that the first issue the court would have to address was the timing of the motions. Justice Shaw also noted that the plaintiff had not opposed the motion hearing for direction on the sequencing of the motions because a summary judgment motion had not been made. Based on these circumstances, Justice Shaw found that the summary judgment motion was not being used to delay the litigation. Instead, it was aimed at engaging the merits of the litigation at an early stage, which may have the benefit of narrowing the size of the putative class and/or resolving or narrowing issues to be determined as part of the class action. Justice Shaw cautioned that his approach was not meant to promote that a summary judgment motion should not be served before the sequencing motion in all cases. Instead, the circumstances in *Davis* justified hearing the summary judgment motion before certification despite a motion record not being filed or served.

The enactment of section 4.1 marks a stark departure from the prior approach to the sequencing of class action motions in Ontario. This prior approach often resulted in courts refusing to permit such motions to be heard before certification. The *Dufault* and *Davis* decisions confirmed a legislative presumption favouring pre-certification motions. They also signalled an emphasis on greater efficiency and judicial economy with Ontario's class proceedings regime by encouraging the use of pre-certification motions to dispose of unmeritorious claims more expeditiously or to narrow the issues before the hearing of the certification motion. This may mean that plaintiffs will more closely consider the merits and prospects of recovery when deciding whether to pursue a proposed class proceeding in Ontario.

---

58. *Davis v. Desjardins Financial Services Firm Inc.*, 2022 ONSC 2016.
59. *Ibid.* at para. 33.
60. *Ibid.*

B. British Columbia

Cases in British Columbia historically have affirmed that the certification motion is the first step in a class action proceeding. Courts in British Columbia confirmed that the general rule was that the certification motion "ought to be the first procedural matter to be heard and determined in an intended class proceeding".[61] Pre-certification motions were typically only permitted in exceptional circumstances or in the event of a compelling reason such that the motion should be heard.[62] Some examples where it might have been appropriate to hold a pre-certification hearing included where it would further judicial efficiency, help address the objectives of class action proceedings or dispose of the litigation entirely.[63]

Similar to Ontario, British Columbia has also shifted away from the presumption that the certification motion should be addressed first. Rather than a legislative amendment, this change was prompted by the Court of Appeal's inaugural decision on class action sequencing in the case of *British Columbia v. The Jean Coutu Group (PJC) Inc*[64] (*"Jean Coutu"*). In *Jean Coutu*, a unanimous Court "reject[ed] the proposition that there is presumption that the certification motion ought to be the first procedural matter to be heard".[65] The Court also stated that previous cases supporting this approach were "wrongly decided and should not be followed".[66] Rather, the Court held:

> Each sequencing application must be determined in the context of the particular case before the court and the court's discretion ought to be exercised in a manner that facilitates and achieves judicial efficiency and the timely resolution of the dispute. The factors summarized in *Shaver* [v. *Mallinckrodt Canada ULC*] properly arm judges to determine such applications.[67]

---

61. *Kwicksutaineuk*, *supra* note 22 at para. 59.
62. *Ibid.* at paras. 60-61.
63. *Ibid.* at paras. 48-50.
64. *British Columbia v. The Jean Coutu Group (PJC) Inc.*, 2021 BCCA 219.
65. *Ibid.* at para. 37.
66. *Ibid.*
67. *Ibid.*

In *Shaver v. Mallinckrodt Canada ULC*,[68] Justice Mathews summarized the factors that must be considered by courts in British Columbia when they consider sequencing motions. Those factors are:

a) any delay by the plaintiff in proceeding to certification;

b) the extent to which a preliminary application may dispose of the whole proceeding or narrow the issues to be determined, taking into account the strength of the applicant's arguments on the proposed applications and the breadth of the applications;

c) the cost to the parties of participating in pre-certification procedures and the potential to avoid exposing the defendants to costs of a full certification hearing if the matter will be resolved on the basis of the s. 4(1)(a) requirement alone;

d) the potential for delay arising from interlocutory appeals;

e) the complexity and interplay of the issues that may arise in and between the pre-certification and certification applications;

f) whether the outcome of the motion will promote settlement;

g) the interests of economy and judicial efficiency (including whether the parties agree the motion will be determinative of the s.4(1)(a) aspect of the certification motion); and

h) the fair and efficient determination of the proceeding.[69]

After considering these factors, the Court in *Jean Coutu* allowed two defendants to proceed with their pre-certification jurisdictional challenges. By doing so, the Court recognized that if the foundational question of jurisdiction simpliciter was not considered at an early stage, then the defendants would be prejudiced, as they would have to remain involved in costly, lengthy, and complex litigation without having that foundational issue considered at the outset. The British Columbia Supreme Court has upheld *Jean Coutu*'s approach to determining sequencing motions. The following is a summary of sequencing motions decided after *Jean Coutu*:

---

68. Shaver, supra note 15.
69. *Shaver, supra* note 15 at para. 10.

- In *Elsser* v. *University of Victoria*,[70] the defendant applied to have the plaintiff's action dismissed, arguing that it was statutorily barred. The Court granted the defendant's application, noting that if the plaintiff's claim is statutorily barred, it would be unfair to put the defendant to the time, expense, and burden of a lengthy certification hearing.

- In *Tanchak* v. *British Columbia*,[71] the three defendants argued that their applications to strike or stay the action as an abuse of process should be heard before the certification hearing. The Court held that the applications were to be heard before the certification hearing, considering that: (i) there was a three-year delay by the plaintiff in proceeding to certification; (ii) if applications were successful, then the entire action would be stayed; and, (iii) the applications would not cause significant delay as the parties would not be ready to proceed to a certification hearing for a considerable period.

- In *Davis* v. *Vancouver Police Department*,[72] another sequencing motion, the defendants applied to have their applications for summary judgment, dismissing the plaintiff's claim against them, heard before the certification hearing. Although there was no delay on the plaintiff's part in proceeding to certification, the defendants' application was granted because the Court found that the summary judgment motions would eliminate or substantially streamline the certification hearing, could be brought promptly, and involved little evidence.

- In *Wesley* v. *British Columbia*,[73] the Court denied the defendant's application to have its summary judgment motion heard before certification even though it found that the motion would streamline issues for the certification hearing. In *Wesley*, both parties took the position that if the summary judgment motion was not in their favour, they would appeal. The Court noted that this was the most significant factor it considered on the sequencing motion as an inevitable appeal would cause considerable delay.

---

70. *Elsser* v. *University of Victoria*, 2021 BCSC 1579.
71. *Tanchak* v. *British Columbia*, 2023 BCSC 1482.
72. *Davis* v. *Vancouver (Police Department)*, 2023 BCSC 1018.
73. *Wesley* v. *British Columbia*, 2022 BCSC 303.

- In *Aura Ventures Corp.* v. *Vancouver (City)*,[74] the Court granted the defendant's application to bring a summary trial on a discrete issue, the adjudication of which would significantly narrow the issues for trial, if not dispose of them completely, and would promote settlement.

In summary, British Columbia has demonstrated a clear departure from the earlier norm of addressing certification motions first, due to the decision in Jean Coutu. Through this decision, the emphasis has shifted towards viewing each sequencing application in its unique context, prioritizing judicial efficiency and expeditious resolution. The guidelines set in the *Shaver* case offer courts a comprehensive framework to make such determinations. Subsequent cases post-*Jean Coutu* further exemplify the practical application and interpretation of these factors, reflecting a more flexible, case-specific approach to sequencing motions that weighs fairness, efficiency, and the particular circumstances of each dispute.

C. Alberta

In Alberta, the case management judge retains the discretion to determine the appropriate sequence and timing of applications to ensure the just and timely determination of procedures and fairness between the parties.[75] As summarized in *Carlson* v. *Transalta Corporation*[76] ("*Carlson*"), courts in Alberta will consider the following non-exhaustive list of factors:

- whether the pre-certification motion is likely to be successful;

- whether the pre-certification motion would encourage settlement, substantially narrow the issues, or dispose of the entire claim;

- whether there may be "stigmatization" of the defendant if the claim continues;

- whether a pre-certification motion would address matters that will be considered at certification;

---

74. *Aura Ventures Corp.* v. *Vancouver (City)*, 2021 BCSC 1568.
75. *Stewart* v. *Enterprise Universal Inc.*, 2010 ABQB 259 at para. 30.
76. *Carlson, supra* note 45.

- whether there is a high likelihood of appeal on the pre-certification motion;

- whether the pre-certification motion will be expensive; and

- whether the pre-certification motion will cause a delay.[77]

In *Carlson*, the Alberta Court of Queen's Bench declined to hear the defendant's application to strike before certification.[78] Key factors that influenced the decision were that the Court was not convinced there was a good prospect of a successful application to strike, there was a likelihood of an appeal from a successful pre-certification application to strike, and the application would not promote settlement or narrow the issues on certification.[79]

A recent decision, *Perez-Nana* v. *Cargill Limited* ("*Perez*"),[80] exemplifies this. In *Perez*, the plaintiff and putative class alleged the defendant had been negligent in handling the COVID-19 pandemic, which resulted in the plaintiffs' COVID-19 infections. The defendant brought an application to have the claim or portions thereof struck because it owed no duty of care to the plaintiffs before the certification application. The Court dismissed the defendant's application and directed that the motion be heard concurrently with the certification motion. This decision was based on several considerations:

- **Overlap**: the potential for conflicting outcomes on similar issues and the efficiency of hearing these issues simultaneously;

- **Delay**: the potential setbacks in litigation due to a pre-certification motion, including possible appeals;

- **Efficiency**: benefits such as removing certain parties, narrowing issues, reducing the amount of evidence, or encouraging settlement; and

- **Costs**: the financial burden of arguing both the pre-certification and certification motions.

---

77. *Ibid.* at paras. 9-10.
78. *Ibid.* at para. 6.
79. *Ibid.* at paras. 18-21.
80. *Perez-Nana* v. *Cargill Limited*, 2022 ABQB 283.

A primary factor driving the Court's decision was its inability to adequately assess whether there was sufficient proximity between the putative class and the defendant, as such evidence would not be filed on the motion to strike but instead on the certification motion. Further, the Court stated that if the motion to strike was not entirely successful, then the potential efficiencies were limited and "outweighed by the risk of repeating the process again at the certification hearing, possibly impacted by decisions made on the striking motion when no evidence was yet available to the Court".[81]

Overall, Alberta retains a discretionary approach in determining the sequencing of certification and pre-certification motions. Central to these determinations is the overarching goal to prevent unnecessary delays, avoid duplicative procedures, and ensure just outcomes, especially when the pre-certification motions entail complex issues that overlap with the main certification motion. These factors are virtually identical to the ones courts in British Columbia consider when determining sequencing motions.

CONCLUSION AND COMMENTARY

Defendants in Ontario now have a presumptive right to bring a pre-certification motion if the action was commenced after October 1, 2020. That presumption can be displaced if the court is persuaded that there is an overarching and good reason for the two motions to be heard together. Defendants in British Columbia are no longer subject to the presumption that the certification motion should be addressed first. Instead, courts will consider various factors emphasizing judicial efficiency and fairness to determine whether a pre-certification motion should be ordered. Alberta's legislation and courts have not yet weighed in on whether a defendant has a presumptive right to hear a pre-certification motion. However, judges retain significant judicial discretion to determine whether pre-certification motions should be heard. Like British Columbia, judges exercise such discretion by considering factors that focus on judicial economy and access to justice.

Further, the implications for defendants contemplating a pre-certification motion in Ontario, British Columbia, and Alberta are significant and differ across each jurisdiction:

---

81. *Ibid.* at para. 16.

- **Ontario**: With a presumptive right in place, defendants have an initial advantage in Ontario. They can anticipate that their pre-certification motion will likely be heard before a certification motion. However, this advantage is not absolute. If plaintiffs provide compelling reasons demonstrating the inefficiency or unfairness of separating the two motions, the court may decide to hear them concurrently. This means that while a defendant may have a preliminary procedural advantage, they must also be prepared to counter arguments made by plaintiffs seeking to overturn the presumption.

- **British Columbia**: British Columbia has transitioned from an established sequence to a more flexible model, which reviews each case on its merits. This means a defendant has no procedural advantage or disadvantage from the outset. Instead, the outcome depends on the court's judicial efficiency and fairness assessment. Defendants must be adept at presenting arguments that align with these factors to ensure their pre-certification motion is heard separately. They must build a strong case around the idea that hearing the pre-certification motion first would be the most efficient and fair course of action.

- **Alberta**: While there's no inherent presumptive right for the defendant to bring a pre-certification motion in Alberta, the emphasis on judicial economy and access to justice, akin to British Columbia, offers a roadmap. Defendants must tailor their arguments to highlight how hearing their pre-certification motion either separately or together with the certification motion serves the best interests of justice and efficiency.

In summary, while Ontario offers defendants a more predictable initial stance, British Columbia and Alberta require a more nuanced approach, with a focus on the broader goals of the justice system. Defendants must understand the unique landscape of each province and strategically position their pre-certification motions in alignment with the guiding principles of that jurisdiction.

The Realities of "Reliance": Understanding Its Role in U.S. and Canadian Securities Class Actions

Emilie B. Kokmanian[*], Caroline Larouche[**], Michael Miarmi[***] and Jonathan S. Carter[****]

Summary... 161

Introduction... 163

I– Reliance under U.S. Law 163

    A. General Framework 163

    B. The *Basics* of Reliance in Rule 10b-5 Cases....... 165

    C. The Role of "Price Impact" in Fraud-on-the-Market Cases 168

    D. *Goldman*: "Generic" Misrepresentations and the "Mismatch" Question 171

        1. Case background 171

---

[*] Emilie B. Kokmanian, Scott+Scott Attorneys at Law LLP.
[**] Caroline Larouche, Norton Rose Fulbright.
[***] Michael Miarmi, Lieff Cabraser Heimann & Bernstein.
[****] Jonathan S. Carter, Sullivan & Cromwell.

2. Initial Interlocutory Appeals Before the Second Circuit. 173

3. The U.S. Supreme Court's 2021 Decision: Defining the "Mismatch" 174

4. The Second Circuit's 2023 Decision: "Mismatch" Revisited 175

5. Perspectives on *Goldman IV* from Opposite Sides of the "V" 177

   a) A Plaintiff Lawyer's View (by Michael Miarmi): The Second Circuit applied an overly restrictive approach to assessing price impact, but in any event its decision is of limited scope. 177

   b) A Defence Lawyer's View (by Jonathan Carter): The Second Circuit's decision demonstrates that the price-impact defence has teeth. 180

II– Reliance under Canadian Law 182

   A. Reliance in the Context of Statutory Claims: A Well-Established Principle. 183

      1. Statutory Regimes and the Presumption of Reliance 183

      2. Underlying Historical and Policy Reasons 185

   B. Reliance in the Context of Common or Civil Law Claims: A Much More Contested Topic 186

      1. Common Law Jurisdictions: Rejection of the Fraud-on-the-Market Theory 186

      2. Civil Law Jurisdiction: Uncharted Territory . . . 189

         a) Perspectives on *VW* from Opposite Sides of the "V" 192

        i)   A Plaintiff Lawyer's View (by Emilie B. Kokmanian): Per *VW*'s holding, strict proof of reliance is not necessary. 192

        ii)   A Defence Lawyer's View (by Caroline Larouche): The *VW* holding is undermined by the SCC's decision in *Theratechnologies* 192

   b) Recent Trend and Development in Quebec-Based Securities Litigation 193

Conclusion 198

SUMMARY

Plaintiffs in securities class actions generally must establish reliance on an alleged misstatement or omission of material fact in order to meet their burden of proof. While reliance is not an element of some causes of action under U.S. securities law, others alleviate the burden of demonstrating reliance by providing for a rebuttable presumption so long as (among other things) the securities in question traded in an "efficient" market. Interestingly, this very same rebuttable presumption was rejected in Canadian common law jurisdictions and has yet to be fully adjudicated on in Quebec.

This article provides a general overview of how the concept of reliance is applied under U.S. and Canadian law, specifically in the context of securities class actions. It also briefly discusses the notion of reliance under Canadian common law before diving into civil law and whether reliance is, in fact, a necessary element of extracontractual liability under article 1457 of the *Civil Code of Quebec*.

INTRODUCTION

In the complex world of securities class actions, the concept of reliance is often presented as a pivotal element in determining the validity of a claim against alleged wrongdoers. Although courts across North America have adopted distinct approaches to the role of reliance in class actions—some having yet to render a clearly defined rule or standard on the issue—one similarity emerges: the question of reliance is a point of contention among plaintiffs and defendants.

The sections below provide an overview of how reliance is applied under U.S. and Canadian law, thereby unveiling the nuances, similarities and disparities between the respective jurisdictions. It also provides plaintiffs' and defendants' perspectives on recent trends and decisions. Specifically, Section II focuses on U.S. federal securities law and discusses the rebuttable presumption of reliance arising from the "fraud-on-the-market" theory as well as the role of the "price impact" defence. Section III ventures north of the border and discusses the different ways in which reliance is treated under Canadian securities laws (which apply a presumption of reliance), in common law jurisdictions (which require proof of actual reliance), and finally, in Quebec, a civil law jurisdiction (where recent trends indicate that reliance must be pleaded and proven, while recognizing the availability of inferences and presumptions to assist plaintiffs in meeting this burden).

I– RELIANCE UNDER U.S. LAW

A. General Framework

In the United States, federal securities law is principally governed by two statutes enacted by the U.S. Congress nearly a century ago:

- The Securities Act of 1933, which "require[s] that investors receive financial and other significant information concerning securities being offered for public sale" and "prohibit[s] deceit, misrepresentations, and other fraud in the sale of securities"; and

- The Securities Exchange Act of 1934, which created the Securities and Exchange Commission (SEC), imbuing it with "broad authority over all aspects of the securities industry", and which "identifies and prohibits certain types of conduct in the markets".[1]

Under the Securities Act of 1933, private plaintiffs often bring claims in connection with the public offering of securities, typically asserting violations of Section 11 of the Securities Act, which generally prohibits misstatements or omissions in "registration statements", or Section 12(a)(2), which generally prohibits misrepresentations in "prospectuses and oral communications".[2] But "reliance" is not an element of a Section 11 or Section 12(a)(2) claim.[3] Accordingly, securities claims under Sections 11 and 12(a)(2) of the Securities Act are not the focus of this article.

Instead, this article focuses on the most prominent cause of action under the U.S. federal securities laws: securities fraud claims arising from Section 10(b) of the Securities Exchange Act of 1934 (15 U.S.C. § 78j(b)). While Section 10(b) does not expressly provide a private right of action, the U.S. Supreme Court has "long recognized an implied private cause of action to enforce the provision and its implementing regulation", i.e., Rule 10b-5 promulgated by the SEC.[4] The Rule's most commonly litigated provision—subsection (b)—prohibits "mak[ing] any untrue statement of a material fact" or "omit[ting] to state a material fact necessary in order to make the statements made, in the light of the circumstances under which they were made, not misleading".[5] To prevail on this claim, a plaintiff must prove

---
1. U.S. Securities & Exchange Comm'n, *The Laws that Govern the Securities Industry* (Oct. 2013), available at https://www.sec.gov/about/about-securities-laws. Unless otherwise indicated, all internal citations and quotation marks have been omitted from this article, and all emphasis is added.
2. See, e.g., *City of Pontiac Policemen's & Firemen's Ret. Sys.* v. *UBS AG*, 752 F.3d 173, 182 (2d Cir. 2014). For convenience, this article often uses "misrepresentation" to refer to misstatements or omissions.
3. *Ibid.*
4. *Halliburton Co.* v. *Erica P. John Fund, Inc.*, 573 U.S. 258, 267 (2014) [**Halliburton II**].
5. 17 C.F.R. § 240.10b-5(b).

(1) the defendant made a misrepresentation or omission of a *material* fact—i.e., where there is "a substantial likelihood that the disclosure of the omitted fact would have been viewed by the reasonable investor as having significantly altered the 'total mix' of information made available";[6] (2) scienter, i.e., the defendant's knowledge or reckless disregard that the statement was false or misleading when made; (3) the misrepresentation was in connection with the purchase or sale of a security; (4) the plaintiff relied on the misrepresentation (also referred to as "transaction causation"); (5) the plaintiff suffered economic loss; and (6) the misrepresentation caused the loss ("loss causation"). The crux of most Rule 10b-5 cases is that a defendant's alleged *misrepresentations* artificially inflated the price of the company's stock and caused losses to investors when facts undermining those misrepresentations were ultimately revealed to the market, resulting in the dissipation of the artificial inflation and thus lowering the stock price.

The reliance element "ensures that there is a proper connection between a defendant's misrepresentation and a plaintiff's injury".[7] It is thus perhaps unsurprising that while a substantial body of case law has developed with respect to each of the Rule 10b-5 elements, reliance has garnered particular attention among courts and commentators over the past decade.[8]

B. The *Basics* of Reliance in Rule 10b-5 Cases

"The traditional (and most direct) way" to demonstrate reliance is by showing the plaintiff "was aware of a company's statement and engaged in a relevant transaction—e.g., purchasing common stock—based on that specific misrepresentation".[9] But recognizing the realities of modern securities markets, the U.S. Supreme Court determined that to require such a direct showing "would place an

---

6. *Basic Inc.* v. *Levinson*, 485 U.S. 224, 231-32 (1988) [**Basic**].
7. *Halliburton II, supra* note 4 at 267.
8. In addition to federal securities laws, each U.S. state (as well as the District of Columbia) has enacted "blue-sky" laws to regulate the sale and purchase of securities. While state laws often involve causes of action analogous to federal securities laws, these statutes vary considerably by state. Further, in 1998, the U.S. Congress enacted the Securities Litigation Uniform Standards Act (SLUSA), which generally prohibits plaintiffs alleging fraud "in the connection with the purchase or sale of a covered security" from pursuing a class action based on state law. See *Merrill Lynch, Pierce, Fenner & Smith, Inc.* v. *Dabit*, 547 U.S. 71 (2006).
9. *Halliburton II, supra* note 4 at 267.

unnecessarily unrealistic evidentiary burden on the Rule 10b-5 plaintiff who has traded on an impersonal market".[10] Specifically, "even assuming an investor could prove that he was aware of the misrepresentation, he would still have to show a speculative state of facts, i.e., how he would have acted . . . if the misrepresentation had not been made".[11] Doing so would also render it virtually impossible to pursue securities *class* cases, because "[i]f every plaintiff had to prove direct reliance on the defendant's misrepresentation, 'individual issues then would . . . overwhelm[ ] the common ones,' making certification under Rule 23(b)(3) [of the Federal Rules of Civil Procedure] inappropriate".[12] Thus, "[a]lthough fraud on the market is a substantive doctrine of federal securities-fraud law that can be invoked by any Rule 10b-5 plaintiff, the doctrine has particular significance in securities-fraud class actions".[13]

Addressing this issue in its seminal ruling in *Basic Inc.* v. *Levinson* more than 35 years ago, the U.S. Supreme Court endorsed a rebuttable presumption of reliance arising from the "fraud-on-the-market" theory, which posits "the market price of shares traded on well-developed markets reflects all publicly available information, and hence, any material misrepresentations".[14] Under the *Basic* presumption, "the typical 'investor who buys or sells stock at the price set by the market does so in reliance on the integrity of that price'— the belief that it reflects all public, material information".[15] As a result, "whenever the investor buys or sells stock at the market price, his 'reliance on any public misrepresentations . . . may be presumed for purposes of a Rule 10b-5 action.'".[16]

To avail itself of the presumption, a plaintiff must demonstrate (1) "the alleged misrepresentations were publicly known"; (2) they were material; (3) the security traded in an "efficient"—open and developed—market; and (4) plaintiff traded the security "between the time the misrepresentations were made and when the truth was revealed".[17] In class cases, plaintiffs must demonstrate the presumption's applicability at both the class certification stage and at trial;

---

10. *Basic, supra* note 6 at 245.
11. *Halliburton II, supra* note 4 at 267 (ellipsis in original).
12. *Ibid.* at 268 (ellipsis and second alteration in original).
13. *Amgen Inc.* v. *Conn. Ret. Plans & Tr. Funds*, 568 U.S. 455, 462 (2013) [**Amgen**].
14. *Basic, supra* note 6 at 246.
15. *Halliburton II, supra* note 4 at 268 (quoting *Basic, supra* note 6 at 247).
16. *Ibid.* (quoting *Basic, supra* note 6 at 247).
17. *Ibid.*

however, as further discussed below, the standards for what plaintiffs must establish at the respective stages differ.

Perhaps the most significant difference is that in pursuing class certification, plaintiffs need not prove the alleged misrepresentations are material, which otherwise can be a hotly contested issue at trial. The class certification inquiry under Rule 23 of the Federal Rules of Civil Procedure focuses on whether issues common to class members "predominate" over individual ones; whether a statement is material—an objective, "reasonable investor" standard—does not differ among class members.[18] Plaintiffs must therefore only *plausibly allege* materiality to satisfy their burden at class certification, whereas at trial they will need to prove materiality by a preponderance of the evidence.

As a result, until the past few years, disputes over whether the presumption applies at the class certification stage often focused solely on whether plaintiffs could establish that the market for the subject security was "efficient". Courts have considered numerous factors in evaluating market efficiency, including (1) the stock's average weekly trading volume during the class period; (2) the number of securities analysts who followed and reported on the stock; (3) the presence of "market makers" and arbitrageurs, who react quickly to disclosures regarding the company and impact the stock price in doing so; (4) whether the company was eligible to file a Form S-3 "short-form" statement for registering securities, which applies mainly to corporations whose stock is actively traded and widely followed; (5) whether a causal relationship exists between new company-related disclosures and the stock price reaction; (6) the company's market capitalization; (7) the "bid-ask spread"—the difference between the price investors will pay for the stock and the price at which shareholders will sell it; and (8) the "float", or percentage of shares not owned by company executives or other insiders.[19] These factors are neither exhaustive nor required, and courts retain considerable discretion in determining how to assess market efficiency.

Parties typically address market efficiency through expert analysis based on "event studies" attempting to show the reaction

---

18. *Amgen, supra* note 13 at 467-70.
19. See, e.g., *Cammer v. Bloom*, 711 F. Supp. 1264, 1285-87 (D.N.J. 1989); *Krogman v. Sterritt*, 202 F.R.D. 467, 477-78 (N.D. Tex. 2001). While we refer here to stock, the market efficiency analysis can also apply to other securities.

(or lack thereof) of the company's stock price to the disclosure of new, company-specific information to the market. A court must then resolve the "battle of the experts" to determine whether the plaintiff has sufficiently demonstrated market efficiency to invoke the presumption of reliance. While the inquiry often involves sophisticated analyses, the process is straightforward, with a well-developed body of case law to assist courts in rendering their decisions.

This relatively settled landscape was altered by the U.S. Supreme Court's 2014 decision in *Halliburton II*. While reaffirming the *Basic* presumption, the Court laid the groundwork for increased battles over "price impact"—i.e., "whether the alleged misrepresentations affected the market price in the first place"[20]—at the class certification stage.

C. The Role of "Price Impact" in Fraud-on-the-Market Cases

To understand the significance of price impact in Rule 10b-5 cases, it is important to return to the first principles of the *Basic* presumption. Specifically, it can be rebutted by "[a]ny showing that severs the link between the alleged misrepresentation and either the price received (or paid) by the plaintiff, or his decision to trade at a fair market price".[21] As the U.S. Supreme Court has explained, "if a defendant could show that the alleged misrepresentation did not, for whatever reason, actually affect the market price, or that a plaintiff would have bought or sold the stock even had he been aware that the stock's price was tainted by fraud, then the presumption of reliance would not apply".[22] In such cases, the plaintiff "would have to prove that he directly relied on the defendant's misrepresentation in buying or selling the stock"[23]—which, as noted above, would be anathema to class certification, as the reliance inquiry would then be specific to each class member.

While it was widely accepted before *Halliburton II* that defendants could attempt to rebut the *Basic* presumption at trial or in seeking summary judgment (pretrial dismissal of cases where there is no genuine dispute of material fact based on the evidence adduced

---

20. *Erica P. John Fund, Inc.* v. *Halliburton Co.*, 563 U.S. 804, 814 (2011) [**Halliburton I**].
21. *Basic*, *supra* note 6 at 248.
22. *Halliburton II*, *supra* note 4 at 270.
23. *Ibid.*

before trial), parties disagreed about whether that debate could happen at the class certification stage. The timing question was significant, as certification of a class raises the case's financial stakes—the asserted damages of all class members officially become included as part of the claims—and can put additional pressure on defendants to settle. The U.S. Supreme Court resolved this question, holding that because courts already could consider "indirect evidence" of price impact in evaluating market efficiency as part of the class certification inquiry, it made sense to likewise "allow[] consideration of direct evidence" of price impact.[24] In practice, this means, for example, that in opposing class certification a defendant could attempt to demonstrate the stock price did not increase in response to an alleged misrepresentation—or, as more relevant to the present discussion, any artificial inflation in the stock price was not *maintained* by the misrepresentation.

"Inflation maintenance", in the securities law context, means that "[i]f a company knowingly makes materially false representations with the purpose and effect of preventing the stock price from falling to the level that the truth would yield, the company is responsible for perpetuating inflation within the stock price".[25] As the Eleventh Circuit Court of Appeals has explained:

> Inflation creates an ongoing risk of harm. Every investor who purchases at an inflated price—whether at the beginning, middle, or end of the inflationary period—is at risk of losing the inflationary component of his investment when the truth underlying the misrepresentation comes to light. . . . When the truth underlying the falsehood is finally revealed, . . . the market will digest the new information and cease attributing the artificial inflation to the price. At that time, investors who purchased at inflated prices (and who still hold their stock) will suffer economic loss, because they will no longer be able to recoup the inflationary component of their purchase price by reselling their stock in the newly calibrated marketplace.[26]

While straightforward in concept, inflation-maintenance cases raise complexities regarding both the standard for demonstrating

---

24. *Ibid.* at 283.
25. *FindWhat Inv. Grp.* v. *FindWhat.com*, 658 F.3d 1282, 1315 (11th Cir. 2011) [**FindWhat**].
26. *Ibid.*

lack of price impact and the evidence used to do so. For one thing, those cases highlight the conceptual and evidentiary overlap between price impact and two Rule 10b-5 prerequisites—materiality and loss causation—that pose thorny issues for lower courts attempting to faithfully apply U.S. Supreme Court precedent regarding what can and cannot be resolved at class certification.

The U.S. Supreme Court has directed, for example, that the question whether an alleged misrepresentation was material *must not* be resolved at class certification.[27] So, too, with respect to loss causation.[28] But those prohibitions tend to dissipate in practice, particularly in inflation-maintenance cases, where "[p]laintiffs typically try to prove the amount of inflation indirectly: They point to a negative disclosure about a company and an associated drop in its stock price; allege that the disclosure corrected an earlier misrepresentation; and then claim that the price drop is equal to the amount of inflation maintained by the earlier misrepresentation".[29] The same evidence used to demonstrate a lack of price impact in such cases likewise bears on materiality and loss causation. As one district judge aptly put it: "At the heart of this confusing area of the case law is the fact that all three concepts addressed—loss causation, materiality, and price impact—are, in essence, slightly different takes on the same fundamental question: Did a statement matter?"[30] Attempting to successfully navigate these murky waters, the Seventh Circuit Court of Appeals (in an opinion later cited approvingly by the U.S. Supreme Court) reasoned:

> A district court deciding whether the *Basic* presumption applies must consciously avoid deciding materiality and loss causation . . . At the same time, a district court must be willing to consider evidence offered by the defense to show that the alleged misrepresentations did not actually affect the price of the securities . . . And yes, the same evidence is likely to have obvious implications for the off-limits merits issues of materiality and loss causation. *Halliburton II* teaches, however, that a district court may not use the overlap to refuse to consider the

---

27. *Amgen, supra* note 13 at 469-70.
28. *Halliburton I, supra* note 20 at 811-15.
29. *Goldman Sachs Grp., Inc.* v. *Ark. Tchr. Ret. Sys.*, 594 U.S., 141 S. Ct. 1951, 1961 (2021) [**Goldman III**].
30. *Grae* v. *Corrections Corp. of America*, 330 F.R.D. 481, 498 (M.D. Tenn. 2019).

evidence. The court must still consider the evidence as relevant to price impact . . . .[31]

Questions regarding price impact can also prove nettlesome in cases involving alleged misrepresentations that do not explicitly reference particular corporate events, actions, or financial results, but rather address broader or more general corporate policies, objectives, or activities. How to evaluate the potential price impact of such "generic" statements has become a salient issue in U.S. securities law in recent years.

D. *Goldman*: "Generic" Misrepresentations and the "Mismatch" Question

Perhaps the best illustration of the recent challenges courts have faced in assessing the "price impact" defence to the presumption of class-wide reliance is the long-running saga of *Arkansas Teacher Retirement System v. Goldman Sachs Group, Inc.*[32]—likely the most closely watched U.S. securities class action since *Halliburton*. The case has bounced around the federal courts for 13 years, reaching all the way to the U.S. Supreme Court and becoming only the second case in history in which a federal appeals court has granted interlocutory review of a class certification order under Federal Rule of Civil Procedure 23(f) three times.

1. *Case background*

Plaintiffs' Allegations. The case began back in 2010, when a group of shareholder plaintiffs filed suit alleging that, between 2006 and 2010, defendant Goldman Sachs and several of its former executives maintained an artificially inflated stock price by making "misleading statements" about (i) general business practices; and (ii) conflicts of interest. The suit challenged statements such as:

- "Integrity and honesty are at the heart of our business";

---

31. *In re Allstate Corp. Sec. Litig.*, 966 F.3d 595, 608 (7th Cir. 2020); see also *Goldman III, supra* note 29 at 1960 ("In assessing price impact at class certification, courts 'should be open to *all* probative evidence on that question—qualitative as well as quantitative—aided by a good dose of common sense.'") (emphasis in original) (quoting *Allstate* (*ibid.*) at 613 n.6).
32. *Arkansas Tchr. Ret. Sys. v. Goldman Sachs Grp., Inc.*, 77 F.4th 74 (2d Cir. 2023) [**Goldman IV**].

- "We are dedicated to complying fully with the letter and spirit of the laws, rules and ethical principles that govern us. Our continued success depends upon unswerving adherence to this standard";

- "Our client's interests always come first. Our experience shows that if we serve our clients well, our own success will follow";

- "Our reputation is one of our most important assets. As we have expanded the scope of our business and our client base, we increasingly have to address potential conflicts of interest, including situations where our services to a particular client or our own proprietary investments or other interests conflict, or are perceived to conflict, with the interest of another client"; and

- "We have extensive procedures and controls that are designed to identify and address conflicts of interest, including those designed to prevent the improper sharing of information among our businesses".[33]

The plaintiffs alleged that each of these statements was false or misleading in light of allegedly undisclosed conflicts of interest in collateralized debt obligations. According to the plaintiffs, the "challenged statements did not cause statistically significant increases in Goldman's stock price", but instead "maintained an already-inflated stock price"—i.e., inflation maintenance.[34] The plaintiffs claimed that once the purported truth about these conflicts was revealed by news of an SEC enforcement action and other enforcement activity, the "balloon popped", the company's stock price dropped, and its shareholders suffered losses.[35]

The defendants moved to dismiss the complaint, arguing, among other things, that the challenged statements were "immaterial"—namely, that the statements were "too vague and general for a reasonable shareholder to have relied on them in determining the value of Goldman's stock".[36] The district court disagreed,

---

33. *Ibid.* at 82.
34. *Ibid.* at 83.
35. *Ibid.*
36. *Ibid.* at 84.

holding that, at least with respect to the business principles and conflicts statements, the statements were not "so obviously unimportant to a reasonable investor" as to render them immaterial as a matter of law.[37]

Class Certification. Having survived a motion to dismiss, the plaintiffs moved to certify a class, including offering evidence to demonstrate the applicability of the *Basic* presumption of class-wide reliance. In response, the defendants put forward expert and other evidence to rebut the *Basic* presumption—evidence that, in the defendants' view, showed that the alleged misrepresentations did not impact the company's stock price.

Specifically, the defendants introduced (i) an event study demonstrating that the challenged statements "did not cause a significant uptick in Goldman's stock price", and (ii) a separate study identifying "36 dates—all prior to the corrective disclosure dates—on which media outlets . . . raised questions about Goldman's ability to manage conflicts" but which "caused no statistically significant price decrease".[38] In addition, the defendants introduced evidence that the "price drop in April 2010 was caused entirely by the news of the [SEC] enforcement action itself, rather than the revelation of Goldman's client conflicts".[39] And more generally, the defendants argued that the *Basic* presumption was rebutted because the alleged misstatements were too general to have any impact on the value of the security.

The district court disagreed and certified the class.[40] Thus began a decade of appellate practice on the issue of what evidence suffices to rebut the *Basic* presumption of class-wide reliance in cases involving "generic" misrepresentations that do not closely "match" later disclosures that allegedly revealed the defendants' fraud.

2. *Initial Interlocutory Appeals Before the Second Circuit*

Following two separate interlocutory appeals (and one return trip back to the district court), a divided panel of the U.S. Court of

---

37. *Richman v. Goldman Sachs Grp., Inc.*, 868 F. Supp. 2d 261, 271, 280 (S.D.N.Y. 2012).
38. *Goldman IV*, *supra* note 32 at 86.
39. *Ibid.* at 87.
40. *Ibid.* (citing *In re Goldman Sachs Grp., Inc. Sec. Litig.*, 2015 WL 5613150 (S.D.N.Y. Sept. 24, 2015)).

Appeals for the Second Circuit ultimately upheld certification of the class. The panel majority rejected the defendants' arguments regarding the "generic nature" of the challenged misstatements, holding that considering genericness at the class certification stage "is really a means for smuggling materiality into Rule 23", which is "irrelevant" at the class certification stage.[41] The majority went on to conclude that the defendants failed to rebut the *Basic* presumption of reliance by a preponderance of the evidence.

In a dissenting opinion, Judge Richard Sullivan disagreed with the majority's reasoning, concluding: "Once a defendant has challenged the *Basic* presumption and put forth evidence demonstrating that the misrepresentation did not affect share price, a reviewing court is free to consider the alleged misrepresentations in order to assess their impact on price. The mere fact that such an inquiry 'resembles' an assessment of materiality does not make it improper."[42]

3. The U.S. Supreme Court's 2021 Decision: Defining the "Mismatch"

Following the Second Circuit's decision, the U.S. Supreme Court granted review to address two issues: (i) whether a court may consider the "generic nature" of an alleged misrepresentation for purposes of rebutting the *Basic* presumption, and (ii) whether defendants "bear the burden of persuasion to prove a lack of price impact by a preponderance of the evidence".[43] In 2021, in *Goldman III*, the U.S. Supreme Court answered both questions in the affirmative.

First, with respect to evidence rebutting the *Basic* presumption, the U.S. Supreme Court ruled that "[t]he generic nature of a misrepresentation often will be important evidence of a lack of price impact, particularly in cases proceeding under the inflation-maintenance theory". The U.S. Supreme Court explained that, under that theory, courts often look to the "back-end price drop" as a means to infer "front-end inflation".[44] But that inference "starts to break down" where there is a "mismatch" between the "contents of the misrep-

---

41. *Arkansas Tchr. Ret. Sys. v. Goldman Sachs Grp., Inc.*, 955 F.3d 254, 267-8 (2d Cir. 2020), vacated and remanded, 141 S. Ct. 1951 (2021) [**Goldman II**].
42. *Ibid.* at 278 (Sullivan, J., dissenting).
43. *Goldman III*, *supra* note 29 at 1958.
44. *Ibid.* at 1961.

resentation and the corrective disclosure", which "may occur when the earlier misrepresentation is generic (*e.g.*, 'we have faith in our business model') and the later corrective disclosure is specific (*e.g.*, 'our fourth-quarter earnings did not meet expectations')". In those circumstances, it is "less likely that the specific disclosure actually corrected the generic misrepresentation, which means that there is less reason to infer front-end price inflation—that is, price impact—from the back-end price drop".[45] Accordingly, when assessing evidence rebutting the *Basic* presumption at class certification, courts "must take into account *all* record evidence relevant to price impact, regardless whether that evidence overlaps with materiality or any other merits issue".[46]

Second, the U.S. Supreme Court held that defendants "bear the burden of persuasion to prove a lack of price impact by a preponderance of the evidence".[47] In reaching that conclusion, however, it noted that "the burden of persuasion should rarely be outcome determinative".[48] The Court did not provide further direction regarding the proper test for determining whether a generic misrepresentation impacted the price of the subject security. Rather, it vacated the Second Circuit's judgment and remanded the case for further consideration. Following remand, the district court once again certified the class, and a third interlocutory appeal followed.

4. The Second Circuit's 2023 Decision: "Mismatch" Revisited

In August 2023, in *Goldman IV*, the Second Circuit reversed the district court's class certification order and remanded with instructions to decertify the class.[49]

In reaching that decision, the Second Circuit applied the "mismatch" analytical framework established by the U.S. Supreme Court in *Goldman III*. As the Second Circuit explained, under that framework, "courts are now directed to compare, at the class certification stage, the relative genericness of a misrepresentation with its corrective disclosure, notwithstanding that such evidence is often also

---

45. *Ibid.*
46. *Ibid.* (emphasis in original).
47. *Ibid.* at 1958.
48. *Ibid.*
49. *Goldman IV, supra* note 32 at 105.

highly relevant to the closely related merits question of whether the misrepresentation would have been material to a shareholder's investment calculus—which, under other U.S. Supreme Court guidance, a court *may not* resolve at class certification".[50]

The Second Circuit began its analysis by asking "how generic are the alleged misrepresentations?"[51] The Court first addressed the alleged misstatements regarding "business principles", concluding that, for those statements, "the district court's genericness analysis is untenable".[52] The Second Circuit found that the district court erred in construing Goldman's "business principles" statements in conjunction with the challenged statements about conflicts controls because those statements were made "in separate reports at separate times" with no evidence that the statements "piggyback[ed]" off each other.[53]

As to statements regarding "conflicts", the Second Circuit held that the district court erred in applying the inflation-maintenance theory. Drawing on the U.S. Supreme Court's reasoning in *Goldman III*, the Second Circuit explained that, while the "back-end price drop equals front-end inflation" inference is apparent when the corrective disclosure has "directly rendered false" a company's earlier misstatement, "where the corrective disclosures do not expressly identify the alleged misrepresentation as false", the inference turns on whether a "truthful substitute" for the alleged misrepresentation "align[s] in genericness with the alleged misrepresentation".[54] In such circumstances, *Goldman III* "requires that courts pay special attention to mismatches in specificity between a misstatement and corrective disclosure" (though the Second Circuit noted there need not be "a precise match").[55]

Applying this standard, the Second Circuit observed that "not one of the corrective disclosures here expressly identifie[d]" any of the challenged misstatements.[56] And there was a "considerable gap in specificity" between the alleged misstatements and corrective

---

50. *Ibid.* at 81 (citing *Amgen*, *supra* note 13).
51. *Ibid.* at 93.
52. *Ibid.* at 94.
53. *Ibid.*
54. *Ibid.* at 80-81, 98-99.
55. *Ibid.* at 98, 100.
56. *Ibid.* at 99.

disclosures.[57] Instead of asking what would have happened had the defendants spoken truthfully "at an equally generic level", the district court "misstep[ped]" by substituting the "details and severity" of the alleged "corrective disclosures" in place of the alleged generic misstatements.[58]

Providing guidance to district courts in inflation-maintenance cases, the Second Circuit explained that "a plaintiff cannot (a) identify a specific back-end, price-dropping event, (b) find a front-end disclosure bearing on the same subject, and then (c) assert securities fraud, unless the front-end disclosure is sufficiently detailed in the first place".[59] In other words, "[i]f a stock price decline follows a back-end, highly detailed corrective disclosure ... courts must be skeptical whether the more generic, front-end statement propped up the price to the same extent".[60] Accordingly, in future cases, a "searching price impact analysis must be conducted" where (1) "there is a considerable gap in front-end–back-end genericness"; (2) the "corrective disclosure does not directly refer ... to the alleged misstatement"; and (3) the plaintiff claims "that a company's generic risk-disclosure was misleading by omission".[61]

5. Perspectives on Goldman IV from Opposite Sides of the "V"

a) A Plaintiff Lawyer's View (by Michael Miarmi): The Second Circuit applied an overly restrictive approach to assessing price impact, but in any event its decision is of limited scope.

As its primary basis for rejecting class certification, the Second Circuit reasoned the district court erred by "recogniz[ing] ... that the corrective disclosures bore on the same subject—conflicts of interest management—but did not expressly or otherwise clearly refer to Goldman's cautionary language regarding conflicts in the 'Risk Factors' portion of its 10-K".[62] More generally, the court of appeals held that in certain inflation-maintenance cases involving "generic" misrepresentations, inferring that the stock drop resulting from the

---

57. *Ibid.*
58. *Ibid.* at 99-100, 102.
59. *Ibid.* at 102.
60. *Ibid.*
61. *Ibid.*
62. *Ibid.* at 100.

ultimate disclosure equals the artificial inflation injected into the stock by the earlier misrepresentation requires "a closer fit" than for establishing loss causation.[63] Neither the U.S. Supreme Court's ruling in *Goldman III* nor prior Second Circuit decisions mandate that standard. To the contrary, they counsel against it.

The Second Circuit's analysis is in tension with the prevailing view among courts that for purposes of demonstrating loss causation, a corrective disclosure need not be a "mirror image" of the prior alleged misrepresentation.[64] The First Circuit Court of Appeals, for example, has instructed "the corrective disclosure must relate to the same subject matter as the alleged misrepresentation".[65] That is consistent with how other federal appellate courts, including the Second Circuit, have articulated the standard.[66] This formulation makes sense because, as the Fifth Circuit has observed, "[i]f a fact-for-fact disclosure were required to establish loss causation, a defendant could defeat liability by refusing to admit the falsity of its prior misstatements".[67] Indeed, the Second Circuit in *Goldman IV* acknowledged that "with respect to the loss causation element of securities fraud ... the basic [ ] calculus remains the same whether the truth is revealed in a corrective disclosure describing the precise fraud or through events constructively disclosing the fraud".[68] The Court concluded, however, that the question "whether there is a basis to infer that the back-end price equals front-end inflation" is "different" than loss causation, and in light of the U.S. Supreme

---

63. *Ibid.* at 99 n.11.
64. See, e.g., *In re BofI Holding, Inc. Sec. Litig.*, 977 F.3d 781, 790 (9th Cir. 2020) ("[T]o be corrective, a disclosure need not precisely mirror the earlier misrepresentation. It is enough if the disclosure reveals new facts that, taken as true, render some aspect of the defendant's prior statements false or misleading."), *cert. denied*, 142 S. Ct. 71 (2021); *Mass. Ret. Sys.* v. *CVS Caremark Corp.*, 716 F.3d 229, 240 (1st Cir. 2013) [**CVS Caremark**] ("[A] corrective disclosure need not be a 'mirror-image' disclosure—a direct admission that a previous statement is untrue.").
65. *CVS Caremark, supra* note 64 at 240.
66. See, e.g., *In re Vivendi, S.A. Sec. Litig.*, 838 F.3d 223, 261 (2d Cir. 2016) [**Vivendi**] ("[P]roof of loss causation requires demonstrating that the *subject* of the fraudulent statement or omission was the cause of the actual loss suffered.") (emphasis in original); *FindWhat, supra* note 25 at 1311 n.28 ("In order to qualify as corrective, the disclosure must share the same subject matter as the prior misstatement ...").
67. *Alaska Elec. Pension Fund* v. *Flowserve Corp.*, 572 F.3d 221, 230 (5th Cir. 2009).
68. *Goldman IV, supra* note 32 at 99 n.11 (alteration in original).

Court's ruling in *Goldman III*, "requires a closer fit (even if not precise) between the front- and back-end statements".[69]

But nothing in the U.S. Supreme Court's decision suggests the connection between misrepresentations and corrective disclosures for purposes of price impact need be "closer" than for loss causation. The Court merely said that the inference that the amount of the later price drop equals the price impact of the earlier misrepresentation "starts to break down" where "there is a mismatch between the contents of the misrepresentation and the corrective disclosure".[70] This sounds a lot like the already familiar standard for assessing loss causation, which evaluates the connection between the *subject matter* of the alleged misrepresentation and the subsequent disclosure. Measuring price impact does not demand a different test, and in any event not one that requires a court to determine "what would have happened if [the company] had spoken *truthfully* at an *equally generic level*".[71]

Further, the Second Circuit's reasoning allows for the possibility that, on the one hand, a misrepresentation *caused a loss* when the truth ultimately emerged and, on the other hand, the misrepresentation had *no impact* on the market price of the security. How can both be true? The court of appeals did not grapple with this apparent inconsistency.

Applying its overly restrictive standard, the Second Circuit reasoned that while analyst commentary in the wake of the corrective disclosures "certainly touches on the *subject* of conflicts of interest and suggests that the management of them is important", it "does not suggest that the market relied *on the conflicts statements* to

---

69. *Ibid.* at 99.
70. *Goldman III, supra* note 29 at 1961.
71. *Goldman IV, supra* note 32 at 99 (alteration and emphasis in original). The court of appeals read its prior decision in *Vivendi, supra* note 66 as establishing that standard. But *Vivendi* held only that "once a company chooses to speak, the proper question for purposes of our inquiry into price impact is not what might have happened had a company remained silent, but what would have happened if it had spoken *truthfully*." at 258 (emphasis in original). The Court there said nothing about how close the fit must be between a "generic" misrepresentation and a "specific" corrective disclosure (or vice versa). This calls into question the Second Circuit's statement in *Goldman IV, supra* note 32 at 99, that *Vivendi*'s price impact determination "rested on a finding that, had the company spoken truthfully regarding its debt problems *at an equally generic level*, the market would have reacted", (emphasis in original).

assess Goldman's conflicts management procedures".[72] In so ruling, the Court highlighted the absence of evidence suggesting a Merrill Lynch analyst "drew [his] conclusion from the conflicts disclosure", and noted the defendants presented many analyst reports "which make no mention of the business principles statements".[73] The Second Circuit's focus on whether market participants explicitly referred to the alleged misrepresentations reflects too narrow a view of how the market incorporates and reacts to information. That an analyst report does not expressly reference a company's prior statements does not mean the analyst has not considered those statements, or at least the subject matter of those statements—which, as discussed above, should suffice for price impact purposes—in evaluating the company's stock.

While the Second Circuit's approach in *Goldman IV* is troubling, the decision's reach is—as the Court itself acknowledged—limited. In providing guidance to lower courts, the court of appeals directed that "a searching price impact analysis" is required where (1) "there is a considerable gap in front-end—back-end genericness, as the district court found here"; (2) "the corrective disclosure does not directly refer . . . to the alleged misstatement"; and (3) "the plaintiff claims, as plaintiffs claim here, that a company's generic risk-disclosure was misleading by omission".[74] The Court distinguished those circumstances from "the classic inflation-maintenance case", where "the back-end price drop is itself the evidence (albeit indirect) of the front-end price impact".[75] Given the admittedly narrow scope of the Second Circuit's ruling, lower courts should limit the decision to its extraordinary facts and decline defendants' inevitable invitations to apply it more broadly.

b) *A Defence Lawyer's View (by Jonathan Carter): The Second Circuit's decision demonstrates that the price-impact defence has teeth.*

In *Goldman III*, the U.S. Supreme Court recognized that defendants can defeat class certification by showing a "mismatch" between allegedly fraudulent statements and purported "corrective"

---

72. *Goldman IV, supra* note 32 at 103 (emphasis in original).
73. *Ibid.* at 104.
74. *Ibid.* at 102.
75. *Ibid.*

disclosures.[76] In *Goldman IV*, the Second Circuit faithfully applied the U.S. Supreme Court's framework to decertify a class in an inflation-maintenance case where the alleged misstatements were far too generic to have any impact on the defendant's stock price. In so doing, the Second Circuit demonstrated that the price-impact defence has teeth, and provided an important roadmap for corporations to defend against so-called "event-driven" securities class actions—i.e., actions in which shareholder plaintiffs attempt to link a negative-news event or corporate disaster to a corporation's prior generic statements, and argue that the negative news is a "corrective" disclosure that somehow renders the earlier non-specific statements fraudulent.[77]

In recent years, the federal courts have seen an up-swell in these kinds of "event-driven" securities class actions.[78] Often, these actions seek to capitalize on corporate scandals, environmental disasters, and other negative media attention, even when the corporation has made no prior public statements relevant to the issue. Unable to point to any specific statements, these lawsuits point to general statements—such as disclosures about corporate policies or business principles—and argue that those statements maintained an inflated share price until the negative event revealed those statements to be false.[79]

Against that rising tide of cases, *Goldman IV* provides an important bulwark. When a securities class action survives an initial motion to dismiss, class certification is typically *the* crucial inflection point in U.S. securities action. That is because, once a class is certified, defendants face "hydraulic pressure" to settle when potential damages can reach eight, nine, or even ten digits.[80] The Second Circuit's explication of the "mismatch" framework in *Goldman IV* provides defendants with a meaningful evidentiary pathway to defeat class certification. And it directs lower courts to take that evidence seriously. Indeed, the Second Circuit instructed courts in no uncertain

---

76. *Goldman III, supra* note 29 at 1961.
77. See, e.g., Merritt B. Fox & Joshua Mitts, *Event-Driven Suits and the Rethinking of Securities Litigation*, 78 Bus. Law. 1, 3 (2023).
78. *Ibid.*
79. See S&C Memo, *Second Circuit Provides Guidance for Defending Against Class Certification in Securities Fraud Actions* (Aug. 17, 2023), available at https://www.sullcrom.com/SullivanCromwell/_Assets/PDFs/Memos/sc-publication-second-circuit-mandates-searching-inquiry-class-certification.pdf.
80. *Hevesi v. Citigroup Inc.*, 366 F.3d 70, 80 (2d Cir. 2004).

terms to conduct a "searching price impact analysis" at the class certification stage.[81]

Goldman IV thus imposes important guardrails for securities fraud claims, underscoring that Section 10(b) class actions cannot be based on corporate statements that, at most, "touch[] upon a similar subject" to "negative news".[82] Those guardrails are particularly important in inflation-maintenance cases, which are particularly susceptible to dubious theories attempting to link any potential stock drop to the "correction" of non-specific corporate statements made years before.

My colleague criticizes *Goldman IV*, from a plaintiffs' perspective, by arguing that its holding is "in tension with the prevailing view among courts that for purposes of demonstrating loss causation, a corrective disclosure need not be a 'mirror image' of the prior alleged misrepresentation". But the analysis for loss causation is distinct from the analysis of price impact. While loss causation addresses the "causal link between the alleged misconduct and the loss ultimately suffered", price impact asks a different question: whether the purported "corrective disclosure" is a close enough match in content and specificity to warrant the inference that "the back-end price equals front-end inflation".[83] Accordingly, prior cases addressing loss causation are not "in tension" with *Goldman IV*, which reflects a straightforward application of the U.S. Supreme Court's "mismatch" framework.

II– RELIANCE UNDER CANADIAN LAW

Generally speaking, aggrieved Canadian shareholders on the secondary market[84] can seek damages from wrongdoers by way of a statutory claim pursuant to the applicable provincial securities law[85] and/or by way of a common or civil law claim. In fact, under the Quebec *Securities Act* (*QSA*),[86] an application for authorization

---

81. *Goldman IV, supra* note 32 at 102.
82. *Ibid.* at 101.
83. *Ibid.* at 99 & n.11.
84. The "secondary market" refers to a market in which an issuer's shares are traded publicly *after* they have been issued or distributed by the issuer.
85. Indeed, unlike the United States, Canada does not have a national securities regulation, nor does it have a national Canadian securities regulator. See *Reference re Securities Act*, 2011 SCC 66.
86. CQLR c. V1.1.

to institute a class action for damages under civil law must be made concomitantly, if at all, with a request for authorization to bring a secondary market claim. However, as detailed below, the element of reliance and proof thereof is treated differently depending on the nature of the claim.

A. Reliance in the Context of Statutory Claims: A Well-Established Principle

1. *Statutory Regimes and the Presumption of Reliance*

In Canada, the statutory regime for secondary market liability claims relieves plaintiffs of the burden of demonstrating reliance on the document or oral statement containing the alleged misrepresentations.[87] It is also presumed that the loss in security value is due to the corrective disclosure.[88] The statutory regime therefore renders the burden of proof particularly advantageous to plaintiffs. These presumptions, however, are rebuttable.[89]

In *Theratechnologies Inc.* v. *121851 Canada Inc.*,[90] the Supreme Court of Canada (SCC) provided insight into the statutory liability regime as well as the presumptions set forth therein:

> [33] Under this regime, when a security is acquired or transferred at the time of a false declaration or omission of information that should have been disclosed, the fluctuation in the value of the security is presumed to be attributable to that fault. Investors were thereby released from the heavy burden of demonstrating that the variation in the market price of the security was linked to the misinformation or omission, and from demonstrating that they personally relied on that information or omission in buying or transferring the security.

---

87. A similar presumption also exists for primary market liability claims (e.g., QSA, s. 225.0.2).
88. QSA, s. 225.30 *in fine*.
89. See notably QSA, ss. 225.17 and 225.30. These principles are summarized by the Quebec Superior Court in *Catucci* v. *Valeant Pharmaceuticals International Inc.*, 2017 QCCS 3870 (leave to appeal denied in 2017 QCCA 1892) [**Valeant**] at para. 37, and cited by the Quebec Court of Appeal in *Amaya inc.* v. *Derome*, 2018 QCCA 120 (application for leave to appeal to the Supreme Court of Canada dismissed) [**Amaya**].
90. *Theratechnologies Inc.* v. *121851 Canada Inc.*, 2015 SCC 18 [**Theratechnologies**].

This regime, including the provisions mentioned above—which apply whether the recourse for damages is pursued individually or by way of a class action—was first implemented in Ontario in 2002, followed by Quebec in 2007. Similar regimes (and provisions) were then implemented in other provinces and territories across Canada.

Under the QSA, the presumption of reliance on the alleged misrepresentations or on the issuer's compliance with statutory disclosure requirements is codified in section 225.12,[91] which reads as follows:

> 225.12. The plaintiff is not required to prove that the plaintiff relied on the document or public oral statement containing a misrepresentation or on the issuer having complied with its timely disclosure obligations when the plaintiff acquired or disposed of the issuer's security.

Although this statutory regime imposes a "lightened burden"[92] on secondary market shareholders, thereby making recovery of damages much easier in comparison to the general common or civil liability regimes, it also provides for an authorization mechanism whose purpose is to sift out frivolous or bad faith actions (also known as "strike suits") by ensuring that no statutory claim for damages is brought unless the court deems that the action is "in good faith" *and* "there is a reasonable possibility that [the claim] will be in resolved in favour of the plaintiff".[93] These conditions, set out under section 225.4 QSA, act as a screening mechanism through which courts are given an "important gatekeeping role".[94]

---

91. With respect to the Ontario *Securities Act*, R.S.O. 1990, c. S.5, s. 138.3 [*OSA*] provides in part that "[w]here a responsible issuer or a person or company with actual, implied or apparent authority to act on behalf of a responsible issuer releases a document that contains a misrepresentation, a person or company who acquires or disposes of the issuer's security during the period between the time when the document was released and the time when the misrepresentation contained in the document was publicly corrected has, <u>without regard to whether the person or company relied on the misrepresentation</u>, a right of action for damages [...]".
92. *Amaya*, *supra* note 89 at para. 7.
93. QSA, s. 2254.
94. *Theratechnologies*, *supra* note 90 at para. 36; *Amaya*, *supra* note 89 at paras. 36, 39.

2. Underlying Historical and Policy Reasons

Prior to the enactment of the statutory regime, secondary market investors (excluding Quebec) could solely rely—pun intended—on common law misrepresentation claims for redress to the extent they suffered losses due to inaccurate disclosures. Such claims required proof of breach of a duty of care as well as actual reliance on the alleged misrepresentation. Similarly, in Quebec, investors' sole recourse was to file a civil liability claim under article 1457 of the *Civil Code of Quebec* (C.C.Q.]). Under this claim, a causal link must be established between an issuer's breach of its disclosure obligations and the injury suffered by the investor who acquired or disposed of the issuer's securities. In other words, in common law jurisdictions across Canada, investors had to prove actual reliance to be awarded damages—which is no small feat[95]—whereas in Quebec, investors had to establish causality, which, according to defendants, requires proof of reliance.

Amid this context, the Toronto Stock Exchange created the Committee on Corporate Disclosure (also known as the "Allen Committee") to examine the then-in-place regime governing disclosure in the secondary market. In its 1997 Report, the Allen Committee concluded that the "current sanctions and funding available to regulators . . . [were] inadequate" and that "the remedies available to investors in secondary trading markets who [were] injured by misleading disclosure [were] so difficult to pursue that they [were], as a practical matter, largely hypothetical".[96] The Committee therefore "recommended the creation of a statutory civil liability regime that would help investors sue issuers, directors, and officers who violated statutory disclosure obligations".[97]

In addition to adopting the majority of the Allen Committee's recommendations as part of its *"Proposal for a Statutory Civil Remedy for Investors in the Secondary Market [...]"*,[98] the Canadian Securities Administrators—an umbrella organization comprised of

---

95. *Theratechnologies, supra* note 90 at paras. 27, 28.
96. Committee on Corporate Disclosure, Final Report — Responsible Corporate Disclosure: A Search for Balance (Toronto Stock Exchange, 1997, as noted by the SCC in *Theratechnologies, supra* note 90 at para. 29.
97. *Theratechnologies, supra* note 90 at para. 29. See also *Amaya, supra* note 89 at paras. 87 ff.
98. *Theratechnologies, supra* note 90 at para. 30.

Canada's provincial and territorial securities regulators[99]—also recommended the inclusion of a "screening mechanism" (i.e., the authorization requirement discussed above) to act as a counterweight to investors' reduced burden of proof.[100] The newly adopted statutory regime therefore reflects a balancing act between the prevention of "unmeritorious litigation and strike suits" and "ensuring that investors have a meaningful remedy when issuers breach disclosure obligations".[101] As noted by the Quebec Court of Appeal, "checks and balances" between the competing polices are found in various rules in the statute, including the presumption of reliance, "recognizing that the burden of showing that the misrepresentation caused the loss in value of the defendant issuer's shares is heavy".[102]

B. Reliance in the Context of Common or Civil Law Claims: A Much More Contested Topic

Contrary to their statutory counterpart, neither common law nor civil law claims brought further to an alleged misrepresentation on the primary or secondary markets provide for a rebuttable presumption of reliance.

As detailed below, while common law jurisdictions have taken a more definitive stance on the issue (in that they require actual proof of reliance), the debate remained open under civil law for quite some time. Only in more recent years has a trend requiring that reliance be alleged *and* proven emerged in Quebec.

1. Common Law Jurisdictions: Rejection of the Fraud-on-the-Market Theory

One of the first Canadian common law jurisdictions to adjudicate the issue of reliance in the context of a class action is the Ontario Superior Court of Justice in *Carom* v. *Bre-X Minerals Ltd.*[103] In that case, the plaintiffs instituted seven class actions against various defendants asserting, *inter alia*, claims in negligence as well as negligent and fraudulent misrepresentation. The plaintiffs later sought

---

99. See https://www.ciro.ca/office-investor/how-ciro-protects-investors/where-we-fit-canadian-securities-regulatory-framework.
100. *Theratechnologies*, *supra* note 90 at para. 30.
101. *Ibid.* at para. 34.
102. *Amaya*, *supra* note 89 at para. 87.
103. *Carom* v. *Bre-X Minerals Ltd.*, 1998 CanLII 14705 (ON SC) [**Carom**].

leave to amend their proceedings to add factual assertions that support the fraud-on-the-market theory in order to "supply the element of reliance"—an essential component of their tort claims—thereby "obviating the need to prove such reliance on an individual basis".[104] As noted by the *Carom* Court, up to that point, the fraud-on-the-market theory and the presumption it provides were "unknown" under Canadian law.[105]

The plaintiffs' motion was dismissed on various grounds. *First*, the Court noted that the fraud-on-the-market theory was developed in the context of a statutory cause of action, which differs from a tort-based cause of action—the latter requiring proof of "actual reliance" and being "in part designed to add to the protections provided [to] investors".[106] *Second*, central to the development of the fraud-on-the-market theory in the United States was the requirement that questions of law or fact common to class members "predominate" over any questions affecting individual members.[107] Of note, at the time of the *Carom* decision, the predominance requirement did not find application in the Ontario *Class Proceedings Act, 1992* (*CPA*).[108] Citing *Basic*,[109] the *Carom* Court noted that the fraud-on-the-market theory "provided a 'practical resolution to [the] problem of balancing the substantive requirement of proof of reliance in securities cases against the procedural requisites [of Federal Rule of Civil Procedure] 23'", where "[r]equiring proof of individualized reliance from each member of the proposed plaintiff class effectively would have prevented [the plaintiffs] from proceeding with a class action, since individual issues then would have overwhelmed the common ones".[110] As such, the *Carom* Court held that "the presumption of reliance created by the fraud on the market theory [could not find] application as a substitute for the requirement of actual reliance".[111]

A few years later, in *CC&L Dedicated Enterprise Fund (Trustee of)* v. *Fisherman* (*CC&L*), the Ontario Superior Court of Justice revisited the issue, this time further to the defendants' motion to strike

---

104. *Ibid.* at 10.
105. *Ibid.* at 5.
106. *Ibid.* at 15, citing *Basic, supra* note 6 at n.22.
107. See e.g. Fed. R. Civ. P. 23(b)(3).
108. *Class Proceedings Act, 1992*, S.O. 1992, c. 6, s. 5(1).
109. *Basic, supra,* note 6.
110. *Carom, supra* note 103 at 14.
111. *Ibid.* at p. 22.

a pleading for failure to disclose a reasonable cause of action.[112] The *CC&L* Court reiterated that "[p]roof of reliance is a necessary ingredient of actions based upon negligent misrepresentation" and that the fraud-on-the-market theory "has been expressly rejected by Canadian courts".[113] That said, contrary to the *Carom* Court, the *CC&L* Court held that it was not "plain and obvious that the plaintiffs [did] not have a reasonable cause of action . . . for negligence and negligent and fraudulent misrepresentation at common law".[114] Indeed, here, the plaintiffs had asserted as a matter of fact (rather than of law) that the market price of defendant YBM Magnex International, Inc. (YBM)'s securities reflected the false representation made by the defendants and that a court "*could* conclude that by purchasing YBM shares, each class member relied upon the [false representation]".[115] Moreover, the *CC&L* Court noted that reliance "may be inferred from *all* the circumstances".[116]

More recently, in *Bayens* v. *Kinross Gold Corporation*,[117] the Court of Appeal for Ontario was asked to determine whether the motion judge properly rejected the plaintiffs' motion for leave under the *OSA* and for certification under the *CPA*. The Court of Appeal held that (1) "[r]eliance is a claimant-specific issue, requiring individualized evaluation and factfinding" as a result of which the question of reliance was not a common issue, and (2) because proof of reliance, causation and damages would require "a host of individual inquiries", certifying the proceeding as a class action would be inefficient, thereby failing to meet the *CPA*'s preferability criterion.[118] Importantly, the fact that the plaintiffs' statutory claims had no reasonable possibility of success was a "relevant consideration" in determining "whether the class representative ha[d] demonstrated some basis in fact that a class proceeding [was] the preferable procedure to resolve the class members' claims".[119] Indeed, when multiple

---

112. *CC&L Dedicated Enterprise Fund (Trustee of)* v. *Fisherman*, 2001 CanLII 28388 (ON SC) [**CC&L**].
113. *Ibid.* at paras. 56, 60.
114. *Ibid.* at para. 70.
115. *Ibid.* at para. 56; see also para. 63.
116. *Ibid.* at para. 66, citing *NBD Bank, Canada* v. *Dofasco Inc.* (1999), 1999 CanLII 3826 (ON CA) at 547. See also *McKenna* v. *Gammon Gold Inc.*, 2010 ONSC 1591, at para. 151 (" [...] in a case of misrepresentation proof of reliance can be made by inference, as opposed to direct evidence").
117. *Bayens* v. *Kinross Gold Corporation*, 2014 ONCA 901 [**Bayens**].
118. *CPA*, s. 5(1)(d).
119. *Bayens, supra*, note 117 at paras. 131-132. See also *Poirier* v. *Silver Wheaton Corp. et al.*, 2022 ONSC 80 at paras. 134-147.

types of claims, such as a statutory or fraudulent misrepresentation claim, are brought in addition to a negligent misrepresentation claim, courts have held that should the statutory or fraudulent misrepresentation claim be authorized/certified, "the goals of judicial economy and access to justice justif[y] certification of the negligent misrepresentation claim".[120] Thus, in some circumstances, the fact that reliance is said to be a "claimant-specific issue" does not bar certification of a negligence-based claim.

2. Civil Law Jurisdiction: Uncharted Territory

A fault, an injury, a causal link: such are the pillars of extracontractual liability under civil law.[121] Whether raised in the context of an individual or class action, it is undisputed that proof of all three pillars is required. What is disputed, however, is whether proof of reliance is a necessary and intrinsic part of the last pillar, i.e., causality. In other words, in addition to demonstrating that the injury is the "logical, immediate and direct consequence" of the fault,[122] must the aggrieved shareholder show reliance on the defendant's misrepresentation when buying or disposing securities?

In *Comité syndical national de retraite Bâtirente inc. c. Société financière Manuvie*,[123] the plaintiffs sought the authorization to institute a class action invoking both statutory and civil law causes of action (as is often the case).[124] In short, the plaintiffs alleged that the defendants breached their continuous disclosure obligations[125] by omitting to disclose various risks related to financial products they sold. In an attempt to defeat the plaintiffs' motion, the defendants argued that the plaintiffs had not established a causal link as they did not allege that (1) they had relied on the defendants' misrepresentations, and (2) these misrepresentations caused the stock price to be artificially inflated.

---

120. *Ibid.* at para. 135, citing *Carom v. Bre-X Minerals Ltd.*, 2000 CanLII 16886 (ON CA) at para. 42.
121. Collection de droit 2022-2023, Vol. 5 – Responsabilité, Titre I – La responsabilité civile extracontractuelle [**La responsabilité civile extracontractuelle**] p. 23.
122. *Salomon v. MatteThompson*, 2019 SCC 14 at para. 84; see also art. 1607 C.C.Q.
123. *Comité syndical national de retraite Bâtirente inc. c. Société financière Manuvie*, 2011 QCCS 3446 [**Bâtirente**].
124. At the authorization stage, the Court is only tasked with determining whether the facts alleged in support of liability appear to justify the conclusions sought.
125. See QSA, s. 73.

Starting with argument (2) above, the Court held that it was not necessary, at this stage, to rule on the presumption provided for by the fraud-on-the-market theory.[126] Instead, the Court felt it was "more appropriate" to determine whether *any* evidence could enable the plaintiffs to establish a causal link.[127] In that regard, the Court held that nothing precluded the plaintiffs from resorting to expert evidence—which they had in fact done.[128] Turning to argument (1) above, the Court held that, at this stage, it must consider that a presumption of causality *could* be inferred by the trial judge if the conditions of article 2849 C.C.Q. are met, i.e., if the presumption is serious, precise, and concordant.[129]

Fast forward to *Catucci v. Valeant Pharmaceuticals International Inc.* (*Valeant*) in 2017.[130] In that case, the plaintiffs sought the authorization to bring both a secondary market claim under the QSA as well as a class action based on the defendants' extracontractual liability. With respect to the request for authorization of the class action, the Court had to determine whether the alleged facts appeared to justify the conclusions sought, notably with respect to article 1457 C.C.Q. The Court began by correctly identifying the "requisite elements for a claim in damages", i.e., a fault, an injury, and a causal link.[131] Turning to the defendants' argument that questions relating to causality could not be identified as "common issues of law and fact to be decided at trial", the Court acknowledged that proving a causal link in a securities claim can be onerous, yet nonetheless noted that "there [was] ample authority in Quebec to support the view that it may be possible to do so, subject to the evidence to be adduced at trial".[132] Noticeably absent from the Court's *ratio* was any reference to the notion of reliance.

---

126. *Bâtirente*, *supra* note 123 at para. 94.
127. *Ibid.*
128. *Ibid.* at para. 95.
129. *Ibid.* at para. 98. See also *La responsabilité civile extracontractuelle*, *supra* note 121 at 44 ("La preuve directe du lien de causalité n'est pas nécessaire. La preuve par présomptions est admise dans la mesure où les conditions requises sont réunies à savoir qu'elles soient, suivant les termes mêmes de l'article 2849 C.c.Q., graves, précises et concordantes"); and *Benhaim c. St-Germain*, 2016 CSC 48 at paras. 54-70.
130. *Valeant*, *supra* note 89.
131. *Valeant*, *supra* note 89 at para. 297.
132. *Ibid.* at para. 322, citing *Ménard v. Matteo*, 2011 QCCS 4287 [**Ménard**] at paras. 51, 61-69; *Bâtirente*, *supra* note 123 at paras. 9899; *Biondi v. Syndicat des cols bleus regroupés de Montréal (SCFP301)*, 2010 QCCS 4073 at paras. 131, 136-143, varied on appeal, 2013 QCCA 404, although not on the principles.

Interestingly, in *Valeant*, the defendants argued that Canadian courts rejected the fraud-on-the-market theory as a result of which reliance *and* causality must be proven for each class member. The Court dismissed this argument, holding instead that "the rejection in Ontario of the 'fraud-on-the-market theory' does not necessarily lead to the conclusion that it would not be available in Quebec".[133]

A year later, in *Chandler c. Volkswagen Aktiengestllchaft* (VW),[134] the plaintiff sought the authorization of a class action pursuant to article 1457 C.C.Q. Once again, the Court had to determine whether the facts alleged appear to justify the conclusions sought. In doing so, the Court rejected the defendant's argument that the plaintiff did not "have a valid cause of action because there [was] no proof that [he] relied on [the defendant's] misrepresentation to purchase his ... securities" for "reliance is not required under Quebec law".[135] In fact, the Court held that the defendant "conflate[d] the notions of causality and reliance" and that "although reliance may often be sufficient to prove causation, it is not necessary".[136] Additionally, the Court was of the view that Justice Abella's reference to the notion of reliance in *Theratechnologies*[137] should be read in the context of a discussion regarding the common law tort of negligent misrepresentation (which, as indicated above, requires proof of actual reliance), and not in the context of extracontractual liability under article 1457 C.C.Q. The Court therefore concluded that "[a]lthough it may be easier to prove causality in the presence of reliance, there can nevertheless be causality without reliance".[138] Subsidiarily, the Court noted that "should reliance be a requisite element under Québec civil law, the Court [was] of the view that the Motion for Authorization allege[d] reliance with sufficient particularity for the purposes of the authorization stage" and that "reliance on some of the financial information of VW [was] sufficient at this stage".[139]

---

133. *Valeant, supra* note 89 at para. 322.
134. *Chandler c. Volkswagen Aktiengestllchaft*, 2018 QCCS 2270, application for leave to appeal dismissed, 2018 QCCA 1347 [*VW*].
135. *Ibid.* at paras. 61-62.
136. *Ibid.* at paras. 63, 69.
137. *Theratechnologies, supra* note 90 at para. 28.
138. *Ibid.* at para. 69.
139. *VW, supra* note 134 at paras. 72, 75.

a) *Perspectives on VW from Opposite Sides of the "V"*

Needless to say, plaintiffs and defendants disagree about the accuracy of the *VW* holding, more specifically about whether reliance *is* a component of causality and, consequently, a necessary element of extracontractual liability under article 1457 C.C.Q.

i) A Plaintiff Lawyer's View (by Emilie B. Kokmanian): Per *VW*'s holding, strict proof of reliance is not necessary.

Simply put, reliance and causality are two different concepts. This contention finds support in U.S. securities laws which require Rule 10b–5 claimants to prove both "reliance upon the misrepresentation or mission" *and* "loss causation".[140] Reliance requires proof that the defendant's violation "was a substantial factor in causing the transaction upon which the claim is based".[141] In other words, the misstatement in question must have "induced 'the investor's decision to engage in the transaction'".[142] In contrast, "loss causation" requires proof of a "causal connection between the defendants' alleged misrepresentation and the plaintiff's economic losses".[143] Thus, to the extent a plaintiff establishes—on the balance of probabilities—that the defendant's misstatement caused his alleged economic loss, he has met the burden of proof with respect to the third pillar of extracontractual liability and need not further demonstrate that he "relied" on said misstatement when purchasing or disposing of the securities.

ii) A Defence Lawyer's View (by Caroline Larouche): The *VW* holding is undermined by the SCC's decision in *Theratechnologies*

Contrary to the above contention, plaintiffs must prove reliance on the alleged misrepresentation when purchasing or disposing of a security in order to meet their burden under article 1457 C.C.Q. This position finds support in *Theratechnologies*' holding that the plaintiffs' burden in the context of a secondary market claim based on the general civil liability regime includes "that there was a causal link between the fault and the prejudice—that is, *that they had relied*

---

140. *Halliburton II, supra* note 4 at 267.
141. Wachtell, Lipton, Rosen & Katz, "Liabilities under the Federal Securities Laws", Jan. 2021, at 24. See also *Vivendi, supra* note 66.
142. *Halliburton II, supra* note 4 at 286.
143. *Ibid.* at 266.

on the misinformation in making the trade: arts. 1457 and 1607 of the Civil Code of Québec".[144] This position is also coherent with the purpose of the statutory regime as set out in the QSA, which relieves plaintiffs of the burden of demonstrating that they relied on the information or omission in buying or transferring the security. Otherwise, why would the Quebec legislator have incorporated a presumption of reliance in the statutory regime to reduce plaintiffs' heavy burden, if there was no such burden in the first place?[145]

b) *Recent Trend and Development in Quebec-Based Securities Litigation*

While there is at least one recent case that supports plaintiffs' perspective,[146] the majority of decisions lean in favor of defendants, i.e., that reliance must be established to satisfy the causal link requirement of article 1457 C.C.Q.

For instance, in *Graaf c. SNC-Lavalin Group Inc.*[147] (*Graaf*), the Court referred to (1) then Minister of Finance Monique Jérôme-Forget's comments when presenting draft legislation to the National Assembly regarding the adoption of the QSA, and (2) Justice Abella's statements in *Theratechnologies*, to support the contention that reliance "is an essential component of a claim in Quebec civil law".[148] That said, the *Graaf* Court nonetheless acknowledged "that reliance may be inferred based on a presumption of fact", thereby ruling in line with previous case law on the matter.[149] In fact, the Court was of the view that the availability of inferences and presumptions to establish reliance further demonstrates the necessity to prove this element.

A few months later, the Court of Appeal of Quebec addressed the issue in *Nseir c. Barrick Gold Corporation*. In that case, the plaintiff appealed the motion judge's ruling dismissing his application for authorization to institute a class action. The Court of Appeal

---

144. *Theratechnologies, supra* note 90 at paras. 28, 33.
145. See notably *Nseir c. Barrick Gold Corporation*, 2022 QCCA 1718 [**Nseir**].
146. *Dillon c. Wayland Group Corp.*, 2022 QCCS 1553 ("This Court distinguishes causality and reliance. These are two different, though sometimes overlapping concepts. But Art. 1457 CCQ only requires causality.")
147. *Graaf c. SNC-Lavalin Group Inc.*, 2022 QCCS 3727 [**Graaf**]. See also *Dionne c. Hexo Corp*, 2023 QCCS 162 at para. 227.
148. *Graaf, supra* note 147 at para. 417.
149. *Ibid.* at para. 413.

allowed the appeal in part, thereby authorizing the plaintiff to assert a secondary market claim pursuant to the QSA in relation to misrepresentations regarding the defendant's Chilean subsidy's water management system.[150] As for the plaintiff's civil claim pursuant to article 1457 C.C.Q., the Court of Appeal agreed with the motion judge's refusal to authorize the claim, as the plaintiff "failed to plead reliance with any specificity" and/or advance any "circumstantial facts that could give rise to 'serious, precise and concordant/*grav[e], précis[e] et concordant[e]*' presumptions that he personally relied on the alleged misrepresentations when he purchased [the defendant's] shares".[151] The Court of Appeal also confirmed what it viewed as "*Theratechnologies*' holding", i.e., "that, in the context of a secondary market claim based on the *Civil Code of Québec*, plaintiffs bear the 'heavy burden' of proving that they relied on the alleged misrepresentation when they purchased securities".[152]

In summary, and as appears from the above, although the current legal trend seems to require that plaintiffs plead *and* prove reliance in the context of a civil law claim for damages, courts have recognized the availability of inferences and presumptions to assist plaintiffs in meeting their burden.[153] But how will these inferences and presumptions come into play when applied to the notion of reliance in the context of a *securities* class action?

Similar to the rebuttable presumption of causality applied in *Montréal (Ville de)* c. *Biondi*[154] (*Biondi*), one can envision a scenario whereby a rebuttable presumption of reliance is applied on a classwide basis through serious, precise, and concordant presumptive elements. In *Biondi*, the plaintiff filed a class action on behalf of people who had fallen on unmaintained sidewalks during the winter following a union strike. The Court of Appeal of Quebec upheld the motion judge's ruling by which once a fall had been proven, it could be inferred that it was more likely to have been caused by the lack

---

150. *Nseir, supra* note 145 at para. 126.
151. *Ibid.* at para. 125.
152. *Ibid.* at para. 124.
153. See *Bâtirente, supra* note 123; *Ménard, supra* note 132; *Montréal (Ville de)* c. *Biondi*, 2013 QCCA 404 [**Biondi**]; Valeant, *supra* note 89; *Graaf; supra* note 147; Nseir, *supra* note 145. See also Jason Phelan, "*Le Traitement du Lien de Causalité Dans le Cadre du Recours Collectif*" (2013-2014) 9 Can. Class Action Rev. 133-178 at 172 (which states that presumptions must be seen as the means of proof meant to enable a collective assessment of the elements of civil liability, thereby safeguarding its integrity).
154. *Biondi, supra* note 153.

of maintenance than by a condition specific to the class member.[155] However, the Court of Appeal cautioned that only serious, precise, and concordant presumptions should be taken into consideration—a burden which had been met in the case at hand.[156] Consequently, the Court confirmed the motion judge's decision to reverse the plaintiff's burden of proof, thereby forcing the defendants to administer evidence showing that the fault did not cause the alleged injury.[157] This inference was not only possible, but also probable, logical, sound, and consistent with the evidence adduced at that stage.[158] Moreover, applying such a presumption did not violate the defendants' right to a full and complete defence since the latter could, at the individual claims stage, present evidence to rebut the plaintiff's assertion of causality.[159]

More recently, in *Imperial Tobacco Canada ltée c. Conseil québécois sur le tabac et la santé*[160] (*Imperial Tobacco*), the Court of Appeal had to determine, *inter alia*, whether it was "necessary to present evidence of causation on a balance of probabilities at the level of each [class] member" or whether it could "be satisfied with evidence (also on a balance of probabilities [...]) allowing [it] to extrapolate the impact that [...] the faults alleged against the appellants had on the

---

155. *Biondi*, *supra* note 153 at para. 133.
156. Stéphane Reynolds & Monique Dupuis, "Les qualités et les moyens de preuve" in École du Barreau du Québec, *Preuve et procédure*, Collection de droit 2023-2024, vol. 2, Montréal (Qc), CAIJ 352-353 (which states that facts are serious when the fact to be determined can logically be inferred from the known fact; they are precise when the unknown fact necessarily follows from the known fact; and they are concordant when, together, they tend to establish the existence of the unknown fact). See also *Benhaim* v. *StGermain*, 2016 SCC 48 at para. 60.
157. *Biondi*, *supra* note 153 at para. 134, citing Jean-Louis Baudouin & Patrice Deslauriers, *La responsabilité civile*, 7th ed., vol. 1 (Cowansville : Éditions Yvon Blais, 2007) 637. ("Présomption – La jurisprudence exige donc simplement l'établissement d'un lien de causalité direct et immédiat par simple prépondérance de preuve. Parfois, la chose équivaut à un véritable renversement du fardeau. Si, par exemple, le demandeur réussit à établir qu'un acte précis, parmi tous ceux qui ont pu être à l'origine du dommage, offre un degré de probabilité plus élevé, il place alors sur les épaules du défendeur la charge d'établir, par preuve contraire, que le fait reproché n'est pas causal. Il en est de même lorsque, dans des circonstances normales, le dommage qui pouvait résulter de la faute était normalement prévisible.")
158. *Biondi*, *supra* note 153 at para. 135.
159. *Ibid.* at para. 137 (for instance, by showing that the class member in question contributed to his injury).
160. *Imperial Tobacco Canada ltée c. Conseil québécois sur le tabac et la santé*, 2019 QCCA 358 [**Imperial Tobacco**].

members to all or part of each Class".[161] In that case, the plaintiffs chose to discharge themselves of their burden of proof with respect to both the injury and causal link by way of expert statistical and epidemiological evidence.[162] The plaintiffs were of the view that "this method of proof [would] allow the judge to draw a sufficient (i.e., on a balance of probabilities) inference of harm and causation".[163] Ultimately, the Court of Appeal held that "substantial evidence [...] provided a sufficient basis on which to ground the conclusion that there were serious, precise and concordant presumptions, unrebutted by the evidence adduced by the appellants [... which] made it possible to infer" that the injury suffered by class members was caused by the faults committed by defendants.[164]

From the plaintiffs' perspective, the Court of Appeal in *Imperial Tobacco*—citing a decision rendered by a different bench in that same case[165]—made two important remarks. *First,* it noted that "one cannot consider obtaining testimony from all the members, or even a significant number of the members, which, in any event, would not be feasible, *without infringing the legislative intent underlying class actions, and distorting them*".[166] *Second,* it reiterated the fact that defendants were not prevented "from using the means [they] deem[ed] necessary to counter the presumption that the [motion] judge is authorized to draw from the statistical, epidemiological and other evidence".[167]

---

161. *Ibid.* at para. 723.
162. *Ibid.* at para. 729.
163. *Ibid.*
164. *Ibid.* at para. 840.
165. *Imperial Tobacco Canada Ltd. c. Létourneau*, 2014 QCCA 944.
166. *Imperial Tobacco, supra* note 160 at para. 729. See also *Desjardins Financial Services Firm Inc. v. Asselin*, 2020 SCC 30 at para. 124 ("[I]t is true that some authorization judges have occasionally expressed reservations about class actions based on representations made by a large number of employees. To conclude from this that a class action is impossible in the circumstances, or that the decided cases are consistent and unanimous, is a step that I am not prepared to take. This would disregard not only the flexibility mandated by the role of class actions in fostering social justice, but also any decisions to the contrary rendered by courts in Quebec and Canada, including decisions stating that causation can be proven by presumption despite differences among the members"); *L'Oratoire Saint-Joseph du Mont-Royal v. J.J.*, 2019 SCC 35 at para. 6 ("Th[e] procedural vehicle [of class actions] has several objectives, namely to facilitate access to justice, to modify harmful behaviour and to conserve judicial resources").
167. *Imperial Tobacco, supra* note 160.

In view of the foregoing, one can also envision a scenario whereby a plaintiff submits expert evidence of market efficiency to draw a class-wide inference of reliance. The purpose of such evidence, which operates similarly to the fraud-on-the-market theory, is to establish that the defendant's alleged misrepresentations "defrauded purchasers of stock even if the[y] d[id] not directly rely on the misstatements" because the market in question is an "open and developed securities price [as a result of which] the price of [the issuer's] stock is determined by the available material information regarding the [issuer] and its business".[168] In such instances, the causal link between the defendants' fraud and the plaintiffs' purchase of stock—which would be inferred—"is no less significant than in a case of direct reliance on misrepresentations".[169] As noted by the U.S. Supreme Court in *Basic*, this possibility "is also supported by common sense and probability [... as] it is hard to imagine that there ever is a buyer or seller who does not rely on market integrity". Indeed, "[w]ho would knowingly roll the dice in a crooked crap game?"[170] For these reasons, expert evidence would, in the plaintiffs' view, satisfy the burden of showing a causal link on the balance of probabilities, i.e., that pursuant to possible, logical, solid, and coherent factual presumptions, it is more probable than not that a direct causal link exists.[171]

---

168. *Basic, supra* note 6 at 241.
169. *Ibid.* at 242. See also Martine L. Tremblay, "Le recours collectif et les valeurs mobilières : l'avantage procédural québécois", [2005] Congrès annuel du Barreau du Québec, 67-85, p. 78 ("Tout comme les professeurs Rousseau et Crête, nous estimons que la décision dans Bre-X ne saurait lier les tribunaux du Québec en raison des différences fondamentales qui existent entre les régimes de responsabilité de droit civil et de common law. Le régime de droit civil québécois offre une plus grande souplesse et celui-ci devrait prévaloir.")
170. *Basic, supra* note 6 at 246-247.
171. Jean-Louis Baudouin, Patrice Deslauriers & Benoît Moore, "La responsabilité civile", 9th ed., vol. 1 (Montréal: Éditions Yvon Blais, 2020) para. 706 (stating that courts do not require proof of a causal link beyond all doubt and with certainty.); *McMullen* c. *Air Canada*, 2022 QCCS 4132 at paras. 358-360 ("La jurisprudence reconnaît que lorsque ces inférences sont non seulement possibles, mais probables, logiques, solides et cohérentes avec la preuve administrée, le lien de causalité sera établi par présomption de faits. Il en est de même en matière d'actions collectives où la causalité pourra être établie pour l'ensemble d'un groupe à partir d'extrapolation en recourant aux présomptions de faits, dans la mesure où la preuve est prépondérante.")

CONCLUSION

As detailed herein, both U.S. and Canadian law grapple—to varying extents—with the applicability of and issues related to reliance in the context of securities class actions. Ultimately, courts on each side of the border are tasked with a difficult balancing act: upholding the objectives of class actions, which include facilitating access to justice, modifying harmful behaviour, and conserving judicial resources, while preventing unmeritorious litigation and strike suits through a rigorous application of the law.

The nuanced approaches to reliance in U.S. and Canadian securities class actions underscore the complex nature of this legal concept and the economic realities that bear on it. As the legal landscape evolves, the concept of reliance will undoubtedly remain a focal point of class action litigation for years to come. One can only expect (and the *"civiliste"* co-authors of this article look forward to) a remarkably interesting debate on the topic.

Le représentant, pistes de réflexion

David Bourgoin*

I–	L'étape de l'autorisation.	201
II–	Quel est le rôle du représentant ?	201
	A. Le mandat accordé à l'avocat	201
	B. Le contact avec les membres après l'autorisation. . .	207
	C. Le représentant refuse le règlement proposé	210
	D. Les réclamations individuelles.	212

---

* Me David Bourgoin, *BGA inc.*

I– L'ÉTAPE DE L'AUTORISATION

Sujet maintes fois analysé s'il en est un, parfois sous des angles périphériques au débat, la condition du représentant adéquat à l'étape de l'autorisation a fait couler beaucoup trop d'encre et l'importance qui lui a été accordée est inversement proportionnelle à celle qui lui est accordée aux étapes où se trouvent les réels enjeux : le fond, le règlement et l'exécution.

II– QUEL EST LE RÔLE DU REPRÉSENTANT ?

A. Le mandat accordé à l'avocat

Le représentant ne commence à remplir le rôle et assumer la responsabilité qui en découle qu'à compter du moment où un juge lui a octroyé son statut par le jugement d'autorisation. Le volet le plus important et fondamental de ce rôle, c'est de représenter tous les membres sans mandat, et ce, jusqu'à la fin du dossier, ce qui inclut l'étape des réclamations.

Cet aspect de la représentation sans mandat, spécifique à l'action collective, est parfois occulté après l'autorisation, ce qui soulève des questions de droit substantif et d'ordre déontologique, par exemple la substitution des avocats, le refus d'un règlement proposé, le contact direct ou indirect des avocats en défense avec des membres et les réclamations au nom des membres non inscrits d'une indemnité octroyée par un jugement au fond.

Certaines décisions ont donné des débuts de réponse, mais l'état du droit n'est pas encore établi et les débats sur ces questions ont été jalonnés de plusieurs occasions manquées.

Néanmoins, comme les tribunaux le rappellent souvent, l'action collective est un véhicule procédural qui ne modifie en rien les règles de droit substantif, dont les obligations déontologiques font partie.

Pour illustrer leur impact concret, je vais citer des dossiers dans lesquels j'ai été impliqué ainsi que certaines autres décisions.

Entrons maintenant dans le vif du sujet. La question suivante pourrait paraître sans nuance, mais à qui appartient le dossier une fois autorisé ?

C'est en gros la question qui s'est posée dans l'affaire *Dulude* et voici ce que le juge nous dit à ce sujet :

> [15] Mme Dulude fait appel à l'article 168 C.p.c. Elle estime que même en tenant pour avérées les allégations et les pièces de la demande visant à substituer la représentante, celle-ci est à sa face même irrecevable. Elle soutient que les membres n'ont pas l'intérêt juridique nécessaire pour intervenir agressivement dans la relation avocat-client entre la représentante et Me Guilbault, car il s'agit d'une sphère exclusive au statut de représentant du groupe.
>
> [16] Quant à la substitution d'un représentant, Mme Dulude estime qu'elle ne sera accordée uniquement lorsque le principal intéressé se disqualifie au sens de l'article 575(4) C.p.c.
>
> [17] Mme Dulude enchaîne pour dire que la procédure de Mme Riendeau constitue une attaque frontale à la prérogative et à la discrétion que détient Mme Dulude pour désigner ou de substituer seule les avocats mandatés pour agir en demande dans l'action collective que le Tribunal a autorisée, et ce, à l'exclusion des membres.
>
> [...]
>
> [32] Mme Dulude a tort, et à ce sujet le Tribunal s'est déjà exprimé dans son jugement du 31 mai 2021 :
>
>> [19] En matière d'action collective, surtout quand plusieurs membres du groupe s'interrogent sur la capacité de la représentante de les représenter, il n'est pas possible d'appliquer les mêmes règles à la substitution d'avocats qui s'appliquent alors qu'une demanderesse agit pour elle-même.
>>
>> [20] Une situation similaire à certains égards fut l'objet de la discussion dans l'affaire *Labranche*, où la juge devait

décider d'une opposition à une substitution d'avocats. À l'instar des avocats voulant être substitués dans le dossier *Labranche*, Mes Bourgoin et Gamache plaident que c'est le droit le plus strict de Mme Dulude. Voici ce que dit la juge Bergeron sur ce plan :

> [16] Bien que l'article 253 a.C.p.c. n'ait pas été repris dans le nouveau *Code de procédure civile*, le contexte créé par l'opposition à la substitution de procureurs et le devoir de surveillance par le Tribunal de l'intérêt des membres, qui peut s'inférer de l'article 585 C.p.c., imposent au Tribunal d'apprécier ce qu'il en est, tout comme il le ferait pour le changement d'un représentant ou pour une modification par le représentant d'un acte de procédure.
>
> [17] D'ailleurs, la ministre écrit ceci dans ses commentaires à propos de l'article 585 C.p.c. :
>
> Cet article reprend le droit antérieur. Il marque le fait que le tribunal, dans une action collective, a la responsabilité de protéger le droit des membres lorsqu'il autorise une mesure demandée par le représentant ou qu'il apprécie l'acte de celui-ci, tel l'aveu. La notion de désistement partiel n'y figure plus, étant donné que le désistement, selon l'article 213 du Code, met fin à la demande. Si une partie entend réduire sa demande ou renoncer à une partie de celle-ci, elle devra aussi être autorisée puisque cela suppose le retrait ou la modification d'un acte de procédure, ainsi qu'il est prévu aux articles 206 à 208.

(Références omises)

[21] Elle réfère aussi à l'arrêt de la Cour d'appel dans *Deraspe* c. *Zinc électrolytique du Canada ltée*, où la Cour reconnaît que c'est le droit d'un(e) représentant(e), pourvu que ce soit dans l'intérêt des membres.

[22] Sur le plan de la substitution d'avocats, elle enchaîne :

> [27] Ainsi, à compter du moment où le statut des représentants désignés dans le jugement autorisant l'action collective n'est pas mis en doute, qu'aucun membre,

> malgré les avis transmis, ne s'est manifesté à l'audience pour contester ou encore pour témoigner d'un préjudice et qu'aucune preuve ne démontre un préjudice causé aux membres par ce changement de procureurs, alors qu'il est acquis que dans notre système judiciaire, c'est le principe du libre choix de son avocat qui prévaut, le Tribunal n'a pas à intervenir.

[37] Bien sûr, Mme Dulude avait le droit de demander un changement d'avocats ; ce n'est pas cet élément de son comportement qui peut nous laisser songeurs. En revanche, demandons-nous si ses agissements depuis le jugement du 31 mai furent dans l'intérêt des membres du groupe ou dans le sien.

[...]

[41] Or, le Tribunal doit veiller non seulement aux intérêts de la représentante, mais également à ceux de l'ensemble du groupe. Bien qu'on ne puisse reprocher à Mme Dulude les retards de ces avocats, on peut bien s'interroger sur l'opportunité d'avoir mandaté les avocats de produire ces demandes, alors que le jugement du 31 mai indiquait très clairement l'intention du Tribunal de procéder avec la demande de Mme Riendeau en premier lieu :

> [30] Dans les circonstances du présent dossier, le Tribunal estime qu'il y a lieu de rendre une décision sur la demande de substitution de la représentante avant de considérer la demande de substitution d'avocats et l'opposition à celle-ci. Voici pourquoi.
>
> [31] Plusieurs membres se manifestent pour s'opposer tant au changement d'avocats qu'au maintien de Mme Dulude comme représentante. Ces membres soutiennent que le comportement de Mme Dulude est de nature à compromettre leurs droits et sont très insatisfaits de sa décision de changer d'avocats.
>
> [32] Bien que la demande de substitution d'avocats soit déposée avant la demande de Mme Riendeau d'être désignée représentante, ce dépôt antérieur ne suffit pas pour permettre au Tribunal de l'entendre en premier lieu.
>
> [33] Même si le Tribunal décidait que Mme Dulude avait le droit de changer d'avocats, un tel jugement ne ferait pas

disparaître la demande de Mme Riendeau, surtout devant l'appui considérable dont elle jouit voulant qu'elle remplace Mme Dulude vu l'insatisfaction des membres à son égard. On peut présumer que si le Tribunal faisait droit à sa demande et qu'elle devenait représentante, qu'elle voudrait retourner vers Me Guilbault. Un tel cheminement ne serait pas une bonne utilisation des ressources judiciaires et, plus important, retarderait le déroulement d'instance.

[…]

[44] Le Tribunal reconnaît qu'il doit être prudent sur le plan de la collaboration entre Mme Dulude et Me Guilbault, car on ignore jusqu'à quel point Me Guilbault était réceptive aux communications de Mme Dulude.

Ce jugement a été rendu à la suite de quelques décisions préliminaires ayant fragmenté une audition qui s'est échelonnée sur plusieurs mois. D'entrée de jeu, le changement d'avocats avait-il même à être autorisé par le juge ou relevait-il du pouvoir inhérent au rôle de représentante ? La question se pose.

À la base, la représentante désignée par le juge dans son jugement d'autorisation désirait simplement procéder à un changement de procureurs pour des motifs qu'elle considérait comme sérieux.

Le dépôt de cette demande de substitution de procureurs a déclenché une réplique, soit l'opposition à la substitution de procureurs et la demande pour remplacer la représentante. D'ailleurs, pouvait-il y avoir une opposition à cette substitution de procureurs ? La question se pose également.

Pourtant, avant l'envoi de la demande pour substitution de procureurs, jamais l'avocate chargée du dossier n'avait évoqué son intention de remplacer la représentante, ni même qu'elle pourrait ne plus être une représentante adéquate.

Il ressort de ce dossier la situation pour le moins particulière suivante : une justiciable se voyait imposer une avocate [qu'elle voulait faire remplacer] pour la représenter dans une demande qui voulait la remplacer comme représentante, que cette même avocate voulait voir accueillie. De plus, la membre qui voulait remplacer la représentante était elle-même représentée par un avocat. L'avocate s'est donc en quelque sorte vu octroyer un veto sur le dossier et les rôles de l'avocat et du client ont été inversés. Il ne lui a fallu que trouver quelques membres qui la soutenaient et leur demander de signer des déclarations assermentées formatées, sans que ces mêmes membres puissent être contre-interrogés pour vérifier notamment si des intérêts financiers ou personnels motivaient leur position.

Sans surprise, la représentante a été remplacée après avoir pourtant été qualifiée de représentante adéquate par le juge et avoir été dépeinte comme une représentante dévouée et intègre par son avocate l'année précédente.

Bien qu'il s'agisse d'un cas singulier, il soulève les questions fondamentales suivantes :

A. Est-ce que le choix de l'avocat d'un groupe autorisé et défini demeure la prérogative du représentant tout au long des procédures ?

B. Est-ce que la décision du représentant de remplacer l'avocate *ad litem* et de mandater de nouveaux procureurs peut constituer un motif justifiant de lui retirer son rôle ?

À moins d'accepter que l'action collective n'ait créé un régime particulier de droits fondamentaux ou modifié celui existant, le libre choix de l'avocat existe toujours et cette prérogative appartient au représentant, d'autant plus lorsque la représentation par avocat est obligatoire. Le *Code de déontologie des avocats* (CDA) exige de son côté la collaboration et le transfert d'un dossier sans obstruction en cas de changement d'avocat par le client.

S'il revenait aux tribunaux de choisir l'avocat du représentant, le risque de multiplication de *carriage motion*, avec concours de popularité, serait bien réel tant entre les cabinets qu'entre des membres qui voudraient prendre le contrôle d'une action collective.

Un jugement récent rendu dans l'affaire *Asselin* sur un fondement similaire, mais dont la trame factuelle diffère, apporte un certain éclairage à ces questions[1].

---
1. *Asselin c. Desjardins Cabinet de services financiers inc.*, 2022 QCCS 4279.

B. Le contact avec les membres après l'autorisation

La question de l'existence ou non d'une relation avocat-client entre l'avocat pilotant une action collective en demande et tous les membres du groupe demeure la clé de voûte de l'analyse. À la base, les avocats en demande agissent pour tous les membres qui ne se sont pas exclus, sans exception. En effet, les avocats ne peuvent écarter des membres qui ne sont pas inscrits, pas plus qu'ils ne peuvent choisir de ne pas présenter d'arguments pour ceux-ci.

Dans *Filion c. Québec (Procureure générale)*[2], la Cour d'appel aborde la question de cette relation avocat-client :

> [48] Selon moi, l'état du droit concernant le statut des membres d'un groupe visé par un recours collectif est tel que décrit par mes collègues Vézina dans l'arrêt *Brochu* et Wagner dans l'arrêt *Imperial Tobacco*. Pas plus, pas moins. Ils sont demandeurs dans l'action collective et leur statut est « bien près » de celui d'une partie à l'instance. <u>Quant aux membres qui, d'une manière ou d'une autre, ont établi une relation avocat-client avec l'avocat agissant en demande, leur statut se rapproche beaucoup de celui d'une partie protégée par les obligations déontologiques de l'avocat. Quant aux autres membres du groupe, le débat reste à faire, mais il n'est pas nécessaire de le trancher ici.</u>
> [Nos soulignements]

Dans *Engler-Stringer c. Ville de Montréal*[3], la Cour supérieure revient sur la jurisprudence concernant le statut des membres d'un groupe dans le cadre d'une demande en rétractation de jugement présentée par un membre :

> [26] Notons que les principes découlant de ces décisions sont synthétisés par les auteurs Welsh et Shaun comme suit :
>
> - une fois l'action collective autorisée, les membres du groupe sont des parties demanderesses qui sont « presque des parties » ;

---

2. *Filion c. Québec (Procureure générale)*, 2015 QCCA 352, par. 48.
3. *Engler-Stringer c. Ville de Montréal*, 2019 QCCS 1404, par. 26.

- que certains membres du groupe se soient inscrits auprès de la demande, leur statut juridique ne diffère pas de celui des membres non inscrits ;

- il existe une certaine relation entre les membres du groupe et l'avocat du demandeur-représentant, bien que cette relation soit peut-être plus forte dans le cas des membres inscrits ;

- de toute façon, tous les membres du groupe sauf le représentant et/ou la personne désignée ont droit à une certaine quiétude ; et

- le défendeur ou son avocat ne peuvent rencontrer les membres du groupe, qu'ils soient inscrits ou non, qu'avec l'approbation du tribunal.

Il est essentiel qu'un défendeur comprenne ces enseignements afin de façonner sa stratégie en conséquence. Tout en respectant l'anonymat relatif dont jouissent les membres du groupe, le défendeur peut obtenir l'autorisation d'interroger au préalable un échantillon de membres ou de les soumettre à un examen médical. Pour ce faire, le défendeur devra démontrer au tribunal qu'un tel exercice serait utile pour décider des questions collectives (art. 587 n.C.p.c.). L'arrêt *Filion* est clair à cet égard [...]. [Référence omise]

Dans *Lépine c. Société canadienne des postes*[4], la Cour supérieure analyse le statut de l'avocat agissant en demande dans une action collective :

[58] Le deuxième cas résulte de la règle d'ordre public qui exige qu'un représentant dans une action collective soit représenté par avocat (art. 87(2°) C.p.c.). L'intérêt public est donc en cause lorsqu'un avocat occupe pour un représentant dans une action collective. De plus, on l'a vu, l'avocat qui agit en demande dans un tel recours a des obligations légales et éthiques non seulement à l'égard de son client, le demandeur/représentant, mais aussi à l'égard des membres du groupe de l'action collective. Il est donc nécessaire que l'avocat qui désire cesser d'occuper pour le représentant obtienne l'autorisation du tribunal, même lorsque la date de l'instruction n'a pas encore été fixée, afin que

---

4. *Lépine c. Société canadienne des postes*, 2016 QCCS 5972, par. 58.

l'on puisse s'assurer que tant les droits du représentant que ceux des autres membres du groupe ne soient pas préjudiciés. En somme, le procureur qui accepte d'agir en demande dans une action collective autorisée occupe alors une position régie par des dispositions d'ordre public et d'intérêt public. Il est donc raisonnable de conclure qu'il ne peut cesser d'occuper sans l'autorisation préalable du tribunal, que la date de l'instruction ait été fixée ou non.
[Nos soulignements]

Fort de ces enseignements, comment en arriver à une autre conclusion que celle d'une relation avocat-client avec tous les membres d'un groupe autorisé et défini, et ce, jusqu'à la finalisation du dossier ? C'est le principe de la représentation sans mandat des membres et par extension la représentation obligatoire par avocat du représentant qui permet d'en arriver au seul constat qui s'impose.

Tenant cela pour acquis, si l'avocat agissant en demande dans une action collective a des obligations éthiques et légales à l'égard de tous les membres du groupe, qu'en est-il alors des obligations déontologiques de l'avocat en défense ?

L'avocat en défense dans une action collective a également des obligations déontologiques envers les membres du groupe, dont celle visée à l'article 120 CDA. Il ne peut ainsi entrer en contact avec les membres sans la permission du tribunal et hors la présence de l'avocat du groupe[5]. Il peut toutefois le faire avec des membres qui se sont exclus.

Et selon le principe énoncé dans *Madden* v. *Nelson and Fort Sheppard Railway Co.*[6], on ne peut faire indirectement ce que l'on ne peut faire directement. Il s'agit de la base du fair-play.

En suivant ce raisonnement, l'avocat agissant en défense dans une action collective ne peut donc communiquer indirectement avec les membres du groupe, notamment par l'intermédiaire de sa cliente ou d'une personne embauchée et mandatée par celle-ci.

Dans un dossier de troubles de voisinage où cette question s'est posée, des questionnaires et déclarations sous serment de membres

---
5. Art. 292 et 587 C.p.c.
6. *Madden* v. *Nelson and Fort Sheppard Railway Co.*, [1899] A.C. 626.

du groupe (clients) représentés par les représentants et leurs avocats ont été obtenus par l'avocat en défense. Il s'agissait en fait d'interrogatoires et de témoignages hors cour écrits. Un débat a eu lieu au procès, mais le fond de cette question et les arguments à son soutien, plus particulièrement la relation avocat-client avec tous les membres, ont finalement été évacués sur des motifs de forme et n'ont été abordés qu'en surface dans le jugement rejetant l'action collective. Une occasion manquée de clarifier le droit.

Or, les signataires qui ne s'étaient pas exclus et qui étaient visés par la définition du groupe se retrouvaient à être représentés par les demandeurs et leurs avocats en application des principes développés jusqu'à maintenant par la jurisprudence.

Afin d'appuyer davantage l'existence d'une relation avocat-client, qu'il suffise de mentionner que tous les membres qui ne se sont pas exclus sont liés par un éventuel règlement dans lequel leurs indemnités auront été négociées par les représentants et leurs procureurs, au même titre qu'ils sont liés par un jugement au fond dans lequel leurs réclamations auront ou non été accordées.

En conclusion, les principes déontologiques et juridiques régissant la représentation par avocat enseignent clairement que l'avocat d'une partie ne peut entrer en contact avec une autre partie au litige représentée par avocat, le même avocat ne pourrait s'autoriser à contourner cette exigence fondamentale par l'entremise d'une personne qui ne fait pas partie de son cabinet pour recueillir l'information qu'il n'aurait pu obtenir directement.

C. Le représentant refuse le règlement proposé

Qu'arrive-t-il lorsque le représentant n'est pas d'accord avec un règlement proposé par ses avocats ? Les avocats peuvent-ils passer outre et signer la transaction malgré ce désaccord en invoquant l'intérêt des membres ?

C'est en gros ce qui s'est produit dans l'affaire *Ramacieri* et le dossier s'est terminé devant le Tribunal des professions contre l'avocat qui était en charge de l'action collective. La représentante avait clairement manifesté son désaccord à l'égard de la transaction, elle a tout de même été signée par son avocat sans son consentement.

Ce dossier plutôt sinueux est une autre illustration du rôle que doit jouer un représentant et des obligations déontologiques de l'avocat qui le représente. J'ai été impliqué dans ce dossier et j'épargnerai au lecteur les nombreux détails procéduraux et factuels pour m'en tenir à l'essentiel. Pour celles et ceux que le tout intéresse, je vous invite à lire la décision du Tribunal des professions qui est très éclairante et donne un excellent portrait de la situation[7].

C'est une plainte privée de la représentante contre son avocat qui a mené à la décision du Tribunal des professions, après avoir été rejetée sur tous les chefs par le Conseil de discipline du Barreau. Le syndic avait au départ refusé de déposer un dossier de manquements disciplinaires devant un conseil de discipline et cette décision a été maintenue en révision.

Essentiellement, la représentante reprochait à son avocat d'avoir signé une transaction sans son consentement contenant des affirmations indiquant qu'elle était en accord avec le règlement, qu'elle autorisait ses procureurs à signer et qu'elle considérait la transaction comme juste et raisonnable.

Or, c'est tout le contraire qu'elle a dit et réitéré à son avocat. Elle considérait que cette entente, qui ne donnait aucun bénéfice aux membres, était injuste puisqu'elle se limitait à un don caritatif et aux honoraires des avocats.

Une audition visant l'approbation de cette transaction avait été envisagée, mais elle n'a jamais eu lieu malgré la pression exercée par les avocats qui espéraient faire plier la représentante. Le Tribunal des professions a déclaré l'avocat coupable de trois des quatre chefs, dont les principaux visaient les déclarations selon lesquelles la représentante était d'accord avec la transaction et de s'être placé en situation de conflit entre les intérêts financiers de son cabinet et les intérêts des membres.

Considérant l'absence d'indemnités aux membres, l'argument d'un règlement fait dans leur meilleur intérêt ne pouvait être retenu et c'est précisément ce que le Tribunal des professions a conclu.

Dans son analyse, le Tribunal des professions a traité de la question de la relation avocat-client et a déterminé dans des motifs

---

7. *Ramacieri c. Hébert*, 2021 QCTP 62.

étoffés et fouillés que les obligations déontologiques de l'avocat quant aux instructions à suivre et au déroulement de l'action collective le sont envers le représentant. Pour le Tribunal des professions, il y a un seul CDA et il s'applique au domaine des actions collectives comme à tous les autres champs de pratique.

L'autre cas de figure pouvant se présenter dans un contexte de règlement, c'est celui du représentant qui refuse une transaction même si elle est dans l'intérêt des membres. Dans un cas comme dans l'autre, la seule option pour l'avocat en demande qui considère l'entente comme juste et raisonnable, c'est de saisir le tribunal de la question le plus rapidement possible. La solution n'est certainement pas de signer malgré tout et de confirmer l'accord à la partie adverse en espérant que le représentant finira par accepter ou changer d'idée.

D. Les réclamations individuelles

Cette section du texte touche un sujet d'une importance capitale qui est trop souvent relégué au second plan : l'indemnisation des membres. C'est pourtant le rôle de tous les intervenants du système judiciaire de s'assurer qu'une sanction soit réellement exécutée et que l'argent versé aux membres soit maximisé. C'est la seule mesure du résultat d'une action collective. Il faut éviter qu'une victoire de la demande sur la responsabilité se transforme en victoire de la défense sur l'indemnisation et la distribution des sommes.

Tout d'abord, il n'existe à la connaissance de l'auteur aucun principe ou assise juridique empêchant les avocats en demande d'obtenir toute l'information disponible permettant d'identifier les membres et de connaître les montants qui leur sont dus après un jugement sur le fond d'une action collective.

Bien au contraire, dans l'affaire *Deronvil*, la juge Monast énonce comme suit les raisons qui militent en faveur de la pleine divulgation :

> [24] Tous conviennent que ces renseignements seront utiles pour identifier les membres du groupe, les aviser de la teneur du jugement et les informer de la valeur des indemnités auxquelles ils peuvent avoir droit. Ces renseignements seraient ensuite communiqués à l'administrateur chargé d'analyser les réclamations individuelles des membres afin de faciliter l'exécution du jugement.

[25] Considérant que la communication de ces informations est dans l'intérêt des membres du groupe et que la divulgation des renseignements à caractère nominatif sera limitée aux procureurs de la demanderesse et à l'administrateur chargé d'analyser les réclamations, le Tribunal est d'avis qu'une ordonnance de communication doit être prononcée.

Malgré l'absence de contestation de la demande de communication dans cette dernière affaire et qu'il s'agissait d'un recouvrement collectif, les principes demeurent applicables dans un contexte de recouvrement individuel lorsque l'identité des membres [et les montants] sont connus par la défense et où la maximisation des réclamations et des versements aux membres devrait être la priorité de tous les intervenants du système judiciaire qui ont pour mission de protéger leurs intérêts.

Comme la juge Monast l'indique, la transmission des informations nominatives des membres ne signifie pas qu'elles se retrouvent sur la place publique. La confidentialité de ces données peut être préservée par différents moyens.

L'information est la clé d'une indemnisation à la hauteur d'une condamnation. À l'étape de l'exécution du jugement, la seule préoccupation du tribunal devrait être le meilleur intérêt des membres, peu importe les montants individuels, et non celui d'une partie qui a été condamnée.

En pareils cas, l'intérêt des avocats en demande est clairement convergent et aligné à celui des membres, soit de prendre tous les moyens à leur disposition pour que la partie défenderesse verse le montant le plus élevé possible. Ceci commence par une information complète aux membres provenant de diverses sources.

Le soi-disant principe du libre choix des membres ne peut servir à justifier une restriction ou une limitation de ces efforts et des moyens pour les informer qu'ils ont eu gain de cause et qu'ils ont droit à un montant.

Or, les avocats en demande remplissent précisément ce rôle, ce que les tribunaux leur rappellent sans cesse, et doivent être des vecteurs autonomes de diffusion de l'information directement aux membres, contrairement aux défenderesses qui ne défendent certainement pas l'intérêt des membres, mais uniquement leur intérêt financier de payer le montant le moins élevé possible sur un jugement qui a pourtant force exécutoire pour la totalité des réclamations individuelles.

Il faut présumer qu'un membre qui ne s'est pas exclu du groupe veut être indemnisé, plutôt que présumer qu'un membre qui ne formule pas de réclamation exerce un libre choix de ne pas être payé alors que personne ne peut affirmer qu'un tel membre a reçu l'information. Mon expérience me permet d'affirmer que je n'ai jamais eu connaissance d'un membre ayant refusé d'encaisser un paiement afin d'exercer son libre choix de ne pas réclamer.

Ce concept du libre choix mis de l'avant dans certains dossiers, et qui ne sert que les défenderesses, n'est de toute façon pas un obstacle au rôle proactif que peuvent jouer les avocats. D'ailleurs, ce libre choix des membres n'entre pas en ligne de compte lorsqu'un recouvrement collectif est ordonné.

Si ce principe du libre choix devenait le critère principal, il s'agirait d'une question individuelle qui ferait obstacle à tout recouvrement collectif puisque ce mode de recouvrement est en soi une indemnisation sans égard à la volonté des membres de recevoir ou non un montant.

Certains juges ont déjà mentionné que les membres qui se seraient inscrits auprès du cabinet d'avocats [alors qu'ils n'ont aucune obligation de le faire] bénéficieraient d'une information directe et que ceux qui ne l'ont pas fait ne pourraient être connus de leurs avocats et contactés par ceux-ci.

En suivant ce raisonnement, on se retrouverait ainsi avec deux catégories de membres, ce que la Cour d'appel a expressément exclu dans l'affaire *Filion* précitée. La Cour d'appel souligne en effet qu'il n'y a qu'une seule catégorie de membres et qu'ils bénéficient des mêmes droits.

Dans la mesure où les membres assument des honoraires sur leurs réclamations, ils sont en droit d'exiger que les avocats les représentent avec vigueur tout au long du processus (art. 12 et 20 CDA), qu'ils les tiennent informés (art. 47 CDA), qu'ils communiquent avec eux (art. 26 CDA), qu'ils agissent dans leur meilleur intérêt (art. 23 et 36 CDA) et qu'ils puissent faire valoir [en pleine connaissance de cause] leurs droits à l'encontre de toute contestation de la partie adverse (art. 20 et 21 CDA). Or, c'est précisément ce que les avocats en demande cherchent généralement à faire.

Au surplus, le *Code de procédure civile* accorde aux tribunaux le pouvoir de déterminer des modes spéciaux de preuve et de procédure au stade des réclamations individuelles[8]. À cette étape, la représentation sans mandat par le représentant devrait être une avenue à exploiter afin qu'elle soit utilisée à son plein potentiel.

À nouveau, des questions d'importance et d'intérêt public se posent à cette étape finale d'une action collective. Elles pourraient se décliner comme suit :

A. Les membres d'un groupe visés par un jugement sur le fond d'une action collective et bénéficiaires d'une indemnité sont-ils représentés par le représentant et les avocats en demande à l'étape de l'exécution ?

B. Quelles sont les obligations déontologiques des avocats à l'égard des membres à l'étape de l'exécution d'un jugement sur le fond d'une action collective et des réclamations individuelles ?

C. Sur quelle base légale les avocats en demande peuvent-ils se voir refuser la communication par la partie défenderesse des informations permettant d'identifier les membres et les montants qui leur sont dus ?

Le but de ce texte et de l'humble contribution de l'auteur est de susciter un débat et d'encourager toutes les avocates et tous les avocats à plaider ces questions dès que l'occasion se présentera et de les porter en appel afin de créer et enrichir le corpus jurisprudentiel.

---

8. Art. 600 C.p.c.

Les immunités sous le prisme du syllogisme juridique : application au stade de l'autorisation

Rima Kayssi, Gabriel Lavigne et Alexandra Hodder*

Introduction	219
I– Les immunités de droit public	219
A. L'immunité politique	219
B. L'immunité du législateur	224
C. L'immunité du poursuivant	226
D. Les immunités d'origine législative	227
E. Commentaire	227
II– Les immunités à l'étape de l'autorisation d'une action collective	230
A. Les jugements ayant refusé l'autorisation de l'action collective dans le contexte d'un argument d'immunité	230

---

* Avocats, ministère de la Justice du Québec. Les propos tenus dans cet article leur sont propres et ne sauraient être attribués au ministère de la Justice du Québec. Les auteurs tiennent à remercier monsieur Philippe Clément pour la qualité de ses recherches et de ses réflexions dans le cadre de la rédaction du présent article.

B. Les jugements ayant autorisé l'action collective malgré un argument d'immunité 241

C. Commentaire et conclusion 248

INTRODUCTION

Nul besoin d'être un praticien en matière d'action collective pour constater qu'un bon nombre d'entre elles sont instituées contre l'État. Dans les dernières années, de multiples actions collectives ont été entreprises contre des entités publiques contenant des allégations d'une panoplie de fautes, allant de la tolérance d'une situation au sous-financement d'un domaine en passant par la contravention à une loi ou aux Chartes. La nature des fautes reprochées dans le cadre de telles actions collectives a souvent amené les corps publics à soulever une forme ou une autre d'immunité de responsabilité civile.

Le présent texte propose un survol des différents types d'immunités applicables aux entités publiques, puis une analyse de l'évolution de la jurisprudence québécoise marquante au stade de l'autorisation d'une action collective à ce sujet. Nous tenterons ensuite de tracer un fil conducteur de l'application qui en a été faite par les tribunaux au cours des dernières années et des enseignements que l'on peut en tirer lorsque la responsabilité de l'État est invoquée.

I– LES IMMUNITÉS DE DROIT PUBLIC

Avant d'aborder la manière dont les immunités ont été traitées au stade de l'autorisation d'une action collective, il importe de se pencher sur la nature même de ces immunités, sur leur fondement et sur les principes qui les sous-tendent.

A. L'immunité politique[1]

Historiquement, l'État fédéral et les provinces bénéficiaient d'une immunité totale contre les poursuites en responsabilité civile[2],

---

1. Les tribunaux utilisent également l'expression « immunité relative » pour désigner cette immunité.
2. Jean-Louis BAUDOUIN, Patrice DESLAURIERS et Benoît MOORE, *La responsabilité civile*, 9e éd., Montréal, Éditions Yvon Blais, 2020, vol. 1, « Principes généraux », par. 1-150.

découlant de la maxime « the King can do no wrong ». Ce principe, à travers les années, a fait l'objet de plusieurs atténuations.

En ce qui concerne le Québec, par exemple, la Cour suprême du Canada a reconnu dès 1935 que l'État québécois pouvait être poursuivi en responsabilité civile[3]. Plusieurs années plus tard, le législateur québécois l'a expressément prévu à l'article 1376 du *Code civil du Québec* :

> **1376.** Les règles du présent livre s'appliquent à l'État, ainsi qu'à ses organismes et à toute autre personne morale de droit public, sous réserve des autres règles de droit qui leur sont applicables.

Ainsi, l'État québécois et ses différents acteurs sont soumis aux principes généraux de la responsabilité civile prévus aux articles 1457 et suivants C.c.Q.[4]. Il en découle donc que l'État peut être tenu de réparer le préjudice qu'il a causé à autrui par sa faute.

Toutefois, l'on remarquera l'usage de l'expression « sous réserve des autres règles de droit qui leur sont applicables » employée par le législateur, laquelle a pour effet de limiter les cas de responsabilité de l'État, compte tenu de certaines règles de common law publique[5], notamment celles relatives aux immunités[6]. De ce fait, afin de déterminer le contenu du régime applicable à l'État, il faut prendre en compte les règles de droit public applicables[7].

La raison d'être de cette particularité est claire : on ne peut assimiler l'État à une personne physique ou morale ordinaire qui évolue en société. Par la nature de son rôle et de ses responsabilités, l'État joue un rôle différent : il gouverne. La Cour suprême, dans

---

3. *R. c. Cliche*, 1935 CanLII 42 (SCC), [1935] R.C.S. 561. Voir également : *Québec (Procureur général) c. Proulx*, 1999 CanLII 13648 (QC C.A.), p. 54-55.
4. *Droit constitutionnel*, H. BRUN, G. TREMBLAY et E. BROUILLET, 6e éd., Montréal, Éditions Yvon Blais, 2014, par. IX.99.
5. Jean-Louis BAUDOUIN, Patrice DESLAURIERS et Benoît MOORE, préc., note 2, par. 1-151.
6. *Hinse c. Canada (Procureur général)*, 2015 CSC 35, par. 21 et 24 ; *Finney c. Barreau du Québec*, [2004] 2 R.C.S. 17, par. 27 ; *Prud'homme c. Prud'homme*, [2002] 4 R.C.S. 663, par. 31 ; *Maltais c. Procureure générale du Québec*, 2020 QCCA 715, par. 74, demande pour autorisation de pourvoi à la Cour suprême rejetée : *Maltais c. Procureur général du Québec*, 2020 CanLII 109013 (CSC).
7. *Québec (Procureur général) c. Proulx*, 1999 CanLII 13648 (QC C.A.), p. 58-60, juge Lebel, dissident, approuvé par la majorité de la Cour suprême dans *Proulx c. Québec (Procureur général)*, [2001] 3 R.C.S. 9, par. 5.

l'arrêt de principe *Just* c. *Colombie-Britannique*, a bien identifié la manière dont le gouvernement intervient dans la vie quotidienne des justiciables :

> Les fonctions du gouvernement et des organismes qui en dépendent se sont multipliées de façon phénoménale depuis le début du siècle. Les organismes gouvernementaux ont souvent représenté, et représentent encore aujourd'hui, le meilleur moyen, à vrai dire le seul moyen, de protéger le public dans les multiples situations difficiles auxquelles il est confronté. Il peut s'agir de la distribution ou de la fabrication de produits alimentaires ou pharmaceutiques, de production d'énergie, de protection de l'environnement, de transport et de tourisme, de prévention des incendies ou de construction. En raison de la complexité croissante de la vie, les organismes gouvernementaux interviennent dans presque tous les aspects du quotidien.[8]

Dans cette optique, l'État doit être en mesure de poser des gestes de nature politique sans craindre d'encourir sa responsabilité et sans s'exposer à une immixtion des tribunaux dans ce processus[9]. Il en va de la faculté même pour le gouvernement d'exercer son pouvoir décisionnel en toute liberté, le contraire étant susceptible d'entraver sérieusement l'exercice du pouvoir gouvernemental[10]. L'immunité politique dont bénéficie l'État a donc pour but de permettre l'atteinte de cet objectif, en soustrayant l'action gouvernementale au pouvoir judiciaire. Autrement, l'application sans nuance du régime de droit commun à cette action ne permettrait pas à l'État de remplir ses fonctions avec suffisamment de liberté, vu la diversité et la complexité des tâches qui lui incombent[11].

Toutefois, tant les tribunaux que le législateur ont reconnu qu'une immunité totale ne sert pas cet objectif, puisqu'elle englobe tant les décisions politiques que celles prises à l'extérieur de cette sphère. Or, les principes sous-tendant l'application des immunités de poursuite ne devraient avoir pour objectif que de protéger l'État des poursuites remettant en question le bien-fondé du premier type de décision. Quant aux décisions prises dans la sphère

---

8. *Just* c. *Colombie-Britannique*, [1989] 2 R.C.S. 1228, p. 1239.
9. *Entreprises Sibeca inc.* c. *Frelighsburg (Municipalité)*, [2004] 3 R.C.S. 304, par. 24.
10. *Just* c. *Colombie-Britannique*, préc., note 8, p. 1240, citant *Blessing* v. *United States*, 447 F.S. 1160, p. 1170.
11. *Id.*, p. 1239.

« opérationnelle », elles ne seront habituellement pas sujettes à une immunité de poursuite[12].

Ainsi, lorsque la responsabilité de l'État est recherchée en raison d'une décision prise par celui-ci, il importe tout d'abord d'identifier la nature de la décision en question, car seules les décisions de politique générale seront protégées par une immunité. Ces décisions seront qualifiées ainsi lorsqu'elles se rapporteront à une « ligne de conduite »[13] ou reposeront sur « des considérations d'intérêt public, telles des facteurs économiques, sociaux ou politiques »[14], qu'elles seront réfléchies et traduiront « une politique générale dans le sens d'une règle ou orientation générale appliquée dans une situation précise »[15].

Conséquemment, les décisions de nature opérationnelle seront soumises au régime général de la responsabilité civile du *Code civil du Québec*, alors que celles de nature politique y seront soustraites. Néanmoins, les décisions politiques pourront être source de responsabilité civile lorsqu'elles ont été prises de manière irrationnelle ou de mauvaise foi. Dans *Hinse* c. *Canada (Procureur général)*, la Cour suprême s'exprimait ainsi :

[53] En somme, échappent à l'immunité relative de l'État les décisions prises de mauvaise foi par le Ministre, y compris celles démontrant une insouciance grave de sa part au sens établi dans les arrêts *Finney* et *Sibeca*. La mauvaise foi peut être établie par une preuve montrant que le Ministre a agi délibérément dans l'intention arrêtée de nuire à autrui. Elle peut aussi l'être par une preuve d'insouciance grave révélant un dérèglement tellement fondamental des modalités de l'exercice du pouvoir que l'on peut en déduire l'absence de bonne foi et présumer la mauvaise foi. C'est sous cet éclairage que l'on doit analyser l'obligation qui incombe au Ministre dans l'exercice de son pouvoir de clémence.[16]
(Nos soulignements)

---

12. *Ibid.*
13. *Hinse* c. *Canada (Procureur général)*, préc., note 6, par. 23.
14. *Ibid.*
15. *Ibid.*
16. *Id.*, par. 53. Voir également : *R.* c. *Imperial Tobacco Canada ltée*, 2011 CSC 42, par. 90.

Cependant, en 2020, la Cour suprême dans *Conseil scolaire francophone de la Colombie-Britannique* c. *Colombie-Britannique*[17] s'est prononcée sur l'opportunité d'appliquer l'immunité politique dont bénéficie l'État dans le contexte d'une politique gouvernementale déclarée contraire à l'article 23 de la *Charte canadienne des droits et libertés*. Elle a créé une exception à cet égard en concluant que l'immunité ne s'appliquait pas dans de telles circonstances, rappelant que l'État peut faire valoir des considérations relatives à l'efficacité gouvernementale dans le cadre d'analyse relative à l'octroi de dommages en vertu de la *Charte canadienne*, cadre développé dans l'arrêt *Vancouver (Ville)* c. *Ward*[18]. Les juges Brown et Rowe, minoritaires, en sont arrivés à la conclusion contraire, estimant que l'État devait bénéficier d'une immunité restreinte même dans de telles situations. La question demeure à savoir dans quelle mesure cette exception s'applique aux autres droits protégés par la *Charte*, la Cour suprême n'étant pas explicite à ce sujet.

Fait intéressant, quelques jours avant l'arrêt *Conseil scolaire francophone*, la Cour d'appel du Québec en est arrivée à la conclusion contraire à l'égard cette fois-ci d'une atteinte à un droit protégé par la *Charte québécoise des droits et libertés de la personne*. Elle a estimé que l'immunité politique dont bénéficie l'État s'applique même en cas d'une telle atteinte :

> [96] Ainsi, sans nier l'importance que revêt cette disposition en droit de l'environnement, elle ne modifie pas les règles de droit public en matière de responsabilité civile de l'État, tout comme l'article 54 de la *Charte* selon lequel « [l]a Charte lie l'État » ne fait pas disparaître ces règles.
>
> [97] Dans l'arrêt *Québec (Commission des droits de la personne et des droits de la jeunesse)* c. *Communauté urbaine de Montréal*, alors qu'il est question des immunités rattachées à l'action législative ou réglementaire, le juge Lebel écrit que « [l]e recours au régime de responsabilité civile pour sanctionner les violations de la *Charte québécoise* ne saurait faire abstraction de ces règles de base [...] ». La même logique s'impose en matière d'obligations environnementales. Le recours au régime de responsabilité civile, avec ou sans faute, pour sanctionner les

---

17. *Conseil scolaire francophone de la Colombie-Britannique* c. *Colombie-Britannique*, [2020] 1 R.C.S. 678.
18. 2010 CSC 27.

contraventions à l'article 20 L.q.E. ne saurait faire abstraction des règles de droit public qui s'appliquent à l'État.

[98] Aussi suis-je d'avis que l'État peut invoquer son immunité en cas de contravention à la L.q.E. ou d'atteinte illicite à un droit reconnu par la *Charte*.

La Cour suprême du Canada a subséquemment refusé d'entendre l'appel de cet arrêt.

B. L'immunité du législateur[19]

Les actes législatifs posés par l'État sont également protégés par une immunité. La Cour suprême dans *Guimond c. Québec (Procureur général)*[20] s'est penchée sur la question de l'octroi de dommages et intérêts en réparation du préjudice imputable à l'invalidité constitutionnelle d'une loi qui était alléguée dans le cadre d'une demande d'autorisation d'intenter une action collective. Reprenant les propos du professeur Garant, la Cour indique :

> Il semble qu'il n'y a pas lieu à réparation indemnitaire de la part de l'État lorsque la violation de la *Charte* résulte d'une loi déclarée inconstitutionnelle.[21]

Se fondant sur le principe de la validité *de facto* des lois, elle ajoute :

> Dans *Crown Trust Co. c. The Queen in right of Ontario* (1986), 26 D.L.R. (4th) 41, aux p. 48 et 49, la Cour divisionnaire de l'Ontario applique le principe de la validité *de facto* pour rejeter une action en dommages-intérêts présentée en vertu de la *Charte* et découlant de l'application d'une loi déclarée inconstitutionnelle. Comme l'explique le juge Henry :
>
>> Nous estimons que le droit est clair : il n'existe aucune cause d'action à l'égard de la conduite des appelants à titre de mandataires et de représentants du registraire lorsqu'ils agissaient dans les limites du pouvoir conféré par la loi, en l'absence de toute allégation de comportement fautif, de mauvaise foi, de négligence ou de poursuite d'une fin

---

19. Les tribunaux utilisent également l'expression « immunité restreinte ».
20. *Guimond c. Québec (Procureur général)*, [1996] 3 R.C.S. 347.
21. *Id.*, par. 15.

secondaire. Les lois doivent être appliquées dans toute leur force et effet tant qu'elles ne sont pas invalidées.[22]

Dans l'arrêt *Mackin* c. *Nouveau-Brunswick (Ministre des Finances)*, la Cour suprême a de nouveau précisé que la responsabilité de l'État, sauf exception, ne saurait être recherchée lorsqu'elle découle de l'adoption ou de l'application d'une loi subséquemment déclarée inconstitutionnelle :

> 78 <u>Selon un principe général de droit public, en l'absence de comportement clairement fautif, de mauvaise foi ou d'abus de pouvoir, les tribunaux n'accorderont pas de dommages-intérêts pour le préjudice subi à cause de la simple adoption ou application d'une loi subséquemment déclarée inconstitutionnelle</u> (*Welbridge Holdings Ltd.* c. *Greater Winnipeg*, 1970 CanLII 1 (CSC), [1971] R.C.S. 957 ; *Central Canada Potash Co.* c. *Gouvernement de la Saskatchewan*, 1978 CanLII 21 (CSC), [1979] 1 R.C.S. 42). Autrement dit, [TRADUCTION] « l'invalidité n'est pas le critère de la faute et ne devrait pas être le critère de la responsabilité » (K. C. Davis, *Administrative Law Treatise* (1958), vol. 3, p. 487). Ainsi, au sens juridique, tant les fonctionnaires que les institutions législatives bénéficient d'une <u>immunité restreinte</u> vis-à-vis des actions en responsabilité civile dont le fondement serait l'invalidité d'un texte législatif. Quant à la possibilité qu'une assemblée législative soit tenue responsable pour l'adoption d'une loi subséquemment déclarée inconstitutionnelle, R. Dussault et L. Borgeat confirment dans leur *Traité de droit administratif* (2ᵉ éd. 1989), t. III, p. 959, que :
>
>> Dans notre régime parlementaire, il est impensable que le Parlement puisse être déclaré responsable civilement en raison de l'exercice de son pouvoir législatif. La loi est la source des devoirs, tant des citoyens que de l'Administration, et son inobservation, si elle est fautive et préjudiciable, peut pour quiconque faire naître une responsabilité. Il est difficilement imaginable cependant que le législateur en tant que tel soit tenu responsable du préjudice causé à quelqu'un par suite de l'adoption d'une loi. [Notes infrapaginales omises.][23]
>
> (Nos soulignements)

---

22. *Id.*, par. 17.
23. *Mackin* c. *Nouveau-Brunswick (Ministre des Finances)*, 2002 CSC 13, par. 78.

À l'instar de la protection conférée aux décisions de nature politique, celle accordée relativement à l'adoption d'une loi trouve également sa source dans la nécessité d'un État efficace et effectif[24]. Ce n'est donc qu'en présence d'un comportement clairement fautif, de mauvaise foi ou d'abus de pouvoir que sa responsabilité pourra être reconnue par les tribunaux.

C. L'immunité du poursuivant[25]

Les tribunaux ont également reconnu l'existence d'une immunité de common law bénéficiant au substitut de la Couronne agissant comme poursuivant en matière criminelle et pénale. Dans *Nelles* c. *Ontario*, la Cour suprême devait déterminer si l'immunité en question était absolue ou relative. Pour ce faire, elle s'est penchée sur le rôle du procureur de la Couronne dans l'ordre judiciaire canadien[26] et en a conclu que l'application d'une immunité du poursuivant permettra au poursuivant de mener à bien ses fonctions sans craindre une « avalanche » de recours civils contre lui[27], entravant par le fait même l'exécution de leurs charges publiques[28]. En effet, un procureur de la Couronne doit être en mesure d'exercer librement son pouvoir discrétionnaire en matière de poursuites, et les tribunaux doivent se garder de réviser rétrospectivement ses décisions. Cette indépendance est « si essentielle à l'intégrité et à l'efficacité du système de justice criminelle qu'elle est consacrée par la Constitution »[29].

Toutefois, la jurisprudence en la matière estime que l'application d'une immunité du poursuivant entraînant une charge de preuve lourde et stricte constitue un rempart suffisant[30]. Ainsi, le demandeur devra, pour avoir gain de cause, faire notamment la preuve que des procédures ont été engagées par la Couronne sans motif raisonnable et probable et avec une intention malveillante[31].

---

24. *Id.*, par. 79.
25. Les tribunaux font également référence au concept d'immunité relative.
26. *Nelles* c. *Ontario*, [1989] 2 R.C.S. 170, p. 191-192.
27. *Nelles* c. *Ontario*, préc., note 26, p. 197.
28. *Id.*, p. 199.
29. *Miazga* c. *Kvello (Succession)*, [2009] 3 R.C.S. 339, par. 46-47.
30. *Nelles* c. *Ontario*, préc., note 26, p. 197 et 199.
31. *Miazga* c. *Kvello (Succession)*, préc., note 29.

D. Les immunités d'origine législative

Le législateur québécois a lui-même parfois prévu dans ses lois des immunités pour les gestes posés par certains acteurs étatiques[32]. On parle alors d'immunités d'origine législative[33]. Habituellement, ce type d'immunité protège l'État ou un organisme public et ses préposés pour tous les actes commis de bonne foi dans l'exécution de ses fonctions[34].

Par exemple, le législateur québécois a prévu à l'article 193 du *Code des professions*[35] une immunité à l'égard des poursuites contre les ordres professionnels, leurs dirigeants et leur personnel, laquelle a été discutée de manière spécifique par la Cour suprême du Canada dans l'arrêt *Finney* c. *Barreau du Québec*. Le plus haut tribunal du pays rappelle, en analysant le cadre législatif applicable aux ordres professionnels, que l'existence d'une immunité témoigne de l'intention du législateur de permettre à ceux-ci de remplir leurs « fonctions sociales considérables, diverses et souvent difficiles »[36].

Finalement, notons que la responsabilité de l'État fédéral est elle-même encadrée par une loi particulière, à savoir la *Loi sur la responsabilité civile de l'État et le contentieux administratif*[37], qui édicte le principe de l'irresponsabilité de l'État fédéral, sous réserve de quatre cas de figure où sa responsabilité peut être recherchée[38].

E. Commentaire

On constatera que chacune des immunités ci-haut mentionnées fait appel à des concepts qui varient quelque peu, mais qui se regroupent essentiellement sous deux aspects.

---

32. Les auteurs Baudouin, Deslauriers et Moore en font une énumération non exhaustive : Jean-Louis BAUDOUIN, Patrice DESLAURIERS et Benoît MOORE, préc., note 2, par. 1-152.
33. *Finney* c. *Barreau du Québec*, [2004] 2 R.C.S. 17, *Hinse* c. *Canada (Procureur général)*, 2015 CSC 35, par. 48.
34. Jean-Louis BAUDOUIN, Patrice DESLAURIERS et Benoît MOORE, préc., note 2, par. 1-152.
35. RLRQ, ch. C-26.
36. *Finney* c. *Barreau du Québec*, préc., note 33, par. 28.
37. L.R.C. (1985), ch. C-50.
38. *Loi sur la responsabilité civile de l'État et le contentieux administratif*, préc., note 37, art. 3, 4, 16-20 ; Jean-Louis BAUDOUIN, Patrice DESLAURIERS et Benoît MOORE, préc., note 2, par. 1-128 à 139.

Le premier concerne *la nature de la décision ou du geste reproché à l'État*. La décision se situe-t-elle dans la sphère politique ? Le geste a-t-il été posé dans l'exercice des fonctions du titulaire de l'immunité ?

Le second se rapporte à *l'état d'esprit de l'acteur étatique*[39] relativement aux décisions ou aux gestes reprochés. Était-il de mauvaise foi ? Agissait-il avec une intention malveillante ? Une insouciance grave ? A-t-il abusé de son pouvoir ?

En effet, dans le but de préserver la confiance du public dans ses institutions, il ne peut être permis à l'État où à l'un de ses préposés d'exercer ses fonctions dans un tel état d'esprit, tout en les mettant à l'abri de toute poursuite[40].

Toujours dans *Finney*, la Cour suprême a eu l'occasion de se pencher sur le concept de « mauvaise foi », sa portée et son contenu :

> 39. Ces difficultés montrent néanmoins que la notion de mauvaise foi peut et doit recevoir une portée plus large englobant l'incurie ou l'insouciance grave. Elle inclut certainement la faute intentionnelle, dont le comportement du procureur général du Québec, examiné dans l'affaire *Roncarelli* c. *Duplessis*, [1959] R.C.S. 121, représente un exemple classique. Une telle conduite constitue un abus de pouvoir qui permet de retenir la responsabilité de l'État ou parfois du fonctionnaire. Cependant, l'insouciance grave implique un dérèglement fondamental des modalités de l'exercice du pouvoir, à tel point qu'on peut en déduire l'absence de bonne foi et présumer la mauvaise foi. L'acte, dans les modalités de son accomplissement, devient inexplicable et incompréhensible, au point qu'il puisse être considéré comme un véritable abus de pouvoir par rapport à ses fins. (Dussault et Borgeat, *op. cit.*, p. 485).[...][41]

Dans *Hinse*, elle ajoute :

> [53] En somme, échappent à l'immunité relative de l'État les décisions prises de mauvaise foi par le Ministre, y compris

---

39. La Cour suprême emprunte également l'expression « état d'esprit » lorsqu'elle réfère au concept d'intention malveillante propre à la responsabilité du poursuivant en matière pénale : *Miazga* c. *Kvello (Succession)*, 2009 CSC 51, par. 78.
40. *Nelles* c. *Ontario*, préc., note 26, p. 195.
41. *Finney* c. *Barreau du Québec*, préc., note 33, par. 39.

celles démontrant une insouciance grave de sa part au sens établi dans les arrêts *Finney* et *Sibeca*. La mauvaise foi peut être établie par une preuve montrant que le Ministre a agi délibérément dans l'intention arrêtée de nuire à autrui. Elle peut aussi l'être par une preuve d'insouciance grave révélant un dérèglement tellement fondamental des modalités de l'exercice du pouvoir que l'on peut en déduire l'absence de bonne foi et présumer la mauvaise foi. C'est sous cet éclairage que l'on doit analyser l'obligation qui incombe au Ministre dans l'exercice de son pouvoir de clémence.[42]

Cette définition a par la suite été reprise dans d'autres cas[43] où il était cette fois-ci question de l'application de l'immunité de common law décrite dans *Just c. Colombie-Britannique*[44]. Elle s'approche de la notion de faute lourde[45].

Dans *Miazga c. Kvello (Succession)*, une affaire mettant en cause l'immunité du poursuivant en matière pénale, la Cour suprême a défini le concept d'intention malveillante comme allant « au-delà de l'inexpérience, de l'incompétence, de la négligence, voire la négligence grave »[46]. L'intention malveillante se rapporte davantage à une perversion du processus criminel qui résulte d'un abus délibéré des pouvoirs du poursuivant[47]. Dans *Nelles*, la Cour réfère à « un but illégitime avec sa charge »[48].

Cette introduction théorique faite, voyons comment ces immunités ont été appliquées dans le contexte de l'autorisation d'une action collective.

---

42. *Hinse c. Canada (Procureur général)*, préc., note 6, par. 53.
43. *Id.*, par. 49. La Cour suprême l'a également reprise dans *Entreprises Sibeca inc. c. Frelighsburg (Municipalité)*, préc., note 9, par. 25, où il était question de l'immunité dont bénéficie une municipalité dans l'exercice de son pouvoir de réglementation.
44. *Just c. Colombie-Britannique*, préc., note 8.
45. *Hinse c. Canada (Procureur général)*, préc., note 6, par. 51.
46. *Miazga c. Kvello (Succession)*, préc., note 29, par. 80. Voir également : *Nelles c. Ontario*, préc., note 26, p. 199 et *Proulx c. Québec (Procureur général)*, [2001] 3 R.C.S. 9, par. 35.
47. *Miazga c. Kvello (Succession)*, préc., note 29, par. 80.
48. *Nelles c. Ontario*, préc., note 26, p. 199.

II– LES IMMUNITÉS À L'ÉTAPE DE L'AUTORISATION D'UNE ACTION COLLECTIVE

Différents types d'immunités ont été invoqués par les corps publics au stade de l'autorisation d'une action collective dans les dernières années. Dans certains contextes, les tribunaux ont rejeté le recours dès le stade de l'autorisation en raison de l'application d'une immunité. Dans d'autres cas, il a été jugé prématuré de se pencher sur la question de l'immunité au stade de l'autorisation et le débat a été renvoyé au fond. Nous tenterons ici de dégager les principes ayant guidé les tribunaux dans un sens comme dans l'autre, après avoir fait une revue des principales décisions en la matière.

A. Les jugements ayant refusé l'autorisation de l'action collective dans le contexte d'un argument d'immunité

En ce qui concerne les demandes d'autorisation rejetées en raison de l'application d'une immunité, débutons notre analyse en 2004, alors que la Cour d'appel rend l'arrêt *Cilinger c. Procureur général du Québec*[49]. Ce jugement est rendu en appel d'un jugement de la Cour supérieure ayant accueilli une demande d'autorisation d'exercer une action collective à l'égard des établissements de soins de santé et la rejetant uniquement à l'égard du procureur général du Québec, pour le compte de patientes atteintes d'un cancer du sein. Les temps d'attente jugés trop longs entre les chirurgies des patientes membres du groupe et leurs traitements sont au cœur du litige.

Les allégations de la demande visaient à démontrer que le cadre budgétaire imposé par l'État et les normes de gestion des ressources humaines et matérielles exigées pour encadrer l'action des hôpitaux et assurer le respect des contraintes financières avaient empêché le traitement des patientes dans le délai désirable[50].

L'appelante alléguait, à titre de fautes, l'inaction volontaire et l'erreur de jugement dans la gestion du gouvernement. Les allégations factuelles de la demande reprochaient à l'État de ne pas avoir accordé une plus grande priorité à la lutte contre le cancer. Le cadre législatif et réglementaire mis en place pour baliser l'utilisation des ressources et faire échec aux dépassements budgétaires était ce que

---

49. *Cilinger c. Québec (Procureur général)*, [2004] R.J.Q. 2943.
50. *Cilinger c. Québec (Procureur général)*, préc., note 49, par. 11.

l'on tentait d'attaquer[51]. Dit autrement, le choix politique de l'État d'investir les deniers publics ailleurs était remis en cause.

La Cour d'appel a retenu l'argument de l'immunité au stade de l'autorisation. Elle a rappelé que les demandeurs « attaquent vigoureusement les décisions législatives et administratives sous l'angle de leur rectitude et de leur opportunité et non pas parce que l'exercice du pouvoir discrétionnaire était manifestement déraisonnable ou entaché de mauvaise foi ou parce que l'agent de l'État avait excédé sa compétence »[52].

Force est de constater que la Cour d'appel a appliqué l'immunité dans le cadre de son analyse de la faute, dès lors qu'elle en a conclu que ces décisions se situaient dans la sphère politique, puisque le débat était, par conséquent, soustrait à l'action des tribunaux.

En 2006, dans l'affaire *Brindle c. Canada (Procureur général)*[53], la requérante désirait intenter une action collective au nom des personnes âgées de 65 ans et plus qui n'avaient pas reçu le supplément de revenu garanti par la *Loi sur la sécurité de la vieillesse*. La requérante reprochait au gouvernement de ne pas l'avoir informée à ce sujet. La Cour supérieure a rejeté le recours au stade de l'autorisation, puisque la décision de ne pas consacrer des sommes à cet effet relevait de la sphère politique. Le caractère discrétionnaire de la décision et l'absence de dispositions législatives imposant une obligation au gouvernement de consacrer des sommes budgétaires à des fins publicitaires en vue d'expliquer le contenu de ses lois ont permis au tribunal de déterminer que la décision se situait dans la sphère politique. L'immunité a donc été appliquée dès le stade de l'autorisation[54].

En 2008, la Cour supérieure dans *Chifoi c. Société des alcools du Québec et al.*[55], a rejeté la demande d'autorisation d'exercer une action collective à l'égard du procureur général du Québec. Le requérant reprochait à la Société des Alcools du Québec (SAQ) de lui avoir vendu des produits à prix gonflés et au gouvernement d'avoir commis une faute en n'encadrant ou ne contrôlant pas l'exercice du pouvoir de la SAQ de modifier ses prix. La Cour a souligné au passage qu'une

---

51. *Id.*, par. 16.
52. *Id.*, par. 12.
53. *Brindle c. Canada (Procureur général)*, 2006 QCCS 3981.
54. *Id.*, par. 28
55. *Chifoi c. Société des alcools du Québec et al.*, 2008 QCCS 3871.

certaine confusion planait à savoir si les reproches s'adressaient à l'Assemblée nationale ou au gouvernement.

Avant de rejeter le recours, la Cour a indiqué ce qui suit quant à l'absence de responsabilité de l'Assemblée nationale ou du gouvernement sur une base extracontractuelle :

> [92] Si le grief s'adresse à l'Assemblée nationale, c'est dire que le requérant reproche à celle-ci de ne pas avoir prévu un organisme de contrôle ou d'encadrement de la SAQ, comme la Régie de l'énergie par exemple. En somme, elle a omis de légiférer ou elle aurait dû légiférer autrement.
>
> [93] Or, dans notre système de droit, la souveraineté parlementaire et le partage des pouvoirs entre le législatif, l'exécutif et le judiciaire font en sorte que l'Assemblée nationale détient l'ultime pouvoir de décider du contenu même des lois. Elle ne saurait être déclarée responsable sur une base extracontractuelle en raison de l'exercice ou non de son pouvoir législatif. Seuls les électeurs peuvent débattre de la sagesse et de la valeur des décisions législatives.
>
> [94] La règle de conduite invoquée ne peut donc s'imposer à l'Assemblée nationale.
>
> [95] Si, comme le contexte le suggère, le grief s'adresse plutôt au gouvernement, c'est dire que le requérant lui reproche de ne pas avoir exercé ou de ne pas avoir exercé correctement son pouvoir exécutif par son défaut d'adopter des balises ou des paramètres encadrant la fixation des prix des produits de la SAQ.
>
> [96] Or, le recours proposé ne dévoile aucune obligation ou règle de conduite imposant au gouvernement d'agir en ce sens. D'ailleurs, la loi constitutive de la SAQ ne contient aucune obligation pour le gouvernement de passer des règlements à cet égard.
>
> [97] Tout compte fait, le requérant remet en question le bien-fondé de décisions gouvernementales relevant de la sphère politique et mettant en jeu des considérations sociales, politiques économiques. Il vise à attaquer ces décisions sous l'angle de leur rectitude et de leur opportunité. Or, de telles décisions sont à la fois discrétionnaires et souvent le résultat des inévitables

arbitrages entre différents enjeux sociaux. Elles n'entraînent pas la responsabilité extracontractuelle de l'État. (Références omises)

En 2009, dans l'affaire *Labelle* c. *Agence de développement de réseaux locaux de services de santé et de services sociaux et al.*,[56] était en cause le refus des soins psychiatriques en application d'un protocole de sectorisation basé sur des motifs géographiques portant atteinte au libre-choix de l'usager de choisir son établissement de santé. L'Agence et le procureur général du Québec ont invoqué l'immunité.

La faute reprochée à l'égard de l'État était d'avoir toléré que les établissements contreviennent au libre choix de l'usager de santé mentale.

Notons que le tribunal en vient à la conclusion que les exigences de l'ancien article 1002 C.p.c. ne sont pas remplies et qu'il y a donc vice de forme, puisque la demande ne contenait pas d'allégations factuelles à l'égard du procureur général du Québec[57].

Dans le cadre de son analyse du syllogisme juridique, le tribunal a d'abord déterminé que les pièces démontraient plutôt que le gouvernement avait agi. Il en est ensuite venu à la conclusion qu'au surplus, en l'absence d'une démonstration de mauvaise foi faite par les requérantes, l'État ne peut être tenu responsable d'une décision concernant l'organisation des services de soins, puisque celle-ci relève de la sphère politique[58]. Le juge a indiqué que les requérantes n'ont ainsi démontré *prima facie* aucune cause d'action possible contre le procureur général du Québec. La Cour d'appel a confirmé le jugement de première instance en traitant uniquement de la question d'absence d'allégations factuelles[59].

---

56. *Labelle* c. *Agence de développement de réseaux locaux de services de santé et de services sociaux – région de Montréal*, 2009 QCCS 204. Appel rejeté : 2011 QCCA 334.
57. *Labelle* c. *Agence de développement de réseaux locaux de services de santé et de services sociaux – région de Montréal*, préc., note 56, par. 64.
58. *Id.*, par. 74.
59. *Labelle* c. *Agence de développement de réseaux locaux de services de santé et de services sociaux – région de Montréal*, 2011 QCCA 334.

Puis, en 2012, dans l'affaire *Tonnelier* c. *Procureur général du Québec*[60], la Cour d'appel a confirmé le jugement de la Cour supérieure rejetant la demande d'autorisation d'exercer une action collective sur la base de moyens relatifs à l'immunité de l'État.

Dans cette affaire, la demanderesse reprochait au ministère de la Santé et des Services sociaux des lacunes dans la mise en place d'un programme de dépistage du cancer du sein et l'insuffisance des fonds qui y étaient alloués. La Cour a souligné l'absence d'allégations de mauvaise foi, d'insouciance ou de négligence grossière[61]. Elle a distingué cette affaire de l'arrêt *Carrier*[62] dont nous discuterons plus loin, précisant que l'application même de l'argument d'immunité était débattable dans cette dernière affaire[63].

La Cour a d'abord déterminé que les actions et décisions prises par le gouvernement concernant l'implantation et la mise en place des programmes de santé publique, ainsi que l'allocation des budgets et la fixation des seuils de financement se situaient dans la sphère politique[64]. Dès lors, elle a conclu que le gouvernement peut valablement opposer l'immunité pour les décisions qu'il a prises ou celles qu'il a décidé de ne pas prendre.

Reprenant les propos du juge de première instance, la Cour d'appel a ensuite procédé à l'analyse de la faute et du préjudice allégués, avant de trancher qu'en l'absence d'allégations spécifiques concernant la faute, l'application de l'immunité ne peut être repoussée :

[92] Au-delà du fait que les allégations de la requête ne sont pas très spécifiques quant à la qualification de la faute, les faits allégués et, donc, tenus pour avérés et ceux mis en preuve en première instance n'établissent aucunement la commission d'une faute de la nature de celles qui permettraient de repousser ou d'écarter la défense d'immunité.

[93] En l'espèce, les faits tenus pour avérés et la preuve documentaire déposée par les parties ne permettent pas d'identifier la présence d'une faute du MSSS et d'un préjudice en résultant pouvant

---

60. 2012 QCCA 1654.
61. *Id.*, par. 89.
62. *Carrier* c. *Québec (Procureur général)*, 2011 QCCA 1231.
63. *Tonnelier* c. *Procureur général du Québec*, préc., note 60, par. 69-72.
64. *Id.*, par. 73 et 83.

emporter la responsabilité de l'intimé, comme l'a d'ailleurs décidé le juge :

> [71] Subsidiairement, la requérante allègue que si les omissions reprochées au **Gouvernement** se situent encore dans la sphère politique, la conduite du **Ministre** dénote une telle insouciance et incurie que l'immunité ne saurait s'appliquer.
>
> [72] Cette prétention ne peut d'aucune façon être retenue. En effet, les pièces produites de part et d'autre paraissent établir, au contraire, que le **Gouvernement** a posé des gestes pour assurer la qualité des tests pathologiques, qu'il a donné des mandats en ce sens et qu'il a donné suite aux recommandations qui lui ont été faites.[65]
> (Référence omise)

Dans la décision *Dupuis c. Canada (Procureur général)*[66], le requérant tentait de représenter les propriétaires qui avaient subi des dommages à la suite d'inondations répétitives aux abords de la rivière Richelieu, de la baie Missisquoi et de la baie de Venise. Il était notamment reproché aux deux paliers de gouvernement de ne pas avoir complété les travaux amorcés par la construction d'un barrage, tout en étant au fait des crues printanières, et d'avoir ainsi été négligents.

La Cour supérieure, après avoir fait une revue de la jurisprudence en la matière, en est venue à la conclusion que le requérant n'avait pas de cause défendable à l'encontre du gouvernement canadien, puisque la décision de ne pas compléter les travaux amorcés relevait de la sphère politique[67] et était tributaire de facteurs et contraintes d'ordre financier, économique, social et environnemental. Selon le tribunal, le défaut de compléter ces travaux ne constituait pas de la négligence dans la sphère opérationnelle[68]. L'absence d'allégations de faits précis à l'encontre du procureur général a été le principal motif pour rejeter la demande à son endroit.

---

65. *Tonnelier c. Procureur général du Québec*, préc., note 60, par. 92-93.
66. 2014 QCCS 3997.
67. *Id.*, par. 138.
68. *Id.*, par. 134-135.

Au passage, l'honorable juge Lacoursière a mentionné ce qui suit quant à l'analyse d'un argument d'immunité au stade de l'autorisation :

> Le Tribunal estime avoir le devoir d'éviter que les membres du Groupe et les intimés ne soient assujettis à des semaines, voire des mois de procès si la question, fondamentale, de l'immunité de l'État peut être tranchée immédiatement.[69]

Dans la décision *Durand c. Procureur général du Québec*[70] rendue en 2018, les demandeurs souhaitaient obtenir une compensation de différents intervenants, dont les procureurs généraux du Québec et du Canada, pour les effets des champs électromagnétiques sur les humains et la nature. L'honorable juge Morrison a déterminé qu'il s'agissait d'un cas clair et a refusé d'autoriser le recours, précisant qu'une seule allégation de mauvaise foi ne suffisait pas[71], ne s'agissant pas d'une allégation factuelle en soi, mais plutôt d'une inférence légale[72]. Il a repris les enseignements de la Cour d'appel dans *Carrier*[73] en indiquant :

> [200] In this regard, Applicants plead that it is premature at the authorization phase to conclude as to a State's immunity defence. They cite in support thereof Justice Guy Gagnon of the Quebec Court of Appeal in the matter of *Carrier v. Quebec (Procureur general)*.
>
> [201] However, that position is not absolute either. As Justice Gagnon states:
>
>> [37] [...] À moins de convenir que la demande à sa face même est frivole, manifestement vouée à l'échec ou encore que les allégations de faits sont insuffisantes ou qu'il soit « incontestable » que le droit invoqué est mal fondé, il me paraît, outre ces circonstances, qu'il n'est pas souhaitable en début d'analyse de décider de la valeur absolue d'un tel moyen de défense.

---

69. *Id.*, par. 91.
70. 2018 QCCS 2817.
71. *Durand c. Procureur général du Québec*, préc., note 70, par. 198.
72. *Id.*, par. 208.
73. *Carrier c. Québec (Procureur général)*, préc., note 62.

[202] The Court understands from that statement that the issue of State immunity at the authorization stage of a class action is to be determined on a case by case basis within the context of the alleged liability of the State.[74]

La Cour supérieure a également appliqué l'immunité du poursuivant en matière criminelle et pénale au stade de l'autorisation d'une action collective. Dans l'affaire *Moscowitz* c. *Procureur général du Québec*[75], la demanderesse reprochait notamment au Directeur des poursuites criminelles et pénales (DPCP) d'avoir signé des constats d'infraction contre les membres du groupe en s'appuyant pour ce faire sur un cinémomètre photographique ou un système photographique de contrôle de circulation aux feux rouges. Or, cette preuve constituait du ouï-dire inadmissible, ce que, selon la demanderesse, le DPCP savait.

La Cour supérieure a rejeté la demande d'autorisation, estimant que l'immunité du poursuivant s'appliquait et que la demanderesse ne présentait pas une cause défendable qui permettrait d'écarter celle-ci[76], les critères établis dans l'arrêt *Nelles* c. *Ontario*[77] n'étant pas rencontrés à leur face même[78]. La Cour d'appel a maintenu la décision, mentionnant que « la juge de première instance, pour les motifs qu'elle énonce dans son jugement, avait aussi raison de conclure que les critères pour entamer une action en dommages-intérêts contre le DPCP énoncés dans l'arrêt *Nelles* c. *Ontario* n'étaient pas satisfaits »[79]. La Cour suprême a refusé d'entendre l'affaire.

En 2019, dans l'affaire *D'Amico* c. *Procureure générale du Québec*[80], les demandeurs cherchaient à obtenir une déclaration d'invalidité de certaines dispositions de la *Loi sur l'aide aux personnes et aux familles* et du *Règlement sur l'aide aux personnes et aux familles* ainsi qu'une condamnation à des dommages-intérêts au nom de

---

74. *Durand* c. *Procureur général du Québec*, préc., note 70, par. 206.
75. 2018 QCCS 4555, appel rejeté : *Moscowitz* c. *Procureure générale du Québec*, 2020 QCCA 412, demande d'autorisation de pourvoi à la Cour suprême rejetée : 2020 CanLII 60365 (CSC).
76. *Moscowitz* c. *Procureure générale du Québec*, 2018 QCCS 4555, par. 7.
77. Préc., note 26.
78. *Moscowitz* c. *Procureure générale du Québec*, préc., note 76, par. 32-33.
79. *Moscowitz* c. *Procureure générale du Québec*, 2020 QCCA 412, demande d'autorisation de pourvoi à la Cour suprême rejetée : 2020 CanLII 60365 (CSC), par. 50.
80. 2019 QCCA 1922, demande d'autorisation de pourvoi à la Cour suprême rejetée : 2020 CanLII 33847 (CSC).

toutes les personnes majeures, handicapées, affectées de contraintes sévères à l'emploi, résidant au Québec et qui recevaient ou avaient reçu des prestations en vertu du *Programme de solidarité sociale*. Les demandeurs alléguaient que les prescriptions de ce programme imposaient des contraintes inacceptables et susceptibles d'avoir un impact sur leurs prestations. La violation à plusieurs droits fondamentaux prévus aux Chartes était invoquée.

La Cour d'appel a confirmé le raisonnement de la juge de première instance qui a rejeté la demande d'autorisation, s'appuyant sur les enseignements en matière d'immunité du législateur des arrêts *Guimond* et *Mackin* :

> [30] Selon la juge, les faits invoqués dans l'action collective ne supportent pas une condamnation à des dommages-intérêts. Elle écrit que l'adoption et l'application des dispositions déclarées inconstitutionnelles ultérieurement n'établissent pas une cause défendable de responsabilité civile contre l'intimée en l'absence d'allégation de faute empreinte de mauvaise foi ou d'abus de pouvoir :
>
>> [119] Au contraire, partout dans la demande, il est clair que seul le fait que la loi soit déclarée inconstitutionnelle fonde les demandes de dommages et intérêts et de dommages punitifs.
>>
>> [120] Or, l'état du droit sur la question est clair : ce n'est que lorsque le comportement de la part de l'autorité gouvernementale qui a adopté la loi contestée et qui l'a ensuite appliquée est clairement abusif, ou que des éléments permettent de conclure qu'elle a agi de mauvaise foi en lien avec cette loi ou qu'elle a commis un abus de pouvoir qu'une condamnation en dommages et intérêts peut être envisagée [Référence omise]. C'est donc dans des cas exceptionnels reposant sur des allégations de faits précis.
>>
>> [121] À défaut de tels faits, aucune condamnation en dommages ne peut être prononcée contre l'État (québécois ou fédéral) pour le simple fait d'avoir adopté une loi par la suite jugée inconstitutionnelle.
>
> [31] Ces énoncés sont conformes au droit. La Cour suprême a abordé cette question dans plusieurs arrêts. Dans *Guimond* c.

Québec (Procureur Général), l'appelant avait été condamné à l'emprisonnement pour défaut de paiement d'amendes infligées pour des infractions au *Code de la sécurité routière* du Québec. Il a demandé l'autorisation d'intenter un recours collectif par lequel il sollicitait une déclaration d'invalidité constitutionnelle des dispositions du *Code de procédure pénale* ainsi que des dommages-intérêts compensatoires et moraux en réparation du préjudice subi, et ce, tant en vertu de l'article 1053 du *Code civil du Québec* que du paragr. 24(1) de la *Charte canadienne*.

[32] La Cour suprême passe en revue la doctrine et la jurisprudence sur la question de la responsabilité de l'État en pareille situation. Elle conclut qu'il n'y a pas lieu à indemnisation en vertu du droit commun ni en vertu des *Chartes*. L'État jouit d'une immunité restreinte. Cela implique que, en l'absence de toute allégation de comportement fautif entaché de mauvaise foi, ou de poursuite d'une fin secondaire, il n'encourt aucune responsabilité civile pour avoir adopté ou appliqué une loi déclarée inconstitutionnelle ultérieurement.[81]

En 2019, l'application de l'immunité du législateur a également été reconnue dans l'affaire *McEniry* c. *Procureure générale du Québec*[82]. L'action visait à obtenir un dédommagement pour des personnes tenues de payer une suramende compensatoire obligatoire invalidée par l'arrêt *Boudreault*[83] de la Cour suprême du Canada. Les périodes couvertes par la demande étaient tant avant qu'après l'arrêt rendu dans *Boudreault*. L'adoption des lois en matière criminelle relevant du Parlement fédéral, et l'application du régime de la suramende relevant du gouvernement provincial, l'immunité a été appliquée par le tribunal au bénéfice des deux procureurs généraux, pour la période précédant l'arrêt *Boudreault*. Le juge a mentionné que, n'eût été l'argument de la chose jugée, il aurait donné le bénéfice du doute aux demandeurs[84] pour la période postérieure, puisque la position du PGQ sur la situation reposait sur des faits potentiellement controversés et non pas sur du droit pur. Dans le contexte de l'affaire, l'autorisation de l'action collective a été rejetée.

---

81. *D'Amico* c. *Procureure générale du Québec*, préc., note 80, par. 30-32.
82. 2019 QCCS 3608.
83. *R.* c. *Boudreault*, [2018] 3 R.C.S. 599.
84. *McEniry* c. *Procureure générale du Québec*, préc., note 82, par. 103 à 105.

La Cour a rappelé dans cette affaire que pour établir une cause défendable en responsabilité civile contre l'État, dans le contexte d'une loi déclarée inconstitutionnelle, la présence d'allégations factuelles de mauvaise foi ou abus de pouvoir est requise[85].

L'immunité politique a été appliquée au stade de l'autorisation dans l'affaire *Pollués de Montréal Trudeau c. Aéroport de Montréal*[86]. L'action collective avait pour but de réclamer des dommages compensatoires et punitifs prétendument causés par la pollution de l'air pour toutes les personnes physiques exposées à des nanoparticules émises à partir de l'aéroport ou qui résidaient, travaillaient ou transitaient aux abords de l'aéroport.

L'honorable juge Morrison en est arrivé à la conclusion que les faits allégués sont insuffisants pour satisfaire aux syllogismes juridiques proposés, que ce soit en ce qui concerne la faute en matière de responsabilité civile, les troubles de voisinage ou les dommages allégués. La Cour supérieure a donc appliqué l'immunité politique de l'État en s'appuyant notamment sur les affaires *Tonnelier*, *Cilinger* et *Chifoi*, déjà discutées :

> [105] De l'avis du Tribunal, l'allégation à l'effet que le gouvernement aurait dû légiférer ou réglementer les émissions de nanoparticules mais qu'il ne l'a pas fait, soulève un débat qui se situe directement dans la sphère politique et donne ainsi lieu à l'immunité de droit public. Cela va à l'encontre de l'existence d'une cause défendable contre le PGC.
>
> [106] En l'absence d'allégations claires et précises de faits reliés à une prétendue faute, le Tribunal n'a pas à présumer que le Canada aurait dû agir différemment. Il n'est pas du rôle du Tribunal de deviner la faute dont veut plaider la Requérante.[87]

Finalement, récemment en 2023, la Cour d'appel a rendu un arrêt par lequel elle confirme le rejet d'une demande d'autorisation d'exercer une action collective dans l'affaire *Groupe Alter Justice c. Procureur général du Canada*[88]. La demanderesse souhaitait intenter une action collective pour le compte des résidents du Québec qui

---

85. *Id.*, par. 74.
86. 2021 QCCS 367, appel rejeté : 2022 QCCA 1646.
87. *Pollués de Montréal Trudeau c. Aéroport de Montréal*, préc., note 86, par. 105 et 106.
88. 2023 QCCA 622.

n'avaient pu bénéficier de la possibilité de demander la suspension de leur casier judiciaire à la suite des modifications législatives apportées à la *Loi sur le casier judiciaire*. La demande d'autorisation a été rejetée pour plusieurs motifs, dont notamment la question de l'immunité du législateur. La Cour a souligné l'absence de faits précis et les allégations qui ne sont que générales quant à la mauvaise foi[89]. Elle a rappelé les principes déjà établis selon lesquels au-delà d'alléguer la mauvaise foi, des « faits concrets susceptibles de soutenir [cette] allégation » doivent également appuyer les prétentions à cet égard[90].

B. Les jugements ayant autorisé l'action collective malgré un argument d'immunité

Analysons maintenant les jugements ayant autorisé les actions collectives et ayant reporté la question de l'immunité au débat du fond.

Les jugements récents en matière d'immunité dans le contexte d'une action collective citent abondamment l'arrêt *Carrier* c. *Procureur général du Québec*[91], où la Cour d'appel a accueilli une demande d'autorisation d'exercer une action collective, en appel d'un jugement de la Cour supérieure qui rejetait ladite demande.

L'affaire concernait des citoyens voisins de l'autoroute Laurentienne qui réclamaient des dommages-intérêts pour troubles de voisinage au procureur général du Québec pour le compte du ministère des Transports. L'inaction dans la gestion du bruit, le régime de la responsabilité sans faute en vertu de l'article 976 C.c.Q., l'article 1457 C.c.Q., la *Loi sur la qualité de l'environnement* et la *Charte des droits et libertés de la personne* étaient allégués. L'immunité dite politique était invoquée par l'État pour justifier le rejet de la demande d'autorisation.

La Cour d'appel a conclu ce qui suit quant à l'analyse de l'immunité au stade de l'autorisation :

> [37] Au moment de l'autorisation, alors que la suffisance de la preuve n'est appréciée que de manière *prima facie*, règle générale, il sera prématuré de conclure qu'une défense d'immunité

---

89. *Id.*, par. 16 à 19.
90. *Id.*, par. 30 à 35.
91. Préc., note 62.

s'applique en faveur de l'État. Ce qui n'est qu'un moyen de défense parmi d'autres, celui de l'immunité ici invoquée par l'intimé ne peut, lors de l'examen portant sur l'autorisation, être érigée au rang de moyen de non-recevabilité. À moins de convenir que la demande à sa face même est frivole, manifestement vouée à l'échec ou encore que les allégations de faits sont insuffisantes ou qu'il soit « incontestable » que le droit invoqué est mal fondé, il me paraît, outre ces circonstances, qu'il n'est pas souhaitable en début d'analyse de décider de la valeur absolue d'un tel moyen de défense.

[...]

[39] Il est généralement admis que la frontière entre ce qui relève de la sphère politique et de la sphère opérationnelle est souvent difficile à tracer. C'est pour cette raison que, règle générale, les défenses d'immunité font appel à une analyse minutieuse et poussée de la preuve. [92]
(Références omises)

Les tribunaux ont subséquemment largement retenu de ce passage l'avertissement duquel découle qu'il sera souvent prématuré de retenir une « défense d'immunité » au stade de l'autorisation. La Cour a toutefois nuancé son propos lorsqu'elle a indiqué dans quelles circonstances l'immunité pourra être invoquée avec succès : « À moins de convenir que la demande à sa face même est frivole, manifestement vouée à l'échec ou encore que les allégations de faits sont insuffisantes ou qu'il soit «incontestable» que le droit invoqué est mal fondé. »[93]

Notons que la Cour d'appel a conclu à l'application de l'immunité politique pour rejeter le recours lors du jugement sur le fond. Le demandeur prétendait alors que la règle de l'immunité politique de l'État est implicitement exclue du régime de responsabilité sans faute prévue à l'article 976 C.c.Q.[94]. Or, la Cour d'appel a plutôt tranché que la reconnaissance de l'immunité politique est nécessaire pour assurer la cohérence du régime de responsabilité civile[95].

---

92. *Carrier c. Procureur général du Québec*, préc., note 62, par. 37 et 39.
93. *Ibid.*
94. *Maltais c. Procureure générale du Québec*, 2020 QCCA 715, par. 61.
95. *Id.*, par. 88.

En 2016, la Cour d'appel, sous la plume de l'honorable juge Chamberland, a analysé la question de l'application de l'immunité dans l'affaire *Centrale des syndicats c. Allen*[96]. Cette affaire était en lien avec une éclosion de légionellose dans la région de Québec entre les mois de juillet et octobre 2012. Il était reproché au gouvernement de ne pas avoir donné suite à un rapport publié par le Centre de santé publique du Québec en 1997 après une contamination à la légionellose.

La Cour a rappelé que la prudence s'impose dans la détermination de la nature des gestes posés par l'organisme public et, de manière plus globale, la détermination de l'application de l'argument relatif à une immunité de l'État : « Il ne s'agit pas ici d'une immunité législative « claire et expresse », il s'agit d'une immunité découlant de la nature des gestes posés, ou non posés, par le gouvernement. Or, en cette matière, la prudence s'impose. »[97]

La Cour a appliqué aux faits de l'affaire les enseignements de l'arrêt *Carrier* voulant que la question de la valeur de l'argument qu'elle qualifie de « moyen de défense » basé sur l'immunité soit une question mixte de faits et de droit et conclut qu'il est opportun de « réserver au juge du fond le soin de trancher la question »[98].

L'année suivante, dans l'arrêt *Belmamoun*[99], se basant sur les principes de l'arrêt *Carrier*, la Cour d'appel, en un paragraphe, a de nouveau déféré la question de l'immunité au juge saisi du fond de l'affaire, qui pourra analyser la preuve[100], estimant que la juge de première instance avait erré en l'appliquant au stade de l'autorisation[101]. Dans cette affaire, notons que les appelants reprochaient aux intimés, les villes de Brossard et Longueuil, de ne pas avoir mené à terme le prolongement d'un boulevard, leur causant des inconvénients excessifs[102].

En 2017, dans l'affaire *Regroupement des activistes pour l'inclusion au Québec*[103], la Cour supérieure a conclu que la question

---

96. *Centrale des syndicats c. Allen*, 2016 QCCA 1878.
97. *Centrale des syndicats c. Allen.*, préc., note 96, par. 81.
98. *Ibid.*
99. *Belmamoun c. Ville de Brossard*, 2017 QCCA 102.
100. *Id.*, par. 92.
101. *Id.*, par. 82.
102. *Id.*, par. 16.
103. *Regroupement des activités pour l'inclusion au Québec c. Société de transport de Montréal*, QCCS 2176.

de l'immunité ne pouvait être tranchée au stade de l'autorisation puisque l'argument voulant que les omissions et gestes reprochés relevaient de la sphère opérationnelle n'était pas frivole. Il n'était pas manifeste que les entités publiques en cause jouaient exclusivement un rôle politique. La Cour supérieure y est donc allée de prudence et a rejeté l'argument de l'immunité au stade de l'autorisation[104], en prenant soin de mentionner que, dans ce cas, tracer la démarcation entre le politique et l'opérationnel requiert un exercice d'analyse. Elle a souligné au passage l'appel à la prudence découlant de l'arrêt *Carrier*[105].

Dans l'affaire *Léveillé*[106], le demandeur reprochait à des cliniques, médecins et optométristes d'avoir réclamé de leurs patients des frais accessoires excédant le prix coûtant des médicaments et agents anesthésiques. Il recherchait la responsabilité de l'État pour avoir toléré cette pratique alléguée.

Dans le jugement accueillant en partie la demande d'autorisation, l'honorable juge Yergeau a également décidé que ce n'est pas à l'étape de l'autorisation de l'action collective proposée que l'argument de l'immunité de l'État sera tranché. Il rappelle que le rôle de l'autorisation est d'« étudier les faits pour s'assurer qu'ils paraissent justifier les conclusions »[107]. Il a souligné que les allégations considérées ne doivent pas être celles qui apprécient des faits, mais celles qui relatent « des faits purs, des dates, des enchaînements et qui ne permettent pas d'exclure d'emblée la mauvaise foi de l'État dans le traitement de la question à l'étude »[108].

Le juge a donc distingué l'arrêt *Cilinger*, expliquant que dans cette dernière affaire « il est facile d'isoler les allégations dirigées contre le Procureur général du Québec et d'en conclure qu'elles ne visent que des questions de politique et non des facteurs opérationnels »[109]. Selon lui ce n'était pas le cas en l'espèce, et le demandeur remplissait son fardeau, les faits allégués paraissant justifier les conclusions recherchées en ce qui concerne les conclusions compensatoires. Faute d'allégations factuelles suffisantes pour établir une

---

104. *Id.*, par. 103 et 107, 108.
105. *Id.*, par. 103.
106. *Léveillé* c. *Procureure générale du Québec*, 2017 QCCS 3762, appel rejeté : 2018 QCCA 819.
107. *Id.*, par. 52, 53.
108. *Léveillé* c. *Procureure générale du Québec*, préc., note 106, par. 55.
109. *Id.*, par. 62.

cause défendable, il a toutefois refusé d'autoriser le volet dommages moraux et punitifs de la demande[110].

Dans l'affaire *Sarrazin*[111] le requérant souhaitait être autorisé à exercer une action collective pour les dommages qui auraient été subis et pour les bénéfices dont les membres auraient été privées découlant de dispositions prétendument discriminatoires prévues dans certains amendements à la *Loi sur les Indiens*. Des extraits des débats parlementaires ayant menant à l'adoption des amendements étaient invoqués au soutien des allégations de mauvaise foi à l'encontre du gouvernement fédéral. La Cour supérieure, sous la plume de l'honorable juge Paquette, a autorisé le recours en mentionnant que :

> [69] Malgré le sérieux de la défense d'immunité que soulève le PGC, le Tribunal ne peut conclure ici, sans amorcer l'analyse de la preuve, que les allégations de mauvaise foi, d'abus de droit ou de comportement clairement fautif de l'État sont incontestablement mal fondées :
>
>> [37] <u>Au moment de l'autorisation, alors que la suffisance de la preuve n'est appréciée que de manière *prima facie*, règle générale, il sera prématuré de conclure qu'une défense d'immunité s'applique en faveur de l'État.</u> Ce qui n'est qu'un moyen de défense parmi d'autres, celui de l'immunité ici invoquée par l'intimé ne peut, lors de l'examen portant sur l'autorisation, être érigée au rang de moyen de non-recevabilité. <u>À moins de convenir que la demande à sa face même est frivole, manifestement vouée à l'échec ou encore que les allégations de faits sont insuffisantes ou qu'il soit « incontestable » que le droit invoqué est mal fondé, il me paraît, outre ces circonstances, qu'il n'est pas souhaitable en début d'analyse de décider de la valeur absolue d'un tel moyen de défense.</u>
>
> (Soulignements du Tribunal)
>
> [70] Contrairement à la situation examinée dans l'arrêt *Tonnelier*, le Tribunal ne peut affirmer ici, sans analyser minimalement la preuve soumise, que les faits avérés et établis ne

---

110. *Id.*, par. 65 à 75.
111. *Sarrazin c. Canada (Procureur général)*, 2016 QCCS 2458, appel rejeté : 2018 QCCA 1077.

laissent aucun doute sur l'absence de mauvaise foi, d'abus de droit ou de comportement clairement fautif.[112]

En 2018, la Cour d'appel a confirmé le jugement de première instance et laissé au requérant la chance d'étoffer sa preuve de mauvaise foi[113].

La même année, dans l'affaire *Metellus*[114], le demandeur souhaitait représenter tous les chauffeurs de taxi qui auraient vu la valeur de leur permis de taxi diminuer en raison du fait que le gouvernement n'aurait pas fait appliquer la réglementation en vigueur lors de l'arrivée d'Uber au Canada. Le demandeur réclamait donc les dommages pour la perte de la valeur des permis de taxis, la perte de revenus ainsi que des dommages et intérêts punitifs. Avant que l'affaire ne soit entendue, le gouvernement du Québec avait décidé d'instaurer un projet pilote encadrant les activités d'Uber Canada inc.

La Cour supérieure a rejeté l'argument de l'immunité au stade de l'autorisation, dans la mesure où des allégations de mauvaise foi figuraient à la demande et devaient donc être analysées dans un contexte factuel global.

L'honorable juge Peacock mentionna les enseignements de la Cour d'appel selon lesquels, dans certains cas, il est possible de déterminer l'application d'une immunité « claire et expresse », en l'absence d'allégations de mauvaise foi alors que la décision attaquée relève clairement de la sphère politique. Dans ces seuls cas, la Cour doit, selon lui, rejeter la demande au stade de l'autorisation. En cas de doute, la Cour devrait être prudente et renvoyer au fond la question de l'immunité[115].

Le juge souligne également l'importance du contexte dans la détermination de la mauvaise foi nécessaire à l'analyse de l'immunité[116]. En l'espèce, le juge conclut à des allégations de mauvaise foi suffisamment précises pour référer la question de l'immunité au fond[117].

---

112. *Id.*, par. 69 et 70.
113. *Procureure générale du Canada c. Sarrazin*, 2018 QCCA 1077.
114. *Metellus c. Procureure générale du Québec*, 2018 QCCS 4626.
115. *Id.*, par. 71 à 75.
116. *Id.*, par. 80.
117. *Id.*, par. 108.

En 2020, dans l'affaire *Dulude* c. *Ville de Varennes*[118], des troubles de voisinage en raison du passage de camions lourds découlant de l'entrée en vigueur d'un règlement de la ville à proximité des résidences de membres potentiels du groupe étaient en cause. La ville de Varennes faisait notamment valoir qu'elle bénéficiait d'une immunité de poursuite applicable aux décisions de nature politique.

Dans son jugement autorisant la demande, l'honorable juge Davis citant l'affaire *Durand* précédemment mentionnée, a souligné qu'une seule allégation de mauvaise foi ne suffit pas pour justifier une autorisation dans les contextes d'immunité de l'État. Il a toutefois conclu que la question d'immunité en est une mixte de faits et de droit et que la demande d'autorisation comprenait suffisamment d'allégations pour donner ouverture à une preuve de mauvaise foi. Il en vient à cette conclusion en indiquant devoir « lire entre les lignes » lorsqu'il analyse les allégations de la demande d'autorisation d'exercer une action collective[119].

En 2021, dans l'affaire *Organisme pour l'action collective pour la protection des berges*[120], la demanderesse alléguait des troubles de voisinage à l'encontre du procureur général du Canada. L'honorable juge Lussier a rejeté l'argument de l'immunité au stade de l'autorisation en écrivant :

> [78] Le Tribunal estime qu'il est possible de présenter une preuve établissant que les activités de dragage et de configuration du chenal sont fondées sur des décisions opérationnelles qui ne jouissent pas de l'immunité de l'État. Il appartiendra à la demande de l'établir. Il serait téméraire à cette étape-ci d'ignorer les enseignements répétés de la Cour d'appel mettant en garde contre la tentation de trancher des questions semblables à l'autorisation. Pour citer la Cour d'appel, « cela relève d'une analyse plus approfondie de la preuve, ce qui ne peut, ni ne doit, se faire au stade de l'autorisation.[121]

---

118. 2020 QCCS 1710.
119. *Id.*, par. 43.
120. *Organisme pour l'action collective pour la protection des berges du Saint-Laurent contre le batillage dans les municipalités de Varennes, Verchères et Contrecoeur inc.* c. *Procureur général du Canada*, 2021 QCCS 3426.
121. *Id.*, par. 78.

Finalement, en 2023, la Cour supérieure a rendu la décision *Benrouayene*[122] dans laquelle la demanderesse reprochait au gouvernement fédéral d'avoir suspendu les vols entre le Maroc et le Canada pendant la pandémie de COVID-19, sans avoir offert d'alternative ou donné un délai raisonnable avant l'entrée en vigueur de la mesure. Le tribunal use de prudence et détermine qu'il n'a pas, au stade de l'autorisation, la preuve nécessaire pour établir la nature de la décision en litige, à savoir si celle-ci est politique ou opérationnelle. Il reporte donc l'argument de l'immunité au fond de l'affaire[123].

C. Commentaire et conclusion

Le juge saisi de la demande d'autorisation d'une action collective en dommages doit déterminer le caractère défendable du syllogisme juridique avancé par le demandeur, au sens de l'article 575(2) C.p.c. Pour ce faire, évidemment, il doit notamment apprécier la faute soumise. La question de l'immunité est intrinsèquement liée à l'analyse de la faute invoquée, qu'elle soit partie intégrante de celle-ci[124] ou qu'elle s'y trouve en amont[125].

Chose certaine, l'immunité ne saurait être considérée comme étant « un moyen de défense parmi d'autres »[126], comme le soutient une certaine jurisprudence découlant de l'arrêt *Carrier*[127]. Bien que la Cour suprême ait établi qu'il appartient au corps public d'identifier la règle de common law qui primerait sur le droit civil traditionnel[128], deux ans plus tard, elle a clairement indiqué que :

---

122. *Benrouayene c. Procureur général du Canada*, 2023 QCCS 144.
123. *Id.*, par. 33 à 37.
124. *J.T. c. Bourassa*, 2018 QCCA 652, par. 12-17, où la Cour d'appel du Québec indique que, pour conclure à la faute d'un poursuivant en matière criminelle, il faut en arriver à la conclusion que l'immunité est soulevée. En d'autres mots, il n'y a pas de faute si l'immunité s'applique. Voir également *Finney c. Barreau du Québec*, préc., note 33, par. 40.
125. *Canada (Procureur général) c. Imperial Tobacco Ltd.*, 2012 QCCA 2034, par. 124, où la Cour d'appel précise que « peu importe la présence ou l'absence de faute, l'immunité se dresse en fin de non-recevoir s'il s'agit d'une ligne de conduite du gouvernement qui relève de décisions de politique générale fondamentale ». En 2020, la Cour l'a réitéré dans *Maltais c. Procureure générale du Québec*, 2020 QCCA 715, par. 85.
126. *Carrier*, préc., note 62, par. 37.
127. Voir à titre d'exemple : *Molima c. Hydro-Québec*, 2019 QCCS 5241, par. 119.
128. *Prud'homme c. Prud'homme*, 2002 CSC 85, par. 27 et 31.

On peut conclure de cette analyse que l'immunité de droit public attachée à l'exercice du pouvoir législatif et réglementaire peut être intégrée dans le régime de responsabilité applicable aux organismes publics. La formulation de l'art. 1457 du *Code civil du Québec* permet d'incorporer <u>l'obligation faite au demandeur de démontrer que le corps public a agi de mauvaise foi ou dans des circonstances qui font conclure à sa mauvaise foi.</u>[129]
(Nos soulignements)

En concevant l'immunité de l'État comme un moyen de défense et en ignorant son impact sur la qualification de la faute ou sur l'analyse de celle-ci, le fardeau de démonstration du demandeur, au stade de l'autorisation, pourrait s'en trouver diminué.

Discutant des arrêts *Just* et *Brown*[130] qui reconnaissent l'existence de l'immunité politique, la Cour d'appel avait pourtant initialement clairement indiqué que l'intervention de la responsabilité civile dans la sphère politique doit demeurer contenue dans des limites étroites, ajoutant que seules la mauvaise foi et l'intention de nuire peuvent être sanctionnées. Encore faut-il que celles-ci soient démontrées[131].

Dans la mesure où la bonne foi se présume, l'existence d'une immunité doit être traitée comme ajoutant un fardeau de preuve au demandeur, qui doit réfuter cette présomption et prouver la mauvaise foi dans la conduite de l'entité publique. Des allégations générales de qualification de mauvaise foi ou d'intention de nuire dénudées de fondement factuel ne peuvent en constituer une démonstration.

[208] Simply alleging "bath faith" is not a factual allegation into itself. It is a legal conclusion. One arrives at such a conclusion through the analysis of the facts. Those facts need be alleged. Applicants have failed to allege facts that could give rise to such a conclusion.[132]

---

129. *Entreprises Sibeca inc.* c. *Frelighsburg (Municipalité)*, préc., note 9, par. 27. Voir aussi : *Finney* c. *Barreau du Québec*, 2004 CSC 36, par. 40 et *Hinse* c. *Canada (Procureur général)*, préc., note 6, par. 39 et s.
130. *Brown* c. *British Columbia (Minister of Transportation and Highways)*, [1994] 1 R.C.S. 420.
131. *Québec (Procureur général)* c. *Deniso Lebel*, 1996 Canlii 5765 (QCCA).
132. *Durand* c. *Attorney General of Quebec*, préc., note 70, par. 208.

En outre, il ressort de notre analyse que, dans la plupart des cas où les juges autorisateurs repoussent au fond la question de l'immunité de l'État, la question controversée est son application *ab initio*. Dans ces cas, les juges sont saisis d'allégations de faits ou de preuves contradictoires sur la question de savoir si les actes reprochés sont de la nature de politiques générales ou de nature opérationnelle.

Ainsi, les tribunaux semblent enclins à se pencher sur l'analyse de l'argument d'immunité dès le stade de l'autorisation, dans la mesure où la qualification politique ou opérationnelle des gestes reprochés au corps public n'est pas en jeu. Alors, les tribunaux concluent systématiquement à la nécessité d'une analyse plus poussée de l'applicabilité de l'immunité invoquée.

L'immunité du législateur a donc été soulevée avec plus de succès au stade de l'autorisation que toute autre forme d'immunité. Les faits liés au contexte dans lequel une telle immunité est soulevée sont limités. Or, l'allégation de mauvaise foi nécessaire à en repousser l'applicabilité doit être étoffée factuellement. Il apparaît de l'analyse de la jurisprudence une plus grande ouverture des tribunaux à se commettre dès le stade de l'autorisation quant à l'immunité invoquée dans un tel contexte. Chose certaine, la détermination de son application semble être moins ambiguë ou plus facile à faire.

La suspension d'une action collective en droit international privé – ou la mystérieuse affaire du justiciable québécois égaré à Regina

**Maxime Nasr* et
Thomas Kingsley****

Introduction 253

I– La suspension en vertu de l'article 3137 C.c.Q. 255

    A. Principes généraux. 255

    B. La reconnaissance des jugements étrangers 257

II– La suspension en vertu des articles 18 et 49 C.p.c.. . . . 263

    A. Principes généraux. 263

    B. Observations sur la suspension en vertu des
       pouvoirs généraux de la Cour 266

Conclusion 267

---

* Associé, Belleau Lapointe s.e.n.c.r.l.
** Étudiant en droit, Belleau Lapointe s.e.n.c.r.l.

INTRODUCTION

Il y a plus de 20 ans, dans un des arrêts fondateurs des principes de l'action collective telle que nous la connaissons aujourd'hui, la Cour suprême dressait la liste des trois principaux avantages qui permettent à ce véhicule procédural de se démarquer face à une multitude d'actions individuelles :

> 27 […] Premièrement, par le regroupement d'actions individuelles semblables, les recours collectifs permettent de faire des économies au plan judiciaire en évitant la duplication inutile de l'appréciation des faits et de l'analyse du droit. Les gains en efficacité ainsi réalisés libèrent des ressources judiciaires qui peuvent être affectées à la résolution d'autres conflits, et peuvent également réduire le coût du litige à la fois pour les demandeurs (qui peuvent partager les frais) et pour les défendeurs (qui contestent les poursuites une seule fois) […].

> 28 Deuxièmement, comme les frais fixes peuvent être divisés entre un grand nombre de demandeurs, les recours collectifs donnent un meilleur accès à la justice en rendant économiques des poursuites qui auraient été trop coûteuses pour être intentées individuellement. Sans les recours collectifs, la justice n'est pas accessible à certains demandeurs, même pour des réclamations solidement fondées. Le partage des frais permet de ne pas laisser certains préjudices sans recours […].

> 29 Troisièmement, les recours collectifs servent l'efficacité et la justice en empêchant des malfaisants éventuels de méconnaître leurs obligations envers le public. Sans recours collectifs, des personnes qui causent des préjudices individuels mineurs, mais répandus pourraient négliger le coût total de leur conduite, sachant que, pour un demandeur, les frais d'une poursuite dépasseraient largement la réparation probable. Le partage des frais diminue le coût des recours en justice et dissuade donc les

défendeurs éventuels qui pourraient autrement présumer que de petits méfaits ne donneraient pas lieu à un litige [...].[1] (Références omises)

Forte de ces principes, la notion de groupes nationaux s'est développée rapidement au Canada. En effet, si on peut générer des économies d'échelle pour l'appareil judiciaire et les justiciables dans le cadre d'une action collective limitée au territoire d'une province, pourquoi ne pas les décupler en regroupant les membres de différentes juridictions canadiennes dans une même procédure entreprise devant la juridiction d'une seule province ? A priori, l'idée séduit. D'autant que la population de certaines provinces canadiennes ne saurait bien souvent justifier à elle seule l'entreprise d'une action collective.

On peut toutefois s'interroger sur les mécanismes de droit prétorien développés en common law afin de permettre, par exemple, à un consommateur s'étant procuré au Québec un véhicule japonais de se joindre à une action collective entreprise en Saskatchewan. Si les tribunaux de la Saskatchewan ne sont pas compétents pour entendre un tel recours sur une base individuelle, pourquoi le seraient-ils dans le cadre d'une action collective ? Et si c'était le cas, l'action collective se trouverait ainsi à modifier le droit substantif, alors qu'elle a toujours été conçue uniquement comme un véhicule procédural. Bref, est-on en train de sacrifier les règles de compétence internationale des tribunaux sur l'autel de l'accessibilité à la justice ?

Une des principales difficultés pratiques découlant de l'entreprise d'actions collectives à portée nationale réside dans l'existence de recours concurrents. Le législateur québécois et la Cour supérieure ont développé des critères permettant d'ordonner la suspension d'une action collective québécoise en faveur d'une action intentée dans une autre juridiction canadienne. Ces critères, qui s'harmonisent avec les règles de compétence des États et qui visent à assurer que les droits des justiciables québécois soient déterminés dans un forum approprié, se démarquent de l'approche libérale de la common law face aux groupes nationaux à telle enseigne que, suivant une analyse exhaustive de la législation applicable et de la jurisprudence, la Cour

---

1. *Western Canadian Shopping Centres inc.* c. *Dutton*, [2001] 2 R.C.S. 534.

supérieure a récemment « [remis] en question la notion établie des classes nationales pancanadiennes partout au Canada »[2].

Dans le cadre du présent texte, nous discutons des circonstances dans lesquelles la Cour supérieure du Québec peut suspendre une action collective au profit d'un recours entrepris ailleurs au Canada au nom d'un groupe national. Nous examinons (1) la voie de suspension prévue à l'article 3137 C.c.Q. et (2) la suspension en vertu du pouvoir de la Cour supérieure de gérer son rôle.

I– LA SUSPENSION EN VERTU DE L'ARTICLE 3137 C.C.Q.

Dans cette première section, nous abordons d'abord a) les principes généraux qui régissent la suspension d'une instance en vertu de l'article 3137 du *Code civil du Québec*. Ensuite, b) les spécificités propres à la reconnaissance des jugements étrangers au Québec et les règles de compétence applicables retiennent notre attention.

A. Principes généraux

L'article 3137 C.c.Q. traite de litispendance internationale, soit la situation où deux procédures similaires concernant un même litige sont intentées parallèlement au Québec et dans une juridiction étrangère. Cette disposition peut donner lieu à la suspension de l'action québécoise lorsque certains critères sont satisfaits. Il est donc pertinent de s'attarder aux règles qu'elle édicte, en tenant compte des spécificités propres à l'action collective.

Trois conditions doivent être réunies pour que l'article 3137 C.c.Q. entre en jeu[3]. En premier lieu, les deux recours doivent impliquer les mêmes parties, être basés sur les mêmes faits et avoir le même objet, une condition souvent définie comme la « triple identité ». Dans le contexte de l'action collective, la parfaite identité de parties n'est pas requise en raison des particularités propres à ce

---

2. *Option Consommateurs* c. *Nippon Yusen Kabushiki Kaisha (NYK)*, 2022 QCCS 1338, par. 173. Confirmé en appel, mais pour d'autres motifs : *Nippon Yusen Kabushiki Kaisha* c. *Option Consommateurs*, 2023 QCCA 513.
3. *R.S.* c. *P.R.*, 2019 CSC 49, par. 38. Voir aussi : *Birdsall inc.* c. *In Any Events inc.*, 1999 QCCA 13874, p. 20 et 21 ; *Cormier, Cohen, Davies, Architectes, s.e.n.c.* c. *Bizzotto*, 2009 QCCA 513, par. 18 ; *Fastwing Investment Holdings Ltd.* c. *Bombardier inc.*, 2011 QCCA 432, par. 31 ; *FCA Canada inc.* c. *Garage Poirier & Poirier inc.*, 2019 QCCA 2213, par. 41.

type d'action[4]. Comme l'a souligné la Cour d'appel, l'identité des demandeurs s'évalue à leur statut de membre du groupe[5]. La Cour suprême consolide ce principe en statuant que l'identité juridique des parties doit primer sur leur identité physique[6].

Deuxièmement, le principe de « l'antériorité de l'action étrangère » doit être respecté, c'est-à-dire que le for étranger doit avoir été saisi avant les tribunaux québécois. Ce critère s'apprécie en fonction de la date de dépôt de l'action. En actions collectives, la demande d'autorisation marque la saisine par les tribunaux québécois[7]. La condition d'antériorité de saisine permet notamment d'éviter que les parties recherchent la juridiction la plus avantageuse, une pratique couramment appelée le *forum shopping*[8].

La troisième condition réside dans la « susceptibilité de reconnaissance ». L'action entreprise à l'étranger doit pouvoir mener à une décision qui pourrait être reconnue au Québec. Cette dernière condition n'a que trop peu été abordée dans un contexte d'actions collectives concurrentes au Canada. Nous y consacrons le prochain titre.

Ces trois critères doivent tous être remplis pour qu'il y ait litispendance au sens de l'article 3137 C.c.Q.[9]. Il est par ailleurs bien établi que les tribunaux québécois conservent le pouvoir discrétionnaire de ne pas ordonner la suspension même lorsque toutes les conditions sont remplies[10]. Cette latitude peut être utilisée, par exemple

---

4. *FCA Canada inc.* c. *Garage Poirier & Poirier inc.*, 2019 QCCA 2213, préc., note 3, par. 49, 64 et 65. Voir aussi : *Hotte* c. *Servier Canada inc.*, 1999 CanLII 13363 (QC C.A.) ; *Li* c. *Equifax inc.*, 2018 QCCS 1892, par. 34 (demandes pour autorisation d'appeler rejetées, 2018 QCCA 1560 et 2019 CanLII 21187 (CSC)).
5. *Hotte* c. *Servier Canada inc.*, 1999 CanLII 13363 (QC C.A.), préc., note 4.
6. *Société canadienne des postes* c. *Lépine*, 2009 CSC 16, par. 55.
7. À titre d'exemple, voir : *FCA Canada inc.* c. *Garage Poirier & Poirier inc.*, préc., note 3, par. 55. À noter que l'article 3137 C.c.Q. demeure applicable à une action au stade de l'autorisation, même si la demande introductive d'instance n'est pas encore déposée (à ce sujet, voir : *Li* c. *Equifax inc.*, préc., note 4, par. 34).
8. *R.S.* c. *P.R.*, préc., note 3, par. 69 et 87.
9. *R.S.* c. *P.R.*, préc., note 3, par. 39 ; *FCA Canada inc.* c. *Garage Poirier & Poirier inc.*, préc., note 3, par. 37.
10. *R.S.* c. *P.R.*, préc., note 3, par. 40. Voir aussi : *Li* c. *Equifax inc.*, préc., note 4, par. 34 ; *Birdsall inc.* c. *In Any Events Inc.*, préc., note 3, p. 20 ; *Cormier, Cohen, Davies, Architectes, s.e.n.c.* c. *Bizzotto*, préc., note 3, par. 17 ; *Fastwing Investment Holdings Ltd.* c. *Bombardier inc.*, préc., note 3, par. 26 ; *Toyota Canada inc.* c. *Melley*, 2011 QCCA 829, par. 5 et 6 ; Gérald GOLDSTEIN, *Droit international privé*, vol. 2., coll. « Commentaires sur le *Code civil du Québec* », Montréal, Éditions Yvon Blais, 2011, par. 580, p. 87.

si l'action engagée devant l'autre juridiction stagne ou demeure en suspens[11].

Par ailleurs, après avoir analysé l'application des critères de l'article 3137 C.c.Q., le juge peut exercer sa discrétion en considérant les critères du *forum non conveniens*[12]. Il se questionnera alors à savoir si l'autre forum est dans une meilleure situation pour juger l'affaire en question. Néanmoins, plusieurs décisions récentes en actions collectives ne font pas référence à la doctrine du *forum non conveniens*[13], leurs motifs se focalisant plutôt sur l'intérêt des membres québécois en vertu de l'article 577 du *Code de procédure civile*. Ainsi, la complexité, les coûts associés aux recours multijuridictionnels et les divergences entre les cadres juridiques des différentes provinces canadiennes pourraient, en action collective, motiver un refus de suspension. Enfin, le pouvoir discrétionnaire des autorités québécoises leur offre un outil supplémentaire afin de contrer les tentatives de *forum shopping*[14].

Selon certains auteurs, l'intention première du législateur en intégrant le mécanisme de litispendance internationale à l'article 3137 C.c.Q. était de prévenir la sollicitation multiple de différents tribunaux pour un litige identique et d'éviter des situations où des procédures parallèles aboutiraient à des décisions contradictoires qui, toutes deux, seraient susceptibles d'avoir des effets au Québec[15]. Il convient de noter que la suspension des procédures par un tribunal québécois, une fois sa compétence établie, n'est pas la règle, mais bien un régime d'exception[16].

B. La reconnaissance des jugements étrangers

On vient de le voir, la troisième condition prévue à l'article 3137 C.c.Q. s'attarde à la susceptibilité de reconnaissance de la décision

---

11. *Li* c. *Equifax inc.*, préc., note 4, par. 34.
12. *R.S.* c. *P.R.*, préc., note 3, par. 71.
13. Art. 3135 C.c.Q. ; *FCA Canada inc.* c. *Garage Poirier & Poirier inc.*, préc., note 3, par. 41 ; *Micron Technology inc.* c. *Hazan*, 2020 QCCA 1104.
14. *R.S.* c. *P.R.*, préc., note 3, par. 69 ; Gérald GOLDSTEIN et Ethel GROFFIER, *Droit international privé*, t. 1, Montréal, Éditions Yvon Blais, 1998, par. 137, p. 324.
15. Gérald GOLDSTEIN, préc., note 10, par. 580, p. 69 ; Claude EMANUELLI, *Droit international privé québécois*, 2e éd., Montréal, Éditions Wilson & Lafleur, 2006, p. 134, par. 282. Voir aussi : *FCA Canada inc.* c. *Garage Poirier & Poirier inc.*, préc., note 3, par. 41 ; *R.S.* c. *P.R.*, préc., note 3, par. 46.
16. *R.S.* c. *P.R.*, préc., note 3, par. 68.

étrangère. C'est à l'article 3155 C.c.Q. que l'on retrouve les modalités de reconnaissance et d'exécution des jugements étrangers[17]. La reconnaissance y est présentée comme le principe général, sauf exceptions définies. Pour les besoins du présent texte, le premier paragraphe de l'article 3155 C.c.Q. mérite une attention particulière. Il prévoit essentiellement que l'autorité étrangère doit être compétente selon les règles de compétence québécoises pour pouvoir donner lieu à un jugement exécutoire au Québec.

Dans *R.S. c. P.R.*[18], le juge Gascon, s'exprimant au nom de la majorité de la Cour suprême, écrit : « De fait, si le tribunal étranger n'a pas compétence suivant les termes de l'art. 3155(1) C.c.Q., les procédures étrangères ne pourront jamais donner lieu à une décision susceptible de reconnaissance au Québec »[19]. Les règles de compétence des autorités étrangères sont prévues au titre IV du livre X du *Code civil du Québec*, en particulier aux articles 3164 à 3168 C.c.Q. L'article 3164 C.c.Q. constitue une règle d'application générale dans le processus de vérification de compétence[20]. Il y est stipulé que l'autorité étrangère doit être compétente en vertu des règles de compétence des autorités québécoises et également présenter un rattachement important avec le for saisi.

Au Québec, l'analyse de l'existence d'un rattachement important du litige avec le for saisi requiert que la compétence du tribunal soit établie à l'égard de chacun des membres du groupe[21]. En l'absence d'une telle démonstration, le tribunal a la latitude de restreindre le groupe aux membres dont le litige se rattache suffisamment à l'autorité québécoise. En effet, l'action collective n'est qu'un véhicule procédural qui ne saurait permettre de déroger au principe constitutionnel de territorialité des lois et des compétences

---

17. Voir *Barer c. Knight Brothers LLC*, 2019 CSC 13, par. 23-24.
18. *R.S. c. P.R.*, préc., note 3.
19. *R.S. c. P.R.*, préc., note 3, par. 46 (Notre soulignement).
20. *Hocking c. Haziza*, 2008 QCCA 800, par. 169.
21. *Amram c. Rogers Communications inc.*, 2015 QCCA 105, par. 23 (demande pour autorisation d'appeler rejetée, C.S.C., 2015-09-24, 36348) ; *Brito c. Pfizer Canada inc.*, 2008 QCCS 2231, par. 102, 103 et 110 ; *Goyette c. GlaxoSmithKline inc.*, 2009 QCCS 3745, par. 120 à 124 (appel rejeté, 2010 QCCA 2054) ; *Charbonneau c. Apple Canada inc.*, 2016 QCCS 5770, par. 73, 74 et 101 ; *Zoungrana c. Air Algérie*, 2016 QCCS 2311, par. 70 (demande pour autorisation d'appeler rejetée, C.S.C., 2017-02-16) 37190) ; *Melançon c. Depuy Orthopaedics inc.*, 2018 QCCS 1921, par. 56 et 57 (appel accueilli en partie, 2019 QCCA 878) ; *Lebeau c. Syngenta*, 2022 QCCS 2831, par. 52 et 53.

judiciaires provinciales[22]. L'action collective revêt assurément son lot de spécificités, mais elle ne modifie pas le cadre juridique de la compétence des tribunaux.

Dans le reste du Canada, l'approche adoptée pour établir la compétence à l'égard des groupes nationaux est résolument différente. Bien que là aussi la présence d'un « lien réel et substantiel » soit nécessaire pour qu'un tribunal se déclare compétent[23], il n'est pas nécessaire d'analyser le critère de rattachement entre chaque membre non-résident et la juridiction concernée. Habituellement, une fois que le tribunal a établi un lien suffisant entre son for et l'action (généralement par l'entremise de l'analyse du recours des résidents de la province saisie), la présence de questions communes partagées par les résidents et les non-résidents suffit aux tribunaux de common law pour s'arroger compétence sur un groupe national[24]. À travers cette démarche propre à l'action collective, les tribunaux de common law semblent s'attribuer une compétence plus étendue que celle normalement reconnue dans le cadre de recours individuels, et qui ne leur est pas nécessairement conférée sur le plan constitutionnel. On ne s'étonnera pas ainsi (mais peut-être le devrait-on ?) de voir que les tribunaux de la Colombie-Britannique et de l'Ontario sont régulièrement saisis de recours en matière de consommation entrepris notamment au nom de justiciables d'autres provinces qui ne pourraient autrement faire valoir aucun facteur de rattachement entre leurs recours individuels et l'une ou l'autre de ces deux juridictions.

Par ailleurs, le législateur québécois a fait le choix d'accorder un traitement particulier aux actions personnelles à caractère patrimonial. En effet, l'article 3168 C.c.Q. limite la reconnaissance de la compétence des autorités étrangères en matière d'action personnelle à caractère patrimonial à six cas d'application distincts. Le premier cas reconnaît la compétence de l'autorité étrangère lorsque le défendeur y est domicilié. Le deuxième cas se manifeste lorsque le défendeur tient un établissement dans l'État où la décision est rendue et que le litige concerne ses activités dans cet État. Ici, la situation pourrait très bien voir le jour sous la forme d'un établissement ayant

---

22. *Hocking* c. *Haziza*, préc., note 20, par. 150 ; *Brito* c. *Pfizer Canada inc.*, préc., note 21, par. 103 et 104.
23. *Club Resorts Ltd.* c. *Van Breda*, 2012 CSC 17, par. 82.
24. *Airia Brands Inc.* v. *Air Canada*, 2017 ONCA 792, par. 107 et 108 ; *Meeking* v. *Cash Store Inc. et al.*, 2013 MBCA 81, par. 84 ; *Holcman* c. *Restaurants Brands International inc.*, 2022 QCCS 2168, par. 19.

un lien direct avec le litige né entre les parties. Le troisième cas d'application réfère à la survenance d'un préjudice dans l'État où la décision a été rendue, qui résulterait d'une faute y ayant été commise ou d'un fait dommageable s'y étant produit. Le quatrième paragraphe trouve application lorsque les obligations découlant d'un contrat devaient y être exécutées. Le cinquième cas s'applique lorsque les parties ont convenu de soumettre à cette autorité les litiges nés ou à naître entre elles à l'occasion d'un rapport de droit déterminé, sauf pour le consommateur et le travailleur. Enfin, le sixième et dernier paragraphe établit que la compétence de l'autorité étrangère sera reconnue lorsque le défendeur l'aura fait lui-même explicitement.

La démarche de vérification de compétence dans le contexte d'une action personnelle à caractère patrimonial est la suivante : il faut analyser la compétence de l'autorité étrangère par l'entremise de l'article 3168 C.c.Q., puis vérifier l'existence d'un rattachement important conformément à l'article 3164 C.c.Q.[25]. En revanche, il est vrai que la conformité à un cas d'application de l'article 3168 C.c.Q. entraîne généralement le respect du critère de rattachement important[26].

Il convient de souligner que la portée de l'article 3164 C.c.Q. demeure ambiguë, son interprétation ayant fait l'objet de nombreuses controverses en jurisprudence[27]. Dans un arrêt récent[28], la majorité de la Cour suprême favorise l'interprétation qui avait été retenue en 2009 dans l'arrêt *Société canadienne des postes* c. *Lépine*[29]. Ainsi, les règles de compétence indirectes prévues au titre IV, comme l'article 3168 C.c.Q. analysé précédemment, ne sauraient s'appliquer sans qu'une vérification de la qualité du rattachement soit effectuée. Toutefois, le plus haut tribunal du pays remet à un autre jour la question de déterminer s'il est possible de justifier la compétence d'une autorité étrangère en vertu de l'article 3164 C.c.Q., dans une situation en matière d'action personnelle à caractère patrimonial où aucun des cas d'application de l'article 3168 C.c.Q. ne serait rencontré[30].

---

25. *Société canadienne des postes* c. *Lépine*, préc., note 6, par. 36 ; *Barer* c. *Knight Brothers LLC*, préc., note 17, par. 86-87 ; *Hocking* c. *Haziza*, préc., note 20, par. 181-185.
26. *Ibid.*
27. Sylvette GUILLEMARD et Van ANH LY, « La décision *Barer* et l'article 3164 C.c.Q. : encore beaucoup de buée sur le miroir », (2019) 121-2 *Revue du notariat* 317, 319 et 320.
28. *Barer* c. *Knight Brothers LLC*, préc., note 17, par. 86-88.
29. *Société canadienne des postes* c. *Lépine*, préc., note 6.
30. *Barer* c. *Knight Brothers LLC*, préc., note 17, par. 90.

Par ailleurs, en matière d'action collective, la jurisprudence a développé un aménagement important au sixième paragraphe de l'article 3168 C.c.Q. La prémisse sur laquelle est fondé l'article 3168(6) C.c.Q. veut qu'un demandeur qui intente une action dans un for étranger soit réputé avoir consenti à la compétence du for qu'il a lui-même choisi[31]. Toutefois, dans le contexte spécifique de l'action collective, seul le demandeur étranger (le représentant) consent à la juridiction du for étranger et son consentement ne saurait avoir pour effet de contraindre les membres québécois à mener leur recours dans une autre province :

> [221] En résumé, dans les circonstances, le seul consentement du défendeur ne peut pallier l'absence de compétence du tribunal sur des personnes qui n'ont pas elles-mêmes manifesté (et pas même implicitement) leur volonté de participer au recours collectif institué devant un for étranger, en rapport avec un litige qui, quant à elles, n'a aucun lien réel et substantiel avec le for en question.[32]

Sur ce point d'ailleurs, la jurisprudence des tribunaux de common law s'accorde avec le droit québécois, à tout le moins lorsqu'il est question de reconnaître un jugement américain[33].

Ainsi, dans le contexte où deux actions collectives (personnelles à caractère patrimonial) concurrentes sont entreprises, l'une au Québec et l'autre préalablement dans une autre province canadienne, il nous paraît clair qu'outre les quelques exceptions discutées ci-après, seul le consentement du demandeur québécois à la certification de l'action étrangère au bénéfice des membres du Québec pourrait permettre au tribunal québécois de suspendre l'action québécoise[34], sous réserve, bien évidemment, du pouvoir discrétionnaire du juge ainsi saisi qui devra analyser l'intérêt des membres québécois en vertu de l'article 577 C.p.c.

Dans les cas où le demandeur ne reconnaît pas la compétence de l'autorité étrangère, trois situations semblent pouvoir conduire à la suspension de l'action québécoise en vertu de l'article 3137 C.c.Q. lorsqu'il s'agit d'une action personnelle à caractère patrimonial. La

---

31. *Hocking* c. *Haziza*, préc., note 20, par. 190 et 191.
32. *Hocking* c. *Haziza*, préc., note 20, par. 221, voir également par. 214-218.
33. *Currie* v. *McDonald's Restaurants of Canada Ltd.*, 2005 ONCA 3360, par. 17.
34. *Hocking* c. *Haziza*, préc., note 20, par. 193 et 217. Voir aussi *Chasles* c. *Bell Canada inc.*, 2017 QCCS 5200, par. 56.

première situation, décrite à l'article 3168(1) C.c.Q., survient lorsque le défendeur est domicilié dans la province où le groupe pancanadien a été formé, et ce, avant le recours québécois. Cette situation est assez facile à concevoir. Il suffit par exemple de penser aux actions collectives visant les agissements d'entreprises canadiennes dont le siège social est situé dans la juridiction saisie.

Outre ce scénario, l'article 3168(2) C.c.Q. offre une situation qui pourrait mener à la suspension d'une action québécoise en faveur d'un groupe national, et ce, sans le consentement du demandeur. Ce deuxième cas s'applique lorsque le défendeur possède un établissement dans la province de l'autorité saisie et que la contestation est relative à son activité dans cette province. On peut par exemple penser à une action collective relative à un vice de fabrication qui découle de l'activité d'une usine dans la province où l'action collective pancanadienne a été entreprise.

Enfin, le troisième cas de figure est celui de la clause d'élection de for dans un contrat qui n'en est pas un de consommation ou de travail. En effet, conformément à l'article 3168(5) C.c.Q., cette situation pourra donner lieu à la reconnaissance de la compétence de l'autorité étrangère et, du même coup, celle de la décision étrangère au Québec en vertu de l'article 3155(1) C.c.Q.

En somme, lorsque la Cour supérieure du Québec est compétente pour entendre une action collective et qu'elle est la première saisie, les dispositions du Code civil ne permettent pas d'ordonner la suspension de l'action au profit d'un recours concurrent entrepris dans une autre province. Il en est de même lorsque l'action collective concurrente est entreprise antérieurement dans une autre province et que (1) le demandeur québécois n'a pas reconnu la compétence de l'autorité étrangère, (2) le défendeur n'y a pas son domicile ou (3) un établissement dont l'activité est à l'origine du litige ou (4) que les parties ne sont pas liées par une clause d'élection de for. Et encore, même si toutes les conditions sont remplies, le tribunal conserve le pouvoir discrétionnaire de ne pas suspendre l'action s'il est d'avis que les intérêts des membres québécois ne seraient pas protégés adéquatement[35].

Néanmoins, une tout autre voie semble s'être dessinée ces dernières années par laquelle une partie pourrait demander la

---

35. Art. 577 C.p.c.

suspension d'une action collective en vertu des pouvoirs généraux de la Cour supérieure.

II- LA SUSPENSION EN VERTU DES ARTICLES 18 ET 49 C.P.C.

Dans cette deuxième partie, nous nous penchons sur une voie de suspension alternative fondée sur l'exercice des pouvoirs généraux de la Cour supérieure prévus à l'article 49 C.p.c. À cette fin, nous abordons a) les principes généraux et les conditions qui permettent cette suspension, et b) nous partageons quelques réflexions.

A. Principes généraux

Dans *FCA Canada inc. c. Garage Poirier & Poirier inc.*, la Cour d'appel enseigne que la Cour supérieure peut suspendre une action collective, même en l'absence de litispendance, si l'intérêt des membres du groupe québécois et la saine administration de la justice le justifient[36]. L'exercice de la discrétion de la Cour ne dépend pas de la chronologie du dépôt des procédures, bien que le niveau d'avancement des dossiers puisse l'influencer[37].

Ainsi donc, par le truchement des articles 18 et 49 C.p.c., un juge pourrait choisir de suspendre une action intentée au Québec au profit d'un recours national entrepris dans une autre province en s'appuyant sur les pouvoirs généraux de la Cour supérieure, et ce, alors même que les conditions prévues à l'article 3137 C.c.Q. ne seraient pas remplies. À cette fin, la Cour doit minimalement être convaincue que la suspension est dans l'intérêt des membres du groupe québécois conformément à l'article 577 C.p.c.

L'article 577 C.p.c. prévoit que le tribunal appelé à suspendre une action collective doit tenir compte de la protection des droits et des intérêts des membres québécois. Il est par ailleurs intéressant de souligner que l'avant-projet de loi prévoyait une exigence supplémentaire à l'article 577 C.p.c. Il stipulait que le tribunal devait être « convaincu que l'autre tribunal est mieux à même de trancher les questions soulevées et que les droits et les intérêts des membres

---

36. *FCA Canada inc. c. Garage Poirier & Poirier inc.*, préc., note 3, par. 73.
37. *FCA Canada inc. c. Garage Poirier & Poirier inc.*, préc., note 3, par. 73 et 78 ; *Micron Technology inc. c. Hazan*, préc., note 13, par. 45.

résidents du Québec sont adéquatement pris en compte » afin de procéder à la suspension[38].

Dans *Micron Technology inc. c. Hazan*[39], la Cour d'appel précise le test qu'elle a élaboré un an plus tôt dans *Garage Poirier*. La Cour y énonce une série de critères concernant le pouvoir inhérent du tribunal de suspendre l'action québécoise en vertu des articles 18, 49 et 577 C.p.c.[40] :

a) D'abord, l'intérêt de la justice requiert un certain niveau de vigilance quant à la progression simultanée de dossiers similaires à l'étape du mérite devant différents tribunaux. Cette considération tire son importance du risque de jugements contradictoires, des coûts non négligeables pour les parties et de la pression sur les ressources judiciaires.

b) Une attention particulière devrait également être portée aux éléments centraux des dossiers. Si les questions principales, les remèdes recherchés et la définition du groupe de l'action québécoise sont largement représentés dans le dossier étranger, cela milite en faveur de la suspension du recours intenté au Québec.

c) Par ailleurs, la Cour reconnaît la nécessité de protéger adéquatement les droits et les intérêts des membres québécois. Cela implique notamment qu'ils doivent être traités équitablement, bénéficier pleinement des avantages du droit québécois et être informés dans les deux langues officielles. À cet effet, le représentant du recours étranger doit aussi être en mesure de représenter les membres québécois.

d) Par ailleurs, pour garantir la transparence et la rigueur de la démarche, la Cour suggère à la partie souhaitant la suspension de fournir un plan de litige détaillé (« litigation plan »)[41] et d'éclairer le tribunal sur ses démarches à l'aide de déclarations sous serment[42]. Ce document, destiné au

---

38. *Loi instituant le nouveau Code de procédure civile*, avant-projet de loi (dépôt – 29 septembre 2011), 2e sess., 39e légis., art. 579 al. 2.
39. *Micron Technology inc. c. Hazan*, préc., note 13.
40. *Id.*, par. 50-57.
41. *Id.*, par. 56 ; *Leopardi c. Mercedes-Benz Canada inc.*, 2020 QCCS 3713, par. 26.
42. *Leopardi c. Mercedes-Benz Canada inc.*, préc., note 41, par. 37.

tribunal hors Québec, devrait exposer la stratégie prévue pour la gestion de l'affaire à l'étranger tout en assurant la prise en compte et la sauvegarde des intérêts des membres québécois.

Avant l'arrêt de la Cour d'appel dans *Garage Poirier*, la jurisprudence de la Cour supérieure refusait généralement de suspendre une action collective si les conditions de 3137 C.c.Q. n'étaient pas remplies, exception faite des demandes présentées du consentement des parties. Si, dans *Li* c. *Equifax inc.*[43], la Cour supérieure refusait ainsi d'utiliser ses pouvoirs généraux pour suspendre une action collective, il n'en demeure pas moins que cette décision n'a rien perdu de sa pertinence en ce qui a trait aux critères à examiner lorsque le tribunal doit se pencher sur l'intérêt des membres du Québec à voir le recours québécois suspendu au profit d'un recours national entrepris dans une autre juridiction[44]. Si certains de ces critères sont également prévus dans l'arrêt *Micron Technology*, d'autres y sont certainement complémentaires :

a) L'état d'avancement des procédures devant la juridiction étrangère[45].

b) Le degré d'implication des avocats représentant le groupe québécois dans les procédures étrangères[46].

c) Les disparités entre les lois des différentes juridictions[47].

d) La capacité du représentant québécois à représenter les intérêts du groupe québécois d'une manière plus adéquate que ne le ferait le représentant d'une action pendante dans une autre juridiction[48].

---

43. *Li* c. *Equifax inc.*, préc., note 4.
44. *Id.*, par. 34.
45. À titre d'exemples, voir : *Option Consommateurs* c. *LG Chem Ltd.*, 2017 QCCS 6365, par. 72 ; *Muraton* c. *Toyota Canada inc.*, 2017 QCCS 1858, par. 8-12 ; *McPhee* c. *Live Nation Entertainment inc.*, 2019 QCCS 3820, par. 29.
46. À titre d'exemples, voir : *Option Consommateurs* c. *American Airlines*, 2017 QCCS 596, par. 20-21 ; *McPhee* c. *Live Nation Entertainment inc.*, préc., note 45, par. 29.
47. À titre d'exemples, voir : *Melley* c. *Toyota Canada inc.*, 2011 QCCS 1229, par. 40 et 41 ; *McPhee* c. *Live Nation Entertainment inc.*, préc., note 45, par. 29.
48. À titre d'exemples, voir : *Lebrasseur* c. *Hoffmann-La Roche ltée*, 2011 QCCS 5457, par. 39 ; *McPhee* c. *Live Nation Entertainment inc.*, préc., note 45, par. 29.

e) L'engagement et l'intérêt des membres du groupe à l'endroit des procédures intentées au Québec et à l'étranger[49].

B. Observations sur la suspension en vertu des pouvoirs généraux de la Cour

Dans *Garage Poirier*, la Cour d'appel élabore une règle de droit prétorien qu'elle justifie notamment par le caractère unique des actions collectives. Or, les opportunités d'application de cette règle, qui permet de suspendre une action collective au Québec au profit d'un recours concurrent entrepris à l'étranger alors même que les conditions de la litispendance internationale prévues à l'article 3137 C.c.Q. ne sont pas remplies, nous apparaissent très limitées.

Certes, la règle est la bienvenue dans les cas où les parties à l'action québécoise conviennent de la suspendre en attente d'un développement prochain dans le recours étranger. D'ailleurs, la Cour supérieure accorde de façon routinière de telles demandes de suspension[50]. En soi, la possibilité de suspendre un dossier, qu'il s'agisse d'une action collective ou non, alors que les parties conviennent d'attendre un développement jurisprudentiel imminent, paraît raisonnable et proportionnelle.

La difficulté survient lorsque la demande de suspension est contestée et qu'elle échoue à satisfaire les critères de la litispendance internationale prévus à l'article 3137 C.c.Q. Par exemple, on peine à concevoir comment la Cour supérieure du Québec pourrait conclure qu'il est dans l'intérêt des membres du Québec d'ordonner la suspension d'une action collective qu'elle serait compétente à entendre, au profit d'un recours national entrepris dans une province où les membres du groupe québécois seraient autrement incapables de poursuivre leurs recours individuels en raison de l'absence de compétence des tribunaux de cette province. On peut aussi se questionner sur la qualité du représentant étranger qui aurait entrepris une action collective au bénéfice de membres québécois, alors même qu'il serait incapable de faire procéder à l'exécution de son éventuel jugement au Québec. Malgré l'absence de règles uniformes à l'échelle du pays qui encadreraient les cas de litispendance interprovinciale en

---

49. À titre d'exemple, voir : *Leopardi c. Mercedes-Benz Canada inc.*, préc., note 41, par. 30.
50. Voir par exemple *L.P. c. Monsanto Canada*, 2020 QCCS 4464, et *Leopardi c. Mercedes-Benz Canada inc.*, préc., note 41.

actions collectives[51], il paraît inique d'envisager que la juridiction québécoise puisse accepter de suspendre son dossier au profit d'un tribunal étranger incompétent à entendre les recours individuels des membres du Québec.

Par ailleurs, en présence d'un mécanisme de suspension fonctionnel spécialement prévu par le législateur à l'article 3137 C.c.Q. et assorti de conditions claires, le corridor qui permet la suspension en vertu des pouvoirs généraux de la Cour est nécessairement très étroit. En effet et comme le rappelle la Cour suprême dans *Lac d'Amiante du Québec ltée c. 2858-0702 Québec inc.*[52], les tribunaux québécois ne disposent pas de la même latitude que les cours des provinces de common law pour édicter des règles de procédure qui pourraient autrement s'avérer opportunes :

> 37. De plus, le droit procédural reconnaît des pouvoirs inhérents aux tribunaux pour régler des situations non prévues par la loi ou les règles de pratique. Des décisions de gestion ponctuelles peuvent également être rendues nécessaires par les particularités de certains dossiers. Cependant, <u>ces pouvoirs inhérents ou accessoires, que consacrent d'ailleurs les art. [18] et [49] C.p.c., n'accordent aux tribunaux qu'une fonction subsidiaire ou interstitielle dans la définition du contenu de la procédure québécoise. La loi prime.</u> Les tribunaux doivent baser leurs décisions sur celle-ci. Sans nier l'importance de la jurisprudence, ce système ne lui reconnaît pas le statut de source formelle du droit, malgré la légitimité d'une interprétation créatrice et ouverte sur la recherche de l'intention du législateur telle que l'expriment ou l'impliquent les textes de loi.
> (Notre soulignement)

CONCLUSION

L'approche des tribunaux québécois face aux groupes nationaux est beaucoup plus conservatrice que l'accueil qui leur est fait dans les tribunaux de common law. En effet, à l'inverse des juridictions canadiennes, la Cour supérieure du Québec n'autorise des actions collectives que pour le compte de groupes pour lesquels elle serait autrement compétente à entendre les recours individuels de

---

51. À titre d'exemples, voir : *Société canadienne des postes c. Lépine*, préc., note 6, par. 56 et 57 ; *Melley c. Toyota Canada inc.*, préc., note 47, par. 35-39.
52. *Lac d'Amiante du Québec ltée c. 2858-0702 Québec inc.*, 2001 CSC 51.

chacun des membres. Dans la mesure où le groupe proposé inclut des membres qui ne pourraient individuellement justifier d'un facteur de rattachement suffisant avec la juridiction québécoise, ils seront exclus de l'action autorisée.

Cette approche conservatrice a pour conséquence nécessaire que les actions collectives entreprises au Québec sont bien souvent restreintes à des groupes de résidents du Québec. Lorsque la cause d'action à l'origine du recours québécois est présente d'un océan à l'autre, il est fréquent que des recours concurrents soient entrepris au bénéfice de groupes nationaux dans des provinces de common law. Cette dynamique particulière entre la seule province de tradition civiliste et les autres juridictions canadiennes fait en sorte que le Québec s'avère une juridiction où les demandes de suspension sont courantes.

Fort heureusement, la jurisprudence qui s'est développée en réponse à ces demandes de suspension est, elle également, conservatrice. C'est-à-dire que les tribunaux québécois sont peu enclins à suspendre une action collective entreprise régulièrement au Québec, dans la mesure où elle est pilotée par un représentant qui démontre la volonté de la faire progresser.

La reconnaissance récente par la Cour d'appel d'une possibilité de suspendre une action collective entreprise au Québec au bénéfice d'un recours concurrent entrepris dans une autre juridiction canadienne en l'absence de litispendance internationale constitue une forme d'assouplissement des conditions strictes prévues à l'article 3137 C.c.Q. Ceci dit, l'obligation posée par le législateur de s'assurer de prendre en considération la protection des droits et des intérêts des résidents du Québec paraît constituer un aménagement raisonnable qui, à ce jour, a joué efficacement son rôle de garde-fou.

La nécessité d'établir la connaissance des représentations fausses ou trompeuses en droit de la consommation : perspectives au Québec et au Canada

Stéphane Pitre, Anne Merminod, Alexandra Hebert et Véronique Faucher-Lefebvre**

Introduction 271

I– Obligations du commerçant quant aux représentations . . 272

    A. La garantie de conformité (art. 40 à 42 L.p.c.) 272

        1. Principes généraux de la garantie de conformité. 272

        2. Conformité au contrat (art. 40 L.p.c.) 274

        3. Conformité aux messages publicitaires (art. 41 L.p.c.) et aux déclarations verbales ou écrites du représentant (art. 42 L.p.c.). 275

            a) Critères d'application 275

---

* Avocats chez Borden Ladner Gervais LLP. Les auteurs remercient Andréanne Moses (stagiaire) et Emma Porteous (étudiante) pour leurs contributions à cet article.

    b) La preuve du vice de consentement est de nature individuelle 280

  B. Les pratiques interdites : représentations fausses ou trompeuses (art. 218, 219 L.p.c.) et omission d'un fait important (art. 228 L.p.c.) 281

    1. Les représentations fausses ou trompeuses (art. 218 et 219 L.p.c.) 281

    2. L'omission d'un fait important (art. 228 L.p.c.) . . 286

    3. Le test de *Time* et la présomption absolue de préjudice confirment l'exigence de prouver la connaissance en matière de pratiques interdites 289

II– La preuve « collective » de la connaissance en matière d'action collective 290

III– Incursion du côté des autres provinces canadiennes. . . . 295

  A. La notion de fausses représentations 295

  B. Le rôle du critère de la « reliance » 297

Conclusion 299

INTRODUCTION

Le présent article propose une étude approfondie des tenants et aboutissants du recours fondé sur les représentations fausses ou trompeuses et de la garantie de conformité sous la *Loi sur la protection du consommateur*[1] (ci-après « L.p.c. »). Les enjeux encadrant la preuve à administrer dans le cadre d'une action collective alléguant des représentations fausses ou trompeuses sont analysés à la lumière du récent jugement *Duguay* c. *General Motors du Canada ltée*[2], qui a rejeté pour le tout une action collective alléguant des fausses représentations au stade du mérite, faute de preuve suffisante. En effet, et bien que la procédure de l'action collective vise à faciliter l'accès à la justice en permettant à des citoyens ayant une expérience commune d'intenter un recours ensemble, il demeure qu'il s'agit d'un véhicule procédural qui ne modifie ni ne crée de droits substantifs[3]. Ainsi, l'action collective ne peut permettre de pallier la preuve, selon la prépondérance des probabilités, que l'ensemble des membres du groupe ont eu connaissance de la représentation reprochée. La procédure ne saurait justifier une action en justice si, de manière individuelle, les différentes réclamations en question ne le permettaient pas[4].

Finalement, cet article met en contraste la nécessité de la connaissance préalable de la représentation en droit québécois avec le droit applicable dans les provinces de common law, qui demeurent ambivalentes face à ce critère.

---

1. *Loi sur la protection du consommateur*, RLRQ, c. P-40.1.
2. 2023 QCCS 3223.
3. *Bisaillon* c. *Université Concordia*, 2006 CSC 19, par. 17 ; *Bou Malhab* c. *Diffusion Métromédia CMR inc.*, 2011 CSC 9, par. 52.
4. *Ibid.*

I– OBLIGATIONS DU COMMERÇANT QUANT AUX REPRÉSENTATIONS

La L.p.c. prévoit trois grandes obligations quant à la conformité des représentations d'un commerçant à un consommateur : (1) la garantie de conformité, (2) la pratique interdite des représentations fausses ou trompeuses, et (3) la pratique interdite de l'omission d'un fait important. Dans les sections qui suivent, nous étayons le cadre d'analyse applicable à chacune de ces trois principales causes d'action ainsi que le fardeau de preuve qui incombe à un consommateur dans le contexte d'une action individuelle.

A. La garantie de conformité (art. 40 à 42 L.p.c.)

1. *Principes généraux de la garantie de conformité*

Les articles 40 à 42 se retrouvent au Titre I de la L.p.c., intitulé « Contrats relatifs aux biens et aux services », au Chapitre III « Dispositions relatives à certains contrats » sous la Section I « Garanties ». Ces articles se retrouvent donc dans la partie de la L.p.c. qui impose des obligations contractuelles[5].

Ces articles, qui doivent être lus ensemble, imposent une obligation de *conformité* du bien livré ou du service rendu avec sa description au contrat et avec les déclarations ou publicités faites au consommateur qui sont réputés faire partie du contrat[6]. Par ailleurs, les articles 41 à 42 L.p.c. visent à protéger les « attentes que le consommateur est en droit d'avoir en vertu des <u>représentations qui lui ont été faites</u> »[7] de façon écrite ou verbale dans la phase précontractuelle et contractuelle[8].

---

5. *Richard c. Time inc.*, 2012 CSC 8, par. 113.
6. *Martel c. Kia Canada inc.*, 2022 QCCA 1140, par. 53 ; Pierre-Claude LAFOND, *Droit de la protection du consommateur : Théorie et pratique*, 2e éd., Éditions Yvon Blais, Montréal, 2021, par. 437-438 ; Claude MASSE, *Loi sur la protection du consommateur : Analyse et commentaires*, Éditions Yvon Blais, Montréal, 1999, p. 321.
7. *Martel c. Kia Canada inc.*, 2022 QCCA 1140, par. 55 [notre soulignement] ; Luc THIBAUDEAU, *Guide pratique de la société de consommation*, t. n° 2, Éditions Yvon Blais, Montréal, 2017, par. 796 et 827 et 837-838 et 839-840 ; Nicole L'HEUREUX et Marc LACOURSIÈRE, *Droit de la consommation*, 6e éd., Éditions Yvon Blais, Montréal, 2011, par. 78.
8. *Martel c. Kia Canada inc.*, 2022 QCCA 1140, par. 57 et 101.

Avant l'adoption des articles 41 à 42 L.p.c., le droit d'action des consommateurs était souvent limité aux mentions contenues dans le contrat écrit, sans qu'ils puissent opposer au commerçant ou au fabricant les promesses verbales ou écrites qui leur avaient été faites pour les inciter à contracter[9]. Désormais, les représentations écrites ou verbales faites au consommateur et qui l'incitent à contracter viennent se greffer au contenu contractuel entre les parties et s'assujettir à l'obligation légale de conformité[10].

Puisque les articles 41 et 42 L.p.c. protègent les *attentes raisonnables* du consommateur, ces dispositions se rapportent aux représentations dont le consommateur a eu personnellement connaissance[11]. Pour déterminer l'objet de la garantie de conformité envers chaque consommateur, il faut donc analyser, au cas par cas, la base sur laquelle le consommateur a contracté : « pour déterminer de manière appropriée l'étendue des obligations d'un commerçant qui a vendu un bien ou un service, ou du fabricant qui a créé ce bien, il faudrait analyser sur quelle base le consentement a été donné par le consommateur. »[12]

Cette approche est conforme à la pierre angulaire du droit contractuel, c'est-à-dire le principe du consentement des parties au contrat[13]. C'est pour cette raison qu'il ne convient pas de considérer les déclarations et publicités postérieures à la conclusion du contrat avec le consommateur, puisque cela équivaudrait à une *modification unilatérale du contrat* par le commerçant ou le fabricant[14].

---

9. Claude MASSE, *Loi sur la protection du consommateur : Analyse et commentaires*, Éditions Yvon Blais, Montréal, 1999, p. 321.
10. Nicole L'HEUREUX et Marc LACOURSIÈRE, *Droit de la consommation*, 6ᵉ éd., Éditions Yvon Blais, Montréal, 2011, par. 25 et 78. Voir à ce sujet Luc THIBAUDEAU, *Guide pratique de la société de consommation*, t. nº 2, Éditions Yvon Blais, Montréal, 2017, par. 838. Voir aussi *Quantz c. A.D.T. Canada inc.*, [2002] R.J.Q. 2972 (C.A.), par. 45 ; *Industries de véhicules récréatifs Comète inc. c. Lafontaine*, J.E. 98-649 (C.A.), p. 2 et 5 (« c'est singulièrement à cause de ce facteur que les intimés ont décidé d'acheter la roulotte »).
11. Luc THIBAUDEAU, *Guide pratique de la société de consommation*, t. nº 2, Éditions Yvon Blais, Montréal, 2017, par. 796 et 827. Voir aussi par. 837-840.
12. *Ibid.*, par. 838 [notre soulignement].
13. *Code civil du Québec*, RLRQ, c. CCQ-1991, art. 1378.
14. *Quantz c. A.D.T. Canada inc.*, [2002] R.J.Q. 2972 (C.A.), par. 45.

De même, la jurisprudence de la Cour d'appel reconnaît le principe que pour constituer une violation de la garantie de conformité, le défaut de conformité doit atteindre un certain seuil[15].

Les sections suivantes explorent les différentes déclinaisons de la garantie de conformité des articles 40 à 42 L.p.c. ainsi que le cadre analytique qui leur est propre.

2. Conformité au contrat (art. 40 L.p.c.)

L'article 40 L.p.c. impose l'obligation de livrer au consommateur un bien conforme à celui décrit au *contrat* de vente ou de location[16] :

> **40.** Un bien ou un service fourni doit être conforme à la description qui en est faite dans le contrat.

La garantie de conformité porte sur la description qualitative du bien ou du service identifié dans le contrat. Plus précisément, elle concerne les qualités ou les caractéristiques du bien ou du service qui sont décrites au contrat, qui identifient ce bien en particulier et le différencient des autres[17]. Il s'agit de la conformité du bien selon sa nature, sa quantité ou sa contenance, et la qualité attendue ou promise selon sa description dans le cadre du contrat[18].

L'obligation de conformité se distingue de la garantie de qualité, laquelle porte sur un défaut du bien précédant la vente. Un bien qui n'est pas défectueux et qui n'a pas de vice caché peut néanmoins ne pas être conforme aux attentes du consommateur – lequel s'est fié au contrat ou aux publicités. Il y a non-conformité lorsque, par exemple, le bien livré n'est pas la même couleur que celle qui a été

---

15. *Martel c. Kia Canada inc.*, 2022 QCCA 1140, par. 74 ; Luc THIBAUDEAU, *Guide pratique de la société de consommation*, t. n° 2, Éditions Yvon Blais, Montréal, 2017, par. 788.
16. Luc THIBAUDEAU, *Guide pratique de la société de consommation*, t. n° 2, Éditions Yvon Blais, Montréal, 2017, par. 786 ; Claude MASSE, *Loi sur la protection du consommateur : Analyse et commentaires*, Éditions Yvon Blais, Montréal, 1999, p. 321.
17. QUÉBEC, ASSEMBLÉE NATIONALE, Commission permanente des consommateurs, coopératives et institutions financières, *Journal des débats*, 3e sess., 31e légis., décembre 1978, fascicule n° 206, « Étude du projet de loi n° 72 – Loi sur la protection du consommateur (7) », p. B-8337-B-8338.
18. Nicole L'HEUREUX et Marc LACOURSIÈRE, *Droit de la consommation*, 6e éd., Éditions Yvon Blais, Montréal, 2011, par. 78 ; *Martel c. Kia Canada inc.*, 2022 QCCA 1140, par. 54.

commandée, une automobile ne comporte pas la servocommande qui était mentionnée au contrat ou un produit dans lequel des ingrédients mentionnés sur l'étiquette sont manquants[19].

3. Conformité aux messages publicitaires (art. 41 L.p.c.) et aux déclarations verbales ou écrites du représentant (art. 42 L.p.c.)

Dans la présente section, les articles 41 et 42 L.p.c. sont traités simultanément puisque, bien qu'ils représentent deux cas d'espèce différents, ces dispositions partagent le même cadre d'analyse.

a) Critères d'application

Les articles 41 et 42 L.p.c. imposent au commerçant et au fabricant l'obligation de livrer au consommateur un bien conforme à un message publicitaire ou encore à une déclaration écrite ou verbale faite par son représentant au consommateur :

> **41.** Un bien ou un service fourni doit être conforme à une déclaration ou à un message publicitaire faits à son sujet par le commerçant ou le fabricant. Une déclaration ou un message publicitaire lie ce commerçant ou ce fabricant.

> **42.** Une déclaration écrite ou verbale faite par le représentant d'un commerçant ou d'un fabricant à propos d'un bien ou d'un service lie ce commerçant ou ce fabricant.

Les critères consacrés par la jurisprudence et la doctrine pour conclure à la violation de la garantie de conformité sous l'article 41 L.p.c. peuvent être résumés ainsi :

1) Le consommateur a pris connaissance de la publicité ;

2) La publicité a joué un rôle dans le consentement du consommateur ;

3) La non-conformité doit atteindre un certain degré.

---

19. Nicole L'HEUREUX et Marc LACOURSIÈRE, *Droit de la consommation*, 6e éd., Éditions Yvon Blais, Montréal, 2011, par. 78 ; Luc THIBAUDEAU, *Guide pratique de la société de consommation*, t. n° 2, Éditions Yvon Blais, Montréal, 2017, par. 790.

À notre avis, ces mêmes principes peuvent s'appliquer à l'article 42 L.p.c.

Premièrement, le consommateur doit avoir pris connaissance de la publicité reprochée. Puisque la garantie de conformité vise à protéger les *attentes raisonnables* du consommateur et qu'elle s'applique aux représentations dont le consommateur a eu personnellement connaissance, les représentations doivent avoir eu une influence sur sa décision :

> 796. Attentes des consommateurs – Toute déclaration ou représentation d'un commerçant sur la qualité ou la durabilité d'un bien <u>participe à la formation des attentes du consommateur</u> qui se procure ce bien. <u>Ces déclarations et représentations influencent sa décision, lui laissant croire qu'elles se réaliseront.</u> L'obligation de délivrance ou l'exécution du service doivent être exécutées conformément à ces déclarations et représentations. [...]

> [...]

> 827. Phase précontractuelle – Les déclarations dont il est question aux articles 41 et 42 L.p.c. sont manifestement celles qui sont faites durant la phase précontractuelle. <u>Ce sont ces représentations qui participent à forger la décision du consommateur qui a l'intention de se procurer un bien particulier. Ces représentations et déclarations contribuent à créer chez lui des attentes relatives aux biens ou aux services qu'il se procure.</u> La performance, l'utilité ou l'aptitude du bien ou du service seront mesurées en fonction des représentations qui lui ont été faites avant qu'il prenne sa décision. Une fois que le contrat est conclu, les attentes du consommateur se cristallisent et les articles 41 et 42 L.p.c. ne peuvent plus créer d'obligations additionnelles pour le commerçant. Les représentations subséquentes ne peuvent plus influencer la décision du consommateur, à moins qu'elles ne visent les attributs d'un service après-vente. [...][20]

Deuxièmement, la publicité doit avoir joué un certain rôle dans la prise de décision du consommateur. C'est précisément parce

---

20. Luc THIBAUDEAU, *Guide pratique de la société de consommation*, t. n° 2, Éditions Yvon Blais, Montréal, 2017, par. 796 et 827 [notre soulignement]. Voir aussi par. 837-840.

que la publicité influence le *consentement* du consommateur que l'article 41 L.p.c. lui accorde la force *contractuelle*. Les représentations écrites ou verbales faites au consommateur et qui **l'incitent à contracter** viennent se greffer au contenu contractuel entre les parties et s'assujettir à l'obligation légale de conformité, tel que l'expliquent les auteurs L'Heureux et Lacoursière dans leur traité *Droit de la consommation* :

> 25. [...] La L.p.c. consacre donc l'extension du contrat de consommation aux représentations qui ont joué un rôle important dans la prise de décision du consommateur, mais auquel le droit civil n'accorde généralement aucun effet si elles ne sont pas reproduites dans le contrat. Elles sont parfois l'objet d'une stipulation ayant pour but de les exclure expressément. Les représentations contenues dans un message publicitaire, faites verbalement ou par écrit par le commerçant ou par son représentant, concernant la description d'un bien ou d'un service, et les allégations publicitaires faites par un commerçant ou un fabricant concernant la garantie d'un bien ou d'un service sont réputées faire partie du contrat (art. 41,42, 43, 228.1). [...]
>
> [...]
>
> 78. L'obligation de délivrance est affirmée dans le *Code civil du Québec* relativement à la vente d'un bien (art. 1561 al. 1, 1717-1720), mais elle est toutefois plus étendue dans la L.p.c. Contrairement au régime civiliste, l'entente contractuelle n'est pas limitée aux mentions qui apparaissent dans l'écrit signé par les parties, mais elle comprend toutes les représentations qui ont influencé la prise de décision du consommateur et que ce dernier n'est pas censé avoir répudiées. D'une part, elle porte sur les biens et les services et, d'autre part, elle s'étend aux déclarations verbales ou écrites du commerçant ou du fabricant (art. 41) et de leurs représentants (art. 1(o), 42) ainsi qu'aux messages publicitaires (art. 1(h), 41, 43, 46), concernant la description des biens et services et de la garantie. En principe, le commerçant et le fabricant sont liés par leurs propres déclarations et leur publicité[21].

---

21. Nicole L'HEUREUX et Marc LACOURSIÈRE, *Droit de la consommation*, 6ᵉ éd., Éditions Yvon Blais, Montréal, 2011, par. 25 et 78 [notre soulignement] ; Luc THIBAUDEAU, *Guide pratique de la société de consommation*, t. nᵒ 2, Éditions Yvon Blais, Montréal, 2017, par. 838. Voir à titre d'exemple *Quantz c. A.D.T. Canada inc.* [2002] R.J.Q. 2972 (C.A.), par. 45 ; *Industries de véhicules récréatifs*

La Cour d'appel a récemment confirmé ce principe[22].

Deux raisons justifient que le consommateur doit s'être effectivement fié à ces représentations en contractant afin de réclamer le bénéfice de l'obligation de conformité. D'une part, l'obligation de conformité des articles 40 à 42 L.p.c. vise à protéger les attentes légitimes du consommateur quant au bien qu'il reçoit. Il va de soi que le consommateur ne peut avoir d'attente légitime quant à une représentation dont il n'avait pas la connaissance lorsqu'il a contracté[23]. D'autre part, le consommateur doit s'être fié aux déclarations et publicités décrivant le bien puisque celles-ci seront réputées faire partie intégrante du contrat de consommation, et que le droit québécois des contrats est fondé sur la pierre angulaire du consentement des parties[24]. En effet, la Cour d'appel a reconnu qu'on ne doit pas considérer les déclarations et publicités postérieures à la conclusion du contrat avec le consommateur, puisque cela équivaudrait à une modification unilatérale du contrat par le commerçant ou le fabricant. Celles-ci sont plutôt de la nature d'un renseignement[25].

Enfin, la non-conformité doit **atteindre un certain degré** pour qu'il y ait violation de l'article 41 L.p.c. Dans *Martel* c. *Kia Canada inc.*[26], la Cour d'appel devait statuer sur certaines incompatibilités apparentes entre le manuel du propriétaire et les représentations du concessionnaire (brochures et bulletins), mais clarifie les balises de la garantie de non-conformité en spécifiant que *différence ne signifie pas fausseté* et que la *non-conformité doit atteindre un certain degré* pour constituer une contravention aux articles 40 à 42 L.p.c. :

> [73] En somme, la fréquence des entretiens proposés par Kia dans son Bulletin de 2012 <u>demeure largement conforme et</u>

Comète inc. c. *Lafontaine*, J.E. 98-649 (C.A.), p. 2, 5 (« c'est singulièrement à cause de ce facteur que les intimés ont décidé d'acheter la roulotte »).
22. *Martel* c. *Kia Canada inc.*, 2022 QCCA 1140, par. 101.
23. Nicole L'HEUREUX et Marc LACOURSIÈRE, *Droit de la consommation*, 6ᵉ éd., Édition Yvon Blais, Montréal, 2011, par. 25 ; Marie-Ève ARBOUR, « Garantie de qualité », dans JurisClasseur Québec, coll. Droit des affaires, *Droit de la consommation et de la concurrence*, fasc. 7, LexisNexis Canada, à jour au 6 mai 2016, nº 11.
24. *Code civil du Québec*, RLRQ, c. CCQ-1991, art. 1378 ; Nicole L'HEUREUX et Marc LACOURSIÈRE, *Droit de la consommation*, 6ᵉ éd., Éditions Yvon Blais, Montréal, 2011, par. 25.
25. *Quantz* c. *A.D.T. Canada inc.*, [2002] RJQ 2972 (CA), par. 45.
26. 2022 QCCA 1140.

compatible avec celle du manuel du propriétaire remis à l'appelante lors de son achat en 2012, à quelques rares et mineures exceptions près qui ne concernent que le remplacement du liquide de refroidissement du moteur et le remplacement du filtre à air du réservoir à essence. Or, il s'agit d'items dont la valeur est relativement faible et ne saurait justifier l'intervention proposée.

[74] L'auteur Luc Thibaudeau précise que « l'article 40 *L.p.c.* rend le commerçant responsable dès que le bien livré ou le service rendu n'est pas celui prévu au contrat », tout en insistant sur le fait que le défaut de conformité doit être « assez important pour justifier l'octroi du remède demandé ». Ce n'est pas le cas en l'espèce.

[75] Ainsi, dans les circonstances, l'appelante ne me convainc pas que la juge commet une erreur manifeste et déterminante lorsqu'elle ne retient pas d'incompatibilité entre le Bulletin Kia de 2012 et le manuel du propriétaire. De plus, elle ne donne pas, à mon avis, une portée limitative aux articles 40 à 42 *L.p.c.*[27]

Ceci est conforme avec la méthode moderne d'interprétation des lois, selon laquelle les termes d'une disposition doivent être lus « dans leur contexte global en suivant le sens ordinaire et grammatical qui s'harmonise avec l'économie de la loi, l'objet de la loi et l'intention du législateur »[28]. Dans son sens ordinaire, le mot « conforme » est défini par *Le Petit Robert* comme étant quelque chose « [d]ont la forme est semblable (à celle d'un modèle) »[29] ou encore par le *Larousse* comme quelque chose « [d]ont la forme est semblable à celle d'un autre objet considéré comme modèle, comme point de référence »[30]. Ainsi, « conforme » ne signifie pas « identique » ou « pareil », mais bien « **semblable** », ce qui confirme qu'un degré d'importance est requis.

---

27. *Martel c. Kia Canada inc.*, 2022 QCCA 1140, par. 73-75 [notre soulignement] ; Luc THIBAUDEAU, *Guide pratique de la société de consommation*, t. n° 2, Éditions Yvon Blais, Montréal, 2017, par. 788.
28. *MédiaQMI inc. c. Kamel*, 2021 CSC 23, par. 37 ; *Bell ExpressVu Limited Partnership c. Rex*, 2002 CSC 42, par. 26 ; *Rizzo & Rizzo Shoes Ltd. (Re)*, [1998] 1 R.C.S. 27, par. 21.
29. *Le Petit Robert*, « conforme », en ligne : <https://dictionnaire.lerobert.com/definition/conforme> [notre soulignement].
30. *Dictionnaire Larousse*, « conforme », en ligne : <https://www.larousse.fr/dictionnaires/francais/conforme/18138> [notre soulignement].

b) La preuve du vice de consentement est de nature individuelle

Comme expliqué plus haut, la preuve que le consommateur a lu les publicités et que celles-ci ont joué un rôle dans son consentement est un élément essentiel au succès de la cause d'action de l'article 41 L.p.c.[31]. Ainsi, la preuve de la connaissance est tributaire d'une analyse individuelle puisque la garantie de conformité cherche à protéger les attentes raisonnables du consommateur en *greffant les publicités ayant incité son consentement dans le cadre contractuel* :

> La L.p.c. consacre donc l'extension du contrat de consommation aux représentations qui ont joué un rôle important dans la prise de décision du consommateur, mais auquel le droit civil n'accorde généralement aucun effet si elles ne sont pas reproduites dans le contrat. Elles sont parfois l'objet d'une stipulation ayant pour but de les exclure expressément. Les représentations contenues dans un message publicitaire, faites verbalement ou par écrit par le commerçant ou par son représentant, concernant la description d'un bien ou d'un service, et les allégations publicitaires faites par un commerçant ou un fabricant concernant la garantie d'un bien ou d'un service sont réputées faire partie du contrat (art. 41, 42, 43, 228.1). [...] Cette modification aux règles de preuve du droit civil illustre la nature particulière du contrat de consommation qui ne se confine pas aux stipulations de l'écrit, mais qui comprend les représentations qui ont incité le consommateur à contracter et que celui-ci est présumé ne pas avoir voulu exclure du champ contractuel. [...][32]

Le cadre contractuel d'un contrat de consommation pour un bien ou un service – et donc l'étendue de la garantie de conformité – est donc propre à chaque consommateur et dépendra de la preuve des représentations et publicités qui ont été effectivement vues et qui ont joué un rôle dans le consentement de chaque consommateur, selon la prépondérance des probabilités.

En effet, l'article 41 L.p.c. *ne permet pas* à un consommateur qui a acheté ou loué un bien qui fonctionne normalement de

---

[31]. *Martel c. Kia Canada inc.*, 2022 QCCA 1140, par. 57 et 101.
[32]. Nicole L'HEUREUX et Marc LACOURSIÈRE, *Droit de la consommation*, 6e éd., Éditions Yvon Blais, Montréal, 2011, par. 25 et 109 [notre soulignement] ; Luc THIBAUDEAU, *Guide pratique de la société de consommation*, t. no 2, Éditions Yvon Blais, Montréal, 2017, par. 827 ; *Martel c. Kia Canada inc.*, 2022 QCCA 1140, par. 57 et 101.

réclamer, *a posteriori*, une réduction de prix sur la base d'une publicité qu'il n'a jamais vue ni connue. Autrement, il en résulterait un enrichissement[33].

B. Les pratiques interdites : représentations fausses ou trompeuses (art. 218, 219 L.p.c.) et omission d'un fait important (art. 228 L.p.c.)

Le titre II de la L.p.c., intitulé « Pratiques de commerce », assimile à des pratiques interdites certains comportements commerciaux afin d'assurer la véracité de l'information transmise au consommateur par la publicité ou autrement[34]. Les sections suivantes énoncent le cadre d'analyse des deux types de pratiques interdites, soit les représentations fausses ou trompeuses et l'omission d'un fait important, leur fardeau de preuve, ainsi que l'interprétation jurisprudentielle de la présomption absolue de préjudice liée au vice de consentement. Ici aussi, plusieurs éléments de l'analyse pointent vers une exigence de prouver la connaissance personnelle de la représentation par le consommateur avant l'achat.

1. Les représentations fausses ou trompeuses (art. 218 et 219 L.p.c.)

Les articles 218 et 219 L.p.c. interdisent et définissent les représentations fausses ou trompeuses faites au consommateur :

> **218.** Pour déterminer si une représentation constitue une pratique interdite, il faut tenir compte de l'impression générale qu'elle donne et, s'il y a lieu, du sens littéral des termes qui y sont employés.

> **219.** Aucun commerçant, fabricant ou publicitaire ne peut, par quelque moyen que ce soit, faire une représentation fausse ou trompeuse à un consommateur.

Ces dispositions, prévues au titre II de la L.p.c., « imposent aux commerçants, aux fabricants et aux publicitaires un devoir de loyauté et une obligation d'information au cours de la période précédant

---

33. Voir à cet effet *Union des consommateurs* c. *Air Canada*, 2022 QCCS 4254, par. 156 (Déclaration d'appel, 2022-12-29 (C.A.) 500-09-030343-222).
34. *Richard* c. *Time inc.*, 2012 CSC 8, par. 41.

la formation du contrat »[35]. La nature fausse ou trompeuse d'une représentation s'apprécie au regard de « l'impression générale que donne la représentation selon le critère du consommateur crédule et inexpérimenté »[36] :

> [78] [...] Ainsi, les tribunaux appelés à évaluer la véracité d'une représentation commerciale devraient procéder, selon l'art. 218 L.p.c., à une analyse en deux étapes, en tenant compte, si la nature de la représentation se prête à une telle analyse, du sens littéral des mots employés par le commerçant : <u>(1) décrire d'abord l'impression générale que la représentation est susceptible de donner chez le consommateur crédule et inexpérimenté ; (2) déterminer ensuite si cette impression générale est conforme à la réalité.</u> Dans la mesure où la réponse à cette dernière question est négative, le commerçant aura commis une pratique interdite[37].

L'arrêt *Richard* c. *Time inc.* précise toutefois que la publicité doit être considérée dans son ensemble : « l'impression générale est celle qui se dégage après un <u>premier contact complet avec la publicité</u>, et ce, à l'égard tant de sa facture visuelle que de la signification des mots employés. »[38]

La notion de fausse représentation ne nécessite aucune précision vu l'évidence du sens qu'il faut lui attribuer : les représentations faites au consommateur doivent être factuellement vraies[39]. Les auteurs L'Heureux et Lacoursière expliquent qu'il faut toutefois distinguer la déclaration qui est fausse de celle qui comprend une certaine exagération du commerçant :

> <u>Une indication est fausse lorsqu'elle est relative à une situation ou un énoncé de fait non conforme ou contraire à la réalité.</u> Quant aux faits allégués, il faut distinguer l'exagération

---

35. *Richard* c. *Time inc.*, 2012 CSC 8, par. 114.
36. *Ibid.*, 2012 CSC 8, par. 78 ; *Duguay* c. *General Motors du Canada ltée*, 2023 QCCS 3223, par. 57.
37. *Richard* c. *Time inc.*, 2012 CSC 8, par. 78 [notre soulignement] ; *Duguay* c. *General Motors du Canada ltée*, 2023 QCCS 3223, par. 57-59. Voir aussi Pierre-Claude LAFOND, *Droit de la protection du consommateur : Théorie et pratique*, 2e éd., Éditions Yvon Blais, Montréal, 2021, par. 699.
38. *Richard* c. *Time inc.*, 2012 CSC 8, par. 57 [notre soulignement].
39. Claude MASSE, *Loi sur la protection du consommateur : analyse et commentaires*, Éditions Yvon Blais, Montréal, 1999, p. 835. Voir aussi *Imperial Tobacco Canada ltée* c. *Conseil québécois sur le tabac et la santé*, 2019 QCCA 358, par. 886.

subjective du vendeur, qui vante les qualités de son produit ou qui exprime une opinion, de l'énoncé qui s'appuie sur des faits vérifiables objectivement. <u>D'une façon générale, il est admis une certaine exagération de la part du vendeur quant aux qualités de son produit (vantardise), lorsque sa force persuasive était considérée comme minime.</u> Cependant, il ne doit s'agir que de mentions de supériorité assez générales que le public considère uniquement comme une expression d'opinion de la part du fabricant ou du vendeur plutôt que comme des faits vérifiables.[40]

Sans être mensongère, une publicité peut donc exagérer minimalement la réalité pour en vanter le produit, sans constituer automatiquement une pratique interdite[41].

Quant à la notion de représentation trompeuse, il faut se référer au sens commun que l'on accorde au terme « trompeur », soit d'induire en erreur :

> [887] Le terme « trompeur » n'étant pas défini dans la L.p.c., il faut s'en remettre à son sens commun, que le dictionnaire *Le Grand Robert de la langue française* définit en référant au verbe « tromper », dont le premier sens attesté est « <u>[i]nduire en erreur quant aux faits ou quant à ses intentions, en usant de mensonge, de dissimulation, de ruse</u> ». L'Académie française, dans la 8ᵉ édition de son dictionnaire – la 9ᵉ n'étant pas parvenue à l'entrée « trompeur » – indique que « tromper » signifie :
>
> > Induire en erreur, par artifice. Tromper l'acheteur sur la qualité de la marchandise. Tromper adroitement, grossièrement. Tromper hardiment, effrontément. Ce marchand nous a trompés. Les plus fins y sont trompés. Il tromperait son père. Absolument, il est incapable de tromper.
>
> [888] Le *Shorter Oxford English Dictionary* définit le terme *misleading*, utilisé dans la version anglaise de la loi, comme étant « <u>[t]hat leads someone astray, that causes error; imprecise, confusing, deceptive.</u> »

---

40. Nicole L'HEUREUX et Marc LACOURSIÈRE, *Droit de la consommation*, 6ᵉ éd., Éditions Yvon Blais, Montréal, 2011, par. 490 [notre soulignement] ; *Duguay* c. *General Motors du Canada ltée*, 2023 QCCS 3223, par. 59.
41. *Martin* c. *Pierre St-Cyr Auto caravanes ltée*, 2010 QCCA 420, par. 23-25.

[889] Si tromper signifie induire en erreur, il est évident que la mise en place de représentations dans lesquelles une information ou une image dissimule un fait, rend compte d'une réalité factice ou encore maquille certains faits peut constituer, selon les circonstances, une représentation trompeuse. Le fait de passer sous silence un fait important peut, dans certaines circonstances, être trompeur et recouper ainsi la notion de représentation trompeuse.[42]

Afin de bénéficier de la présomption absolue de préjudice et, par conséquent, des recours de l'article 272 L.p.c., le consommateur doit prouver quatre éléments incluant la *connaissance de représentation* ainsi que l'existence d'un *lien rationnel entre la pratique interdite et la formation du contrat* :

[124] L'application de la présomption absolue de préjudice présuppose qu'un lien rationnel existe entre la pratique interdite et la relation contractuelle régie par la loi. Il importe donc de préciser les conditions d'application de cette présomption dans le contexte de la commission d'une pratique interdite. À notre avis, le consommateur qui souhaite bénéficier de cette présomption doit prouver les éléments suivants : (1) la violation par le commerçant ou le fabricant d'une des obligations imposées par le titre II de la loi ; (2) la prise de connaissance de la représentation constituant une pratique interdite par le consommateur ; (3) la formation, la modification ou l'exécution d'un contrat de consommation subséquente à cette prise de connaissance, et (4) une proximité suffisante entre le contenu de la représentation et le bien ou le service visé par le contrat. Selon ce dernier critère, la pratique interdite doit être susceptible d'influer sur le comportement adopté par le consommateur relativement à la formation, à la modification ou à l'exécution du contrat de consommation. Lorsque ces quatre éléments sont établis, les tribunaux peuvent conclure que la pratique interdite est réputée avoir eu un effet dolosif sur le consommateur. Dans un tel cas, le contrat formé, modifié ou exécuté constitue, en soi, un préjudice subi par le consommateur. L'application de cette présomption lui permet ainsi de demander, selon les mêmes modalités

---

42. *Imperial Tobacco Canada ltée* c. *Conseil québécois sur le tabac et la santé*, 2019 QCCA 358, par. 887-889 [notre soulignement] ; *Duguay* c. *General Motors du Canada ltée*, 2023 QCCS 3223, par. 60.

que celles décrites ci-dessus, l'une des mesures de réparation contractuelles prévues à l'art. 272 L.p.c.[43]

Le récent jugement dans *Duguay* c. *General Motors du Canada ltée*[44] confirme que la prise de la connaissance de la représentation reprochée par le consommateur est une condition essentielle au succès de son action individuelle fondée sur les représentations fausses ou trompeuses au sens des articles 218 et 219 C.p.c. et des mesures réparatrices de l'article 272 L.p.c.[45]. En effet, il incombe au demandeur de démontrer que les membres ont pris connaissance des représentations reprochées avant l'achat : « la simple existence de Brochures et du Site Web contenant les extraits cités […] ne peut, à elle seule, établir une présomption de prise de connaissance par les Membres du Groupe du message central. »[46] Cette preuve peut notamment être faite par témoignage ou inférence :

> [89] En l'absence de preuve, soit par témoignage ou inférence de la prise de connaissance d'une représentation, le Tribunal ne peut présumer du contenu précis de la représentation en litige avec la seule preuve qu'un Membre navigue sur le Site Web, a la Brochure ou en prend connaissance, sans plus.
>
> [90] <u>La preuve de la représentation en litige et de sa prise de connaissance par le Membre doit être faite.</u> En l'absence de cette preuve, le Tribunal ne peut se prêter lui-même à l'exercice d'analyser la Brochure ou le Site Web pour tenter d'isoler ce qu'il croit être la ou les représentation(s) dont le Membre a pris connaissance qu'il soutient possiblement être fausse(s) ou trompeuse(s).[47]

Par conséquent, dans une action individuelle alléguant une représentation fausse ou trompeuse sous la L.p.c., le consommateur doit faire la preuve qu'il avait connaissance de la représentation reprochée avant l'achat.

---

43. *Richard* c. *Time inc.*, 2012 CSC 8, par. 124 [notre soulignement].
44. 2023 QCCS 3223.
45. Voir par exemple *Imperial Tobacco Canada ltée* c. *Conseil québécois sur le tabac et la santé*, 2019 QCCA 358, par. 907-910 et 929.
46. *Duguay* c. *General Motors du Canada ltée*, 2023 QCCS 3223, par. 83.
47. *Duguay* c. *General Motors du Canada ltée*, 2023 QCCS 3223, par. 89-90 [notre soulignement].

2. L'omission d'un fait important (art. 228 L.p.c.)

L'article 228 L.p.c. énonce quant à lui ce qui suit :

> **228.** Aucun commerçant, fabricant ou publicitaire ne peut, dans une représentation qu'il fait à un consommateur, passer sous silence un fait important.

Le fait important est une information qui, si le consommateur en avait eu connaissance au moment de contracter, aurait été de nature à influencer sa décision[48]. Ainsi, le fait important doit avoir un effet déterminant sur le consentement du consommateur, comme l'a déterminé la Cour d'appel[49].

Par contre, si l'omission ou le silence du commerçant concerne une information qui est sans conséquence sur la décision d'achat du consommateur crédule et inexpérimenté, il ne peut s'agir d'un fait important. Il n'est pas obligatoire que le fait sans conséquence soit révélé au consommateur. Par exemple, dans *Amar c. Société des loteries du Québec*[50], les appelants (demandeurs) reprochaient à Loto-Québec d'avoir passé sous silence notamment le fait que la génération des sélections par ordinateur est assujettie à un paramètre de non-répétition des premiers et derniers chiffres d'une sélection à l'autre. Leur action a été rejetée, tant en première instance qu'en appel, au motif que cette information ne constitue pas un fait important puisqu'elle est *sans conséquence* sur la décision d'acheter un billet de loterie :

> [55] Le paramètre de non-répétition n'a aucun impact sur les chances de gagner ; chaque sélection présente les mêmes chances mathématiques de constituer un billet gagnant, et ce, que le participant achète une sélection, ou dix. Chaque sélection lui donne une chance sur dix millions de remporter le gros lot, une chance sur 1 111 111 de gagner 25 000 $ (les six derniers

---

48. Claude MASSE, *Loi sur la protection du consommateur : analyse et commentaires*, Éditions Yvon Blais, Montréal, 1999, p. 862.
49. *Imperial Tobacco Canada ltée c. Conseil québécois sur le tabac et la santé*, 2019 QCCA 358, par. 874 ; *Fortin c. Mazda Canada inc.*, 2016 QCCA 31, par. 139-140 (requête pour autorisation de pourvoi à la Cour suprême rejetée (C.S. Can., 2016-08-11) 36898) ; *Duguay c. General Motors du Canada ltée*, 2023 QCCS 3223, par. 64.
50. 2015 QCCA 889 (requête pour autorisation de pourvoi à la Cour suprême rejetée (C.S. Can., 2016-02-18) 36556).

chiffres) ou 10 000 $ (les six premiers chiffres), et ainsi de suite, et ce, peu importe le nombre de sélections vendues, pour chaque tirage. Bref, <u>le paramètre de non-répétition constitue un outil permettant de générer des sélections, mais rien de plus. Il en affecte peut-être légèrement le caractère aléatoire, mais cela est sans conséquence quant à la nature même de la loterie.</u> [...]

[...]

[78] Le juge reconnaît que les participants qui achètent dix sélections, soit le maximum permis, ne savent pas qu'ils ne peuvent pas gagner plus d'un lot par catégorie de lots et plus de deux lots par tirage, puisque les premier et dernier chiffres des sélections qui leur sont attribués ne se répètent jamais d'une sélection à l'autre.

[79] <u>Le juge estime que cette information est sans conséquence par rapport à la décision du client d'acheter une ou plusieurs sélections, elle ne constitue donc pas un fait important que l'intimée avait l'obligation de révéler.</u> La chance de gagner 20 prix avec dix sélections, comme l'invoquent les appelants, est infinitésimale. Selon la preuve, le nombre moyen de prix gagnés lorsque dix sélections sont achetées est exactement le même que les sélections soient générées avec ou sans le paramètre de non-répétition des premier et dernier chiffres, d'une sélection. Si le nombre de lots gagnants est le même, et inférieur à deux, le juge ne voit pas quel avantage le participant acheteur de dix sélections assujetties au paramètre de non-répétition aurait à savoir qu'il ne peut pas gagner plus de deux prix.

[...]

[84] Selon moi, le juge s'est bien dirigé en droit. Il a appliqué le critère de l'analyse in abstracto retenu par la Cour suprême du Canada dans l'arrêt *Richard* c. *Time* et conclu que, pour un consommateur crédule et inexpérimenté, le fait qu'un maximum de deux lots peut être gagné lorsqu'il achète dix sélections d'Extra sur un même billet ne constitue pas un fait important. <u>Il s'agit d'une information sans conséquence sur sa décision d'achat puisque, selon la preuve, le nombre moyen de prix gagnés lorsque le participant achète dix sélections est exactement le même (1,09 prix), que ces sélections soient générées par</u>

un algorithme comprenant le paramètre de non-répétition, ou non.[51]

Quant à savoir si une omission doit se rattacher à une *représentation précise*, la Cour d'appel apporte un éclairage utile dans l'arrêt *Imperial Tobacco Canada ltée* c. *Conseil québécois sur le tabac et la santé*[52]. Elle y interprète l'omission d'un fait important de façon large et comme pouvant exister indépendamment d'une *représentation précise* en ce qui concerne le *contexte spécifique* d'un produit dangereux et/ou qui jouit d'une certaine notoriété au sein du public :

> [869] La notion de représentation embrasse donc toutes les formes de communication émanant d'un commerçant, d'un fabricant ou d'un publicitaire qui sont susceptibles d'atteindre les consommateurs, et il faut donner à la notion de représentation une interprétation large. La notion n'est d'ailleurs pas non plus limitée aux représentations précontractuelles.
>
> [...]
>
> [871] La lecture littérale et conjointe des articles 216 et 228 L.p.c. peut en effet produire un résultat en apparence incohérent, si elle est prise hors contexte. <u>Il va de soi que lorsqu'un bien ou un service est inconnu des consommateurs, le commerçant peut difficilement se voir reprocher une omission en l'absence totale de représentation explicite dans la sphère publique. Toutefois, l'analyse s'avère nécessairement différente lorsqu'il s'agit d'un produit dangereux, comme en l'espèce.</u> [...]
>
> [872] Par ailleurs, <u>lorsqu'un bien ou un service fait l'objet de diverses formes de représentations au fil des ans et constitue un bien consommé par une partie importante de la population,</u> comme c'est le cas de la cigarette, il n'est pas nécessaire que les omissions soient rattachées à une affirmation ou à un comportement précis. [...][53]

---

51. *Amar* c. *Société des loteries du Québec*, 2015 QCCA 889, par. 55 et 78-79 et 84 (requête pour autorisation de pourvoi à la Cour suprême rejetée (C.S. Can., 2016-02-18) 36556) [notre soulignement].
52. 2019 QCCA 358.
53. *Imperial Tobacco Canada ltée* c. *Conseil québécois sur le tabac et la santé*, 2019 QCCA 358, par. 869 et 871-872 [notre soulignement].

Par conséquent, même si une représentation comporte une omission sur un fait important, il est essentiel que le consommateur ait eu personnellement connaissance de la représentation pour avoir gain de cause sous l'article 228 L.p.c.[54].

3. *Le test de* Time *et la présomption absolue de préjudice confirment l'exigence de prouver la connaissance en matière de pratiques interdites*

La nécessité d'une connaissance personnelle du consommateur de la représentation reprochée découle du test établi par la Cour suprême dans l'arrêt *Richard* c. *Time inc.*[55] et de l'essence même de la présomption absolue de préjudice.

Premièrement, et comme expliqué précédemment, pour bénéficier de la présomption absolue de préjudice donnant ouverture aux recours de l'article 272 L.p.c., le consommateur doit démontrer quatre éléments selon la prépondérance des probabilités, incluant la prise de connaissance de la représentation reprochée et un lien rationnel entre la représentation et la formation du contrat[56].

Deuxièmement, l'interprétation jurisprudentielle de la présomption absolue de préjudice renforce la nécessité d'une connaissance préalable de la représentation par le consommateur puisqu'elle touche directement au caractère vicié de son consentement. Depuis les arrêts de la Cour d'appel dans *Imperial Tobacco Canada ltée* c. *Conseil québécois sur le tabac et la santé*[57] et *Fortin* c. *Mazda Canada inc.*[58], la jurisprudence a maintenant fermement établi que le préjudice dont il s'agit consiste en l'effet préjudiciable de la pratique interdite sur le consentement du consommateur[59] :

> [63] L'effet de la présomption absolue de préjudice est de rendre non disponible la défense d'absence de préjudice. « Il s'agit donc

---

54. *Richard* c. *Time inc.*, 2012 CSC 8, par. 124 ; *Duguay* c. *General Motors du Canada ltée*, 2023 QCCS 3223, par. 61.
55. 2012 CSC 8.
56. *Richard* c. *Time inc.*, 2012 CSC 8, par. 124.
57. 2019 QCCA 358.
58. 2020 QCCS 4270 (appel rejeté, 2022 QCCA 635).
59. *Imperial Tobacco Canada ltée* c. *Conseil québécois sur le tabac et la santé*, 2019 QCCA 358, par. 940 ; *Meubles Léon ltée* c. *Option consommateurs*, 2020 QCCA 44, par. 116 (requêtes pour autorisation de pourvoi à la Cour suprême rejetées (C.S. Can., 2020-10-22) 39132) ; *Fortin* c. *Mazda Canada inc.*, 2020 QCCS 4270 (appel rejeté, 2022 QCCA 635), par. 95.

en somme d'une présomption irréfragable que la pratique interdite a dolosivement incité le consommateur à conclure ou modifier un contrat. »[60]

La présomption absolue de préjudice confirme donc elle aussi la nécessité de prouver la connaissance du consommateur. Cette connaissance doit intervenir préalablement à la formation du contrat afin d'être susceptible d'avoir influencé la formation, la modification ou l'exécution du contrat de consommation et avoir un lien rationnel avec le contrat de consommation.

Le récent jugement *Duguay* c. *General Motors du Canada ltée*[61] confirme la nécessité de prouver la connaissance personnelle de la représentation reprochée selon la prépondérance des probabilités[62]. La doctrine et la jurisprudence s'accordent donc pour indiquer la nécessité que le consommateur ait eu connaissance de la représentation litigieuse. La mise en œuvre des remèdes prévus à l'article 272 L.p.c. n'est possible que si le consommateur a bel et bien vu ou lu la représentation en question et que celle-ci a joué un rôle dans sa décision de contracter[63].

II– LA PREUVE « COLLECTIVE » DE LA CONNAISSANCE EN MATIÈRE D'ACTION COLLECTIVE

Les dernières sections portant sur le fardeau de preuve individuel d'un consommateur qui reproche des représentations fausses ou trompeuses à un commerçant, qu'en est-il du fardeau de preuve dans le contexte d'une action collective fondée sur des allégations de fausses représentations ? Le récent jugement *Duguay* c. *General Motors du Canada ltée*[64], qui a rejeté une action collective alléguant des fausses représentations au stade du mérite, confirme le principe de la Cour suprême établi dans *Bou Malhab* c. *Diffusion Métromédia CMR inc.*[65] qu'en matière de représentations fausses ou trompeuses, le demandeur doit faire la preuve que *l'ensemble des membres* ont

---

60. *Duguay* c. *General Motors du Canada ltée*, 2023 QCCS 3223, par. 63.
61. 2023 QCCS 3223.
62. *Ibid.*, par. 83 et 86 et 88-90.
63. *Richard* c. *Time inc.*, 2012 CSC 8, par. 124 ; *Imperial Tobacco Canada ltée* c. *Conseil québécois sur le tabac et la santé*, 2019 QCCA 358, par. 907-910 et 929.
64. 2023 QCCS 3223.
65. 2011 CSC 9.

eu connaissance des représentations reprochées préalablement à l'achat[66].

La jurisprudence de la Cour suprême a affirmé la portée sociale de la procédure d'action collective, laquelle « vise à faciliter l'accès à la justice aux citoyens qui partagent des <u>problèmes communs</u> et qui, en l'absence de ce mécanisme, seraient peu incités à s'adresser individuellement aux tribunaux pour faire valoir leurs droits »[67]. Or, la nécessité de prouver un *problème commun* à tous les membres du groupe est liée au principe bien établi que l'action collective n'est qu'un *véhicule procédural* qui ne crée pas de droits substantifs : « En effet, la procédure du recours collectif ne saurait justifier une action en justice lorsque, <u>considérées individuellement</u>, les différentes réclamations visées par le recours ne le permettraient pas. »[68]

Tel que la Cour suprême l'a confirmé dans *Bou Malhab c. Diffusion Métromédia CMR inc.*[69], « on ne peut s'autoriser du mécanisme du recours collectif pour suppléer à l'absence d'un des éléments constitutifs du droit d'action. <u>Le recours collectif ne pourra réussir que si chacune des réclamations prises individuellement justifiait le recours aux tribunaux</u> »[70]. Ainsi, concrètement, le fardeau de preuve qui incombe au demandeur au mérite d'une action collective est celui d'établir, selon la prépondérance des probabilités, l'existence de chacun des éléments du droit d'action à l'égard de *l'ensemble des membres du groupe*[71].

Dans le récent arrêt *Lamoureux c. Organisme canadien de réglementation du commerce des valeurs mobilières (OCRCVM)*[72], la Cour d'appel a confirmé un jugement rejetant une action collective

---

66. *Duguay c. General Motors du Canada ltée*, 2023 QCCS 3223, par. 66 ; *Bou Malhab c. Diffusion Métromédia CMR inc.*, 2011 CSC 9, par. 52. Voir par exemple *Bisaillon c. Université Concordia*, 2006 CSC 19, par. 17 ; *Dell Computer Corp. c. Union des consommateurs*, 2007 CSC 34, par. 105-108 ; *Ciment du Saint-Laurent inc. c. Barrette*, 2008 CSC 64, par. 111.
67. *Bisaillon c. Université Concordia*, 2006 CSC 19, par. 16 [notre soulignement].
68. *Bisaillon c. Université Concordia*, 2006 CSC 19, par. 17 [notre soulignement]. Voir aussi *Dell Computer Corp. c. Union des consommateurs*, 2007 CSC 34, par. 105-108 ; *Ciment du Saint-Laurent inc. c. Barrette*, 2008 CSC 64, par. 111 ; *Chandler c. Volkswagen Aktiengesellschaft*, 2022 QCCA 272, par. 45.
69. 2011 CSC 9.
70. *Bou Malhab c. Diffusion Métromédia CMR inc.*, 2011 CSC 9, par. 52 [notre soulignement].
71. *Bou Malhab c. Diffusion Métromédia CMR inc.*, 2011 CSC 9, par. 53.
72. *Lamoureux c. Organisme canadien de réglementation du commerce des valeurs mobilières (OCRCVM)*, 2022 QCCA 685.

en s'appuyant notamment sur l'analyse des similarités et différences entre les témoignages de huit membres du groupe qui ne démontraient pas l'existence d'un préjudice commun à l'ensemble des membres[73]. Tout comme avec l'expérience unique de M. Duguay en l'espèce, la juge Lucas a conclu que « [l'] expérience personnelle [d'un membre] ne peut être retenue pour inférer un dommage commun [...] »[74].

Dans *Duguay* c. *General Motors du Canada ltée*[75], la Cour précise toutefois, et à raison, qu'il n'incombe pas au demandeur dans le contexte d'une action collective de faire une preuve individualisée pour *chacun et chacune des membres au procès*, ce qui irait à l'encontre du principe de proportionnalité sous-tendant l'action collective. Pour s'acquitter de son fardeau de preuve quant à l'ensemble des membres du groupe, le demandeur dispose de tous les moyens ordinaires de preuve, et peut notamment procéder par présomptions de faits graves, précises et concordantes, lorsque de telles présomptions sont appuyées par la preuve et satisfont le critère de la prépondérance des probabilités. Ce n'était toutefois pas le cas en l'espèce :

> [83] La simple existence de Brochures et du Site Web contenant les extraits cités, qui sont par ailleurs incomplets, durant la période visée ne peut, à elle seule, établir une présomption de prise de connaissance par les Membres du Groupe du message central.
>
> [...]
>
> [86] La portée du Groupe est extrêmement large. Aucun de ses Membres n'a pris connaissance de l'ensemble des Brochures et le Site Web disponibles durant la période visée. Ce n'est pas à l'initiative des défenderesses que les Membres ont obtenu la Brochure pertinente à leur achat, le cas échéant, ou ont navigué sur le Site Web. Les recherches préachat des Membres, leur souvenir de celles-ci ou de ce qu'ils ont consulté, varient abondamment entre les Membres-témoins de sorte qu'une inférence de prise de connaissance par les Membres du Groupe d'une

---

73. *Lamoureux* c. *Organisme canadien de réglementation du commerce des valeurs mobilières (OCRCVM)*, 2021 QCCS 1093, par. 84-87.
74. *Ibid.*, par. 87 [notre soulignement].
75. 2023 QCCS 3223.

représentation ou message central avant l'achat de leur Volt se complique.

[...]

[88] La preuve ne démontre pas que les défenderesses se prêtent à une campagne publicitaire pendant la période visée pour transmettre le message central aux consommateurs, et encore moins, que la vaste portée d'une telle campagne permettrait une inférence de prise de connaissance du Message central de la part des Membres du Groupe ou d'une partie de ceux-ci.

[89] <u>En l'absence de preuve, soit par témoignage ou inférence de la prise de connaissance d'une représentation, le Tribunal ne peut présumer du contenu précis de la représentation en litige avec la seule preuve qu'un Membre navigue sur le Site Web, a la Brochure ou en prend connaissance, sans plus.</u>

[90] <u>La preuve de la représentation en litige et de sa prise de connaissance par le Membre doit être faite.</u> En l'absence de cette preuve, le Tribunal ne peut se prêter lui-même à l'exercice d'analyser la Brochure ou le Site Web pour tenter d'isoler ce qu'il croit être la ou les représentation(s) dont le Membre a pris connaissance qu'il soutient possiblement être fausse(s) ou trompeuse(s).[76]

Comme l'indiquait la Cour suprême dans *Bou Malhab*, bien que la preuve par témoignage de chaque membre au procès ne soit pas nécessaire en matière d'action collective, le fardeau de preuve au stade du mérite demeure exigeant :

> [54] Il ne saurait toutefois être question d'exiger que chacun des membres du groupe témoigne pour établir le préjudice effectivement subi. La preuve du préjudice reposera le plus souvent sur des présomptions de fait, c'est-à-dire sur la recherche d'« un élément de dommage commun à tous [...] pour en inférer qu'il existait des présomptions graves, précises et concordantes que tous les [membres du recours ont subi un préjudice personnel] » (*Hôpital St-Ferdinand*, par. 41, citant l'opinion du juge Nichols de la Cour d'appel). À cet égard, le demandeur doit établir un

---

76. *Duguay c. General Motors du Canada ltée*, 2023 QCCS 3223, par. 83 et 86 et 88-90 [notre soulignement].

préjudice que partagent tous les membres du groupe et qui permet au tribunal d'inférer un préjudice personnel chez chacun des membres. La preuve d'un préjudice subi par le groupe lui-même, et non par ses membres, sera insuffisante, en soi, pour faire naître une telle inférence. Par contre, on n'exige pas du demandeur la preuve d'un préjudice identique subi par chacun des membres. Le fait que la conduite fautive n'ait pas affecté chacun des membres du groupe de manière identique ou avec la même intensité n'empêche pas le tribunal de conclure à la responsabilité civile du défendeur. C'est d'ailleurs la situation qui se présentait dans l'affaire *Ciment du Saint-Laurent* par exemple. Même si les membres du groupe en question avaient subi un préjudice d'intensité différente, notre Cour a confirmé qu'on pouvait inférer que chacun des membres avait subi un préjudice compte tenu d'éléments communs aux membres.[77]

En outre, le choix du mode de recouvrement ne pallie pas l'absence de preuve. Le choix du mode de recouvrement, qu'il soit collectif ou individuel, ne dispense pas la partie demanderesse de faire la preuve des éléments constitutifs de la cause d'action alléguée pour chacun des membres et ne peut y suppléer :

> [55] Ce n'est qu'une fois prouvée l'*existence* d'un préjudice personnel chez chacun des membres du groupe que le juge s'attarde à évaluer l'*étendue* du préjudice et à choisir le mode de recouvrement, individuel ou collectif, approprié. À défaut de preuve d'un préjudice personnel, le recours collectif doit être rejeté. Ainsi, et contrairement à la prétention de l'appelant, la possibilité d'ordonner un recouvrement individuel des dommages-intérêts ne déleste pas le demandeur du fardeau de prouver, en premier lieu, l'existence d'un préjudice personnel chez tous les membres du groupe. En d'autres mots, le mode de recouvrement ne permet pas de suppléer à l'absence de préjudice personnel.[78]

Le demandeur ne peut plaider le recouvrement collectif pour subtiliser son fardeau de preuve au mérite d'une action collective. En effet, dans *Ciment du Saint-Laurent inc. c. Barrette*[79], la Cour

---

77. *Bou Malhab c. Diffusion Métromédia CMR inc.*, 2011 CSC 9, par. 54.
78. *Ibid.*, par. 52 et 55.
79. 2008 CSC 64.

suprême explique qu'« [i]l y a lieu d'éviter de confondre la procédure choisie pour le recouvrement et l'évaluation du préjudice »[80].

Peu importe si le juge décide d'accorder une procédure de réclamation individuelle ou collective, chaque individu sera théoriquement compensé « pour la perte qu'il subit et le gain dont il est privé »[81]. Le mode de recouvrement ne peut servir de prétexte pour « scinder l'instance » et repousser la détermination de la responsabilité à un moment ultérieur, soit au stade des réclamations individuelles[82]. Encore une fois, le recouvrement collectif ne peut avoir pour effet d'élargir les dommages ou le fardeau financier de la partie défenderesse[83].

III– INCURSION DU CÔTÉ DES AUTRES PROVINCES CANADIENNES

Nous avons établi que la preuve de connaissance individuelle de la représentation reprochée est essentielle à l'exercice d'un recours basé sur des représentations fausses ou trompeuses et l'omission d'un fait important[84] et à l'applicabilité de la garantie de conformité[85]. Or, qu'en est-il des autres provinces canadiennes ? Il appert de la jurisprudence des provinces de common law que l'état du droit à cet effet demeure flou. Voici un bref tour d'horizon.

A. La notion de fausses représentations

En Ontario, le *Consumer Protection Act*[86] (ci-après « CPA ») interdit les déclarations fausses, trompeuses, mensongères ou déloyales[87]. À l'inverse de la L.p.c., le CPA offre de nombreux exemples non exhaustifs de ce qui constitue une déclaration fausse ou trompeuse tels les biens ou les services faisant l'objet d'un parrainage ou d'une

---

80. *Ciment du Saint-Laurent inc.* c. *Barrette*, 2008 CSC 64, par. 111.
81. *Code civil du Québec*, RLRQ, c. CCQ-1991, art. 1611. Voir aussi *Ciment du Saint-Laurent inc.* c. *Barrette*, 2008 CSC 64, par. 111.
82. *Imperial Tobacco Canada ltée* c. *Conseil québécois sur le tabac et la santé*, 2019 QCCA 358, par. 37 et 41 et 46.
83. Yves LAUZON et Bruce W. JOHNSTON, *Traité pratique de l'action collective*, Éditions Yvon Blais, Montréal, 2021, par. 5.4.2 ; *Masson* c. *Telus Mobilité*, 2019 QCCA 1106, par. 78.
84. *Loi sur la protection du consommateur*, RLRQ, c. P-40.1, art. 218, 219, 228.
85. *Ibid.*, art. 41 et 42.
86. *Consumer Protection Act, 2002*, SO 2002, c. 30, Sched A.
87. *Ibid.*, art. 14.

approbation ou qui ont des qualités de rendement, des accessoires, des usages, des composantes, des avantages ou des qualités données alors que ce n'est pas réellement le cas[88] ou des biens usagés dans une mesure sensiblement différente de la réalité[89].

Or, contrairement au droit québécois, l'existence d'un lien contractuel (« *privity* ») est nécessaire pour pouvoir se prévaloir du CPA en Ontario[90]. Selon ce système juridique, il y a *privity* entre les parties qui ont contracté ensemble, mais pas de *privity* pour les tiers au contrat. De ce fait, le consommateur ne possède pas l'assise juridique nécessaire lui permettant de faire valoir les droits découlant de ce contrat contre le fabricant qui ne fait pas partie du contrat initial. En d'autres mots, les consommateurs qui n'ont pas de relation contractuelle directe avec le fabricant ne peuvent intenter un recours pour pratiques déloyales en vertu du CPA[91]. C'est la conclusion à laquelle est parvenue le juge Strathy – alors à la Cour supérieure de l'Ontario – dans l'affaire *Singer* v. *Schering-Plough Canada inc.*[92] dans le cadre d'une action collective intentée au nom de consommateurs alléguant que la défenderesse avait présenté de manière inexacte les qualités protectrices de ses produits de protection solaire :

> There are some fundamental difficulties with the plaintiff's claims under the *Consumer Protection Act*. The most significant is that a manufacturer is not a "supplier" under the statute and there is no pleading of any "agreement" entered into between the plaintiff and the defendants. There is no contractual privity between them.

À l'heure actuelle, ce principe a été confirmé par la Cour divisionnaire de l'Ontario[93]. Pour qu'une action soit possible en vertu du CPA, la représentation doit avoir été faite par la partie qui a conclu le contrat de consommation en vertu duquel les biens ou les services sont fournis au consommateur.

---

88. *Ibid.*, art. 14(2)1.
89. *Ibid.*, art. 14(2)5.
90. *Carter* v. *Ford Motor Company of Canada*, 2021 ONSC 4138 ; *Bhangu* v. *Honda Canada inc.*, 2021 BCSC 2381.
91. *Marcinkiewicz* v. *General Motors of Canada Co.*, 2022 ONSC 2180.
92. 2010 ONSC 42.
93. *Palmer* v. *Teva Canada Ltd.*, 2022 ONSC 4690 ; *Richardson* v. *Samsung*, 2019 ONSC 6845 (Div Ct) ; *Williams* v. *Canon Canada*, 2012 ONSC 3692 (Div Ct).

Du côté de la Colombie-Britannique, le *Business Practices and Consumer Protection Act*[94] (ci-après « BPCPA ») protège également contre les déclarations fausses, trompeuses ou déloyales. À l'instar du CPA, le BPCPA offre de nombreux exemples non exhaustifs de ce qui constitue une déclaration fausse ou trompeuse telle une représentation par un fournisseur selon laquelle des biens ou des services ont un parrainage, une approbation, des caractéristiques de performance, des accessoires, des ingrédients, des quantités, des composants, des utilisations ou des avantages qu'ils n'ont pas[95].

Mais, à l'inverse du droit de la consommation ontarien, le BPCPA n'exige pas l'existence d'une relation contractuelle (« *privity* ») pour que le consommateur puisse intenter un recours contre un fabricant. En effet, un consommateur peut intenter un recours pour pratique trompeuse à l'encontre d'un fabricant, que le consommateur et le fabricant soient ou non partie à un contrat de consommation. À l'image du droit de la consommation québécois, il n'est pas nécessaire qu'il y ait un lien contractuel entre les parties. Cela est explicite dans la définition du « fournisseur », laquelle stipule que le terme désigne toute personne « *supplying goods or services or real property to a consumer [...] whether or not privity of contract exists between that person and the consumer* »[96].

Dans un certain nombre de décisions, les juges de cette province ont considéré qu'un consommateur pouvait intenter une action pour pratique déloyale à l'encontre du fabricant d'un produit, bien qu'il ait acheté le produit auprès d'un détaillant ou d'un distributeur[97].

B. Le rôle du critère de la « reliance »

Bien qu'en vertu de la common law une fausse déclaration ne puisse donner lieu à une action que si le demandeur s'est raisonnablement fié à la déclaration contestée, cette condition n'est pas exigée par le CPA en Ontario[98]. En effet, en vertu du CPA, il ne semble pas nécessaire que le contrat soit conclu en raison de la représentation ou sur la base de celle-ci. La relation est temporelle, et non causale.

---

94. SBC 2004, c. 2.
95. *Business Practices and Consumer Protection Act*, SBC 2004, c. 2, art. 4(3)(a)(i).
96. *Ibid.*, art. 1(1).
97. Voir notamment *Cantlie* v. *Canadian Heating Products Inc.*, 2017 BCSC 286.
98. *Consumer Protection Act, 2002*, SO 2002, c. 30, Sched A, art. 18.

Dans la décision *Ramdah* v. *George Brown College of Applied Arts and Technology*[99], la Cour d'appel de l'Ontario a confirmé une décision dans laquelle le tribunal de première instance déclarait la défenderesse responsable d'avoir commis une pratique déloyale en vertu du CPA en soutenant que « a claim under the *Consumer Protection Act* based on an agreement entered into following an unfair practice does not require any reliance on or even knowledge of the unfair practice »[100]. Ce faisant, la Cour d'appel a rejeté l'opinion selon laquelle il devait y avoir un lien de causalité entre la fausse déclaration et le préjudice subi par le consommateur. Selon elle, le seul lien pertinent est celui qui existe entre le contrat de consommation et le préjudice subi par le consommateur. Néanmoins, bien qu'un consommateur puisse être en droit d'obtenir une compensation sans s'être fié à la fausse représentation ou sans en avoir eu connaissance, la fausse représentation doit être une représentation sur laquelle le consommateur aurait pu s'appuyer ou dont il aurait pu avoir connaissance, compte tenu des faits de l'espèce. En d'autres termes, il doit s'agir d'une représentation destinée à des personnes se trouvant dans la situation du consommateur, même si ce dernier n'en a pas eu personnellement connaissance.

De leur côté, les tribunaux de la Colombie-Britannique semblent avoir considéré qu'un recours en vertu du BPCPA n'est pas possible en l'absence d'un lien de causalité entre la fausse représentation et le préjudice allégué[101]. Dans *Ileman* v. *Rogers Communications inc.*[102], la Cour d'appel de la Colombie-Britannique a conclu que la jurisprudence n'était pas tranchée quant à la question de savoir si un consommateur était tenu d'établir qu'il avait effectivement été trompé pour pouvoir bénéficier d'un recours en vertu du BPCPA. Les enseignements de *Ileman* sont toutefois à l'effet qu'il n'est pas nécessaire pour un demandeur de faire valoir qu'il s'est fié à la représentation, car il est loisible pour le tribunal de présumer ou d'inférer la « reliance ». C'est d'ailleurs ce qu'a confirmé quelques années plus tard la Cour d'appel. Dans *Finkel* v. *Coast Capital Savings Credit Union*[103], la Cour a accepté que le BPCPA exige un lien de causalité entre la fausse représentation et le préjudice allégué, mais a estimé

---

99. 2015 ONCA 921.
100. *Ramdath* v. *George Brown College of Applied Arts and Technology*, 2015 ONCA 921, par. 39.
101. *Ileman* v. *Rogers Communications inc.*, 2014 BCSC 1002, confirmée par 2015 BCCA 260 ; *Krishnan* v. *Jamieson Laboratories Inc.*, 2021 BCSC 1396.
102. 2014 BCSC 1002.
103. 2017 BCCA 361.

que le lien de causalité pouvait être établi autrement que par le fait que le consommateur s'était fié à la représentation. Ainsi, sous le BPCPA, le fait que la représentation a eu un impact sur le contrat de consommation est nécessaire au succès du recours du consommateur, quel que soit cet impact.

Bien que le rôle précis que joue le fait de se fier à la représentation dans le cadre d'une action intentée en vertu du BPCPA ne fasse pas l'objet d'un consensus dans la jurisprudence, il existe néanmoins un certain consensus quant au fait qu'une forme de relation de cause à effet entre la fausse représentation et le préjudice subi par le consommateur doit être établie pour que ce dernier puisse prétendre à l'octroi de dommages-intérêts. Dans la majorité des cas, ce lien de causalité sera établi sur la base du fait que le consommateur s'est fié à la représentation, qu'il s'agisse d'un fait ou de l'inférence tirée de ce fait par le tribunal. Comme en Ontario, nous pouvons présumer que la loi vise à offrir aux consommateurs un recours uniquement dans les cas où le fournisseur défendeur a fait une fausse déclaration significative, c'est-à-dire une déclaration susceptible d'affecter la décision d'achat d'un consommateur raisonnable.

CONCLUSION

L'étude des différents régimes de protection prévue par la L.p.c. nous éclaire, d'une part, sur la garantie de conformité (art. 40, 41, 42 L.p.c.) et, d'autre part, la protection contre les représentations fausses ou trompeuses (art. 218, 219 L.p.c.) et l'omission d'un fait important (art. 228 L.p.c.) qui visent à protéger les attentes raisonnables du consommateur quant aux représentations dont il a eu personnellement connaissance et assurer la véracité de l'information transmise au consommateur par la publicité ou autrement. Afin de pouvoir recourir aux sanctions prévues à l'article 272 L.p.c., le consommateur doit démontrer la connaissance personnelle de la représentation reprochée conformément au test établi par la Cour suprême dans l'arrêt *Richard c. Time inc.*[104] qui fait entrer en jeu une présomption absolue de préjudice qui fait état de « l'effet préjudiciable de la pratique interdite sur le consentement du consommateur »[105].

---

104. *Richard c. Time inc.*, 2012 CSC 8.
105. *Imperial Tobacco Canada ltée c. Conseil québécois sur le tabac et la santé*, 2019 QCCA 358, par. 940-941 ; confirmé dans *Fortin c. Mazda Canada inc.*, 2020 QCCS 4270, par. 95 ; *Meubles Léon ltée c. Option consommateurs*, 2020 QCCA 44, par. 116 (requêtes pour autorisation de pourvoi à la Cour suprême rejetées

Alors qu'une zone grise demeure dans les provinces de common law quant à la nécessité de la connaissance personnelle du consommateur de la représentation reprochée, le droit est clair en droit civil québécois.

En matière d'action collective, le fardeau de preuve reste le même – le demandeur doit faire la preuve des éléments constitutifs de la responsabilité pour l'ensemble des membres du groupe et la nécessité de prouver une expérience commune à l'ensemble des membres du groupe[106]. La Cour supérieure a confirmé ce principe dans la récente décision *Duguay* c. *General Motors du Canada ltée*[107], un jugement de principe qui fait jurisprudence quant au cadre d'analyse du fardeau de la preuve du demandeur dans le cadre d'une action collective au mérite. Tel que l'a établi la Cour supérieure dans ce dossier, le demandeur doit faire la preuve que les membres ont pris connaissance du message avant de former le contrat et que ce message a eu une incidence sur leur décision d'acheter. Ce dernier jugement apporte un éclairage important sur le fardeau de la preuve en matière de fausses représentations qui sera utile à bon nombre d'actions collectives en droit de la consommation.

(C.S. Can., 2020-10-22) 39132) ; *Fortin* c. *Mazda Canada inc.*, 2022 QCCA 635, par. 15 (requête pour autorisation de pourvoi à la Cour suprême rejetée (C.S. Can., 2023-03-16) 40300).

106. *Bou Malhab* c. *Diffusion Métromédia CMR inc.*, 2011 CSC 9, par. 54.
107. 2023 QCCS 3223.

Les actions collectives liées au facteur E – Environnement : une question de quand, et non pas de si

Julie Girard*

Introduction	303
I– Les actions collectives cherchant à établir la responsabilité corporative	305
II– Les actions collectives à caractère stratégique	310
III– Les actions collectives en droit de la consommation	315
IV– Les actions collectives en valeurs mobilières	320
Conclusion	323

---

* Associée au cabinet Davies Ward Phillips & Vineberg. L'auteure tient à remercier Mme Aliosha Hurry, étudiante au cabinet Davies Ward Phillips & Vineberg, pour son important travail de recherche en lien avec cet article.

INTRODUCTION

Les facteurs ESG (environnementaux, sociaux et de gouvernance) n'ont rien de nouveau. Depuis plusieurs décennies déjà, diverses parties prenantes utilisent ces facteurs pour évaluer la performance d'une entreprise sous le prisme de son impact sur les personnes et les collectivités.

L'ampleur prédominante qu'ont prise l'application et l'analyse des facteurs ESG est toutefois récente. Aujourd'hui, aucun conseil d'administration ou direction d'entreprise ne peut se permettre d'ignorer l'impact majeur que peuvent avoir ces facteurs sur leur entreprise.

L'impact peut être positif. Par exemple, une entreprise ayant des répercussions positives sur les collectivités, une gouvernance forte et des employés mobilisés peut avoir un potentiel de croissance qui ne se perçoit pas au premier abord à la lecture des états financiers, mais qui est susceptible d'influencer les décisions d'un investisseur potentiel.

À l'inverse, une entreprise moins performante sur le plan ESG peut être sujette à des risques accrus de diverses sources.

Le présent article porte sur un de ces risques. Le risque maintenant bien réel d'être visé par une action collective avec tous les risques réputationnels et financiers que cela comporte. Bien que tous les facteurs ESG puissent être liés à des risques d'actions collectives, cet article se concentrera sur les actions collectives liées au facteur E – Environnemental.

Les litiges environnementaux liés aux changements climatiques : un phénomène planétaire

Sans surprise, certains pays sont à l'avant-scène des litiges liés aux changements climatiques. Personne ne sera étonné de lire que certains États des États-Unis – la Californie par exemple – et les pays membres de l'Union européenne ont de tout temps été des points chauds pour le dépôt de litiges en ce domaine. La majorité des litiges liés aux changements climatiques sont traditionnellement institués dans les juridictions de l'hémisphère Nord[1].

De façon intéressante, les dernières années ont vu l'émergence de litiges liés aux changements climatiques partout à travers la planète, incluant dans des juridictions moins usuelles comme la Chine, la Turquie et la Russie[2].

Les bases de données du Sabin Center, analysées par les auteures Setzer et Higham[3], nous apprennent que 2 341 litiges en matière de changements climatiques sont maintenant répertoriés à travers le monde. Les recours institués à l'extérieur des États-Unis sont en croissance, tout comme les recours contre les acteurs corporatifs.

Tous ces litiges ne sont pas des actions collectives, loin de là. Toutefois, cet article s'attarde au développement du corpus jurisprudentiel ouvrant la voie à un essor inévitable des actions collectives sur ces questions. Parmi celles déjà instituées, certaines ont retenu notre attention et feront l'objet d'une présentation dans ce texte. Il ne s'agit pas d'une revue exhaustive, mais de recours ou décisions jurisprudentielles illustrant comment le facteur E peut être à l'origine d'actions collectives.

Ces actions collectives s'insèrent généralement à l'intérieur de quatre grandes catégories que nous analyserons tour à tour :

I– Les actions collectives cherchant à établir la responsabilité corporative ;

II– Les actions collectives à caractère stratégique ;

---

1. Joana SETZER et Catherine HIGHAM, « Global trends in climate change litigation: 2023 snapshot », p. 3, en ligne : <www.lse.ac.uk/granthaminstitute/wp-content/uploads/2023/06/Global_trends_in_climate_change_litigation_2023_snapshot.pdf>.
2. Joana SETZER et Catherine HIGHAM, « Global trends in climate change litigation: 2023 snapshot », p. 2, en ligne : <www.lse.ac.uk/granthaminstitute/wp-content/uploads/2023/06/Global_trends_in_climate_change_litigation_2023_snapshot.pdf>.
3. Joana SETZER et Catherine HIGHAM, « Global trends in climate change litigation: 2023 snapshot », p. 2, en ligne : <www.lse.ac.uk/granthaminstitute/wp-content/uploads/2023/06/Global_trends_in_climate_change_litigation_2023_snapshot.pdf>.

III– Les actions collectives en droit de la consommation, généralement basées sur des allégations de représentations fausses et trompeuses ;

IV– Les actions collectives en valeurs mobilières.

I– LES ACTIONS COLLECTIVES CHERCHANT À ÉTABLIR LA RESPONSABILITÉ CORPORATIVE

Recours en dommages-intérêts d'apparence assez classique, l'action collective entrant dans cette catégorie est instituée contre des entreprises et vise à obtenir une compensation monétaire pour les dommages qu'elles auraient causés à l'environnement.

Plusieurs de ces dossiers ne procèdent pas sur une base collective, mais ont comme demandeurs une municipalité, un groupe d'individus, voire un seul individu. Dans tous les cas, l'analyse juridique sous-jacente au recours est transposable dans un contexte d'action collective, avec les adaptations nécessaires.

Prenons par exemple les nombreux recours intentés par des municipalités côtières des États-Unis contre diverses compagnies pétrolières[4], tous basés sur le principe de responsabilité extracontractuelle (étant basés sur la common law – « tort » serait le terme plus juste). Ces municipalités allèguent des dommages subis par leurs populations respectives – allant d'impacts sur la santé publique, aux coûts liés aux infrastructures afin de permettre l'adaptation aux changements climatiques.

En Nouvelle-Zélande, l'arrêt *Smith* c. *Fonterra* illustre éloquemment les difficultés intrinsèques à ce type de recours.

- ***Smith* v. *Fonterra Co-operative Group Ltd.*[5]**

D'emblée, la Cour d'appel de la Nouvelle-Zélande pose la question sans détour, dès les tout premiers paragraphes de l'arrêt :

---

4. Par exemple : *BP PLC* v. *Mayor and City of Council of Baltimore*, 141 S CT 1532 ; *Anne Arundel County* v. *BP PLC*, No. SAG-21-01323 (Md Dist Ct 2022) ; *City and County of Honolulu and Honolulu Board of Water Supply* v. *Sunco*, No. 1CC-20-0000380 (JPC) (1st Cir 2022) ; *City of Charleston* v. *Brabham Oil* Co. No. 2:20-cv-03579 (SC Dist Ct 2021) ; *State of Delaware* v. *BP America inc.*, No. 20-1429-LPS (Del Dist CT 2022) ; *State of Rhode Island* v. *Chevron Corp*, No. 199-1818 (1st Cir 2021).
5. *Smith* v. *Fonterra Co-operative Group Ltd.*, [2021] NZCA 552.

[1] What should be the response of tort law to climate change? That starkly put is the key issue raised by this appeal.

[2] Climate change is commonly described as the biggest challenge facing humanity in modern times. Its causes and its effects are now widely recognised, with scientists predicting that if greenhouse gas emissions keep increasing, the planet will eventually reach a point of no return.

[3] The appellant Mr. Smith is an elder of Ngāpuhi and Ngati Kahu and the climate change spokesperson for the Iwi Chairs Forum. He contends that too little is being done in the political sphere and that the crisis calls for a bold response from the common law. To that end, he has issued proceedings in the High Court against seven New Zealand companies, the respondents. Each of them is either involved in an industry which releases greenhouse gases into the atmosphere or manufactures and supplies products which release greenhouse gases when they are burned.

[4] Mr. Smith alleges in the statement of claim that the release of greenhouse gases by the respondents is human activity that has contributed and will continue to contribute to dangerous anthropogenic interference with the climate system and to the adverse effects of climate change. These are particularised as increased temperatures, loss of biodiversity and biomass, loss of land, risks to food and water security, increasing extreme weather events, ocean acidification, geopolitical instability, population displacement, adverse health consequences, economic losses and an unacceptable risk of social and economic loss and mass loss of human life. It is also alleged that poor and minority communities will be disproportionately burdened by the adverse effects of climate change.

La Cour commence par analyser si les procédures de common law en « tort » sont un véhicule approprié pour traiter des enjeux liés aux changements climatiques.

Bien conscient de l'aspect nouveau, voire audacieux des procédures instituées, le demandeur plaide qu'une des forces caractéristiques traditionnelles de la common law est de faire évoluer le droit afin de pouvoir traiter de problèmes importants, même si nouveaux. La Cour d'appel rejette cette prétention, soulignant plutôt que la common law se développe graduellement, et non de façon radicale, surtout lorsque, comme en l'espèce, le développement demandé s'éloigne aussi significativement des principes fondamentaux applicables.

La Cour conclut que la crise des changements climatiques est de nature telle qu'elle ne peut être adéquatement traitée par les tribunaux :

[16] In our view, the magnitude of the crisis which is climate change simply cannot be appropriately or adequately addressed by common law tort claims pursued through the courts. It is quintessentially a matter that calls for a sophisticated regulatory response at a national level supported by international co-ordination.

[17] We say that for the following reasons.

[18] First, no other tort claim recognised by the courts has involved a scenario in which every person in New Zealand—indeed, in the world—is (to varying degrees) both responsible for causing the relevant harm, and the victim of that harm.

[19] This claim is brought against a small subset of those responsible for the harm that is being suffered by Mr. Smith and those he represents. Mr. Salmon was not able to identify any principled basis for singling out the seven defendants in these proceedings. If their contribution to climate change is an actionable wrong, the logic underpinning that finding would apply to every individual and every business that has not achieved net zero emissions. Mr. Salmon said that the defendants had been selected as "major profit-seeking entities that emit or enable emissions". But as he accepted, none of these defendants standing alone makes a material contribution to climate change. The scale of their businesses, and of their contribution to global warming, does not provide a principled distinction on which liability could turn. Nor does the fact that they are "profit-seeking" entities—the basis on which their activities are alleged to be wrongful does not turn on the reasons for which they engage in those activities. If the courts were to accept the argument that the emitting activities of the defendants amount to a tort, it would follow that every entity (and individual) in New Zealand that is responsible for net emissions is committing the same

tort. That is, all of those individuals and entities would be acting unlawfully, and could presumably be restrained from continuing to do so. That would be a surprising conclusion to say the least, with sweeping social and economic consequences.[6] (Notre soulignement)

Les écueils identifiés par la Cour d'appel de la Nouvelle-Zélande sont d'une importance capitale. Transposés en droit civil québécois, ils posent la grande question de la causalité. Comment attribuer à certains individus seuls les changements climatiques alors qu'ils sont le fait de tous. Bien que certaines entreprises soient sans contredit de plus grandes contributrices que d'autres, il n'en demeure pas moins qu'elles sont certainement suivies de près par d'autres et même, dans une moindre mesure, par chacun de nous.

Rappelons qu'en droit civil québécois, et plus particulièrement en matière de responsabilité extracontractuelle, le demandeur a le fardeau d'établir que les dommages subis sont la conséquence directe, logique et immédiate de la faute[7]. À la lumière de l'analyse présentée dans l'arrêt *Smith*, le lien de causalité, bien que ne requérant pas d'être certain[8], serait très difficile à établir avec succès.

Malgré ces écueils importants, au moins une action collective basée sur des bases juridiques probablement (le terme « probablement » est utilisé puisque les procédures ne sont pas encore déposées) similaires à celles de l'affaire *Smith* se prépare au Canada.

- **Sue Big Oil**

La campagne Sue Big Oil a vu le jour en juin 2022, en Colombie-Britannique lorsque l'organisme West Coast Environmental Law[9] a demandé aux municipalités britanno-colombiennes de se joindre à une action collective contre différentes entreprises de l'industrie pétrolière.

La campagne présente un plan en trois étapes :

1) encourager les Britanno-Colombiens à joindre la campagne en signant la « Sue Big Oil Declaration » ;

---

6. *Smith* v. *Fonterra Co-operative Group Ltd.* [2021] NZCA 552.
7. Art. 1607 *Code civil du Québec*.
8. Voir par exemple *Pincourt (Ville de)* c. *Construction Cogerex ltée*, 2013 QCCA 1773.
9. En ligne : <www.wcel.org/program/sue-big-oil>.

2) convaincre les gouvernements locaux d'instituer une action collective visant les plus grandes compagnies pétrolières au monde ;

3) instituer une action collective visant à ce que les compagnies pétrolières soient condamnées à payer leur juste part des coûts liés aux enjeux climatiques[10].

L'action collective serait prise sur la base du concept de « common law de nuisance » : *nuisance* de droit public, soit le droit commun à un environnement sain et *nuisance* de droit privé, soit l'interférence déraisonnable avec la propriété, incluant les infrastructures municipales[11].

Une lettre ouverte a été publiée en juin 2019[12], émanant de 28 professeurs de droit au pays, exprimant le caractère certes nouveau, mais possible, d'un tel recours :

A lawsuit against major fossil fuel corporations for climate-related costs will clearly be novel, in the sense that courts will need to answer difficult questions that they have not previously considered. It is consequently difficult to predict the prospects for its success, because established legal principles will need to be applied in new ways and in a new context.

However, this does not mean that such a lawsuit cannot be won or that local governments should not explore its potential. Such a case would be novel in the same way that the first court cases demanding recognition of indigenous rights or gay marriage, or claiming compensation against tobacco or asbestos companies, were novel. Many members of the legal community viewed such cases as impossible when they were first proposed, and yet they ultimately proved successful.

---

10. En ligne : <suebigoil.ca/how-it-works/>.
11. Andrew GAGE, « Suing fossil fuel giants: an introduction, juin 2022, en ligne : <https://suebigoil.ca/wp-content/uploads/2022/06/SuingFossilFuelGiants-Intro.pdf>, p. 2.
12. En ligne : <allard.ubc.ca/sites/default/files/2020-08/Climate-Litigation-Law-Profs letter_final2.pdf>.

> In our view, existing legal principles could form a solid basis for a lawsuit filed by a local government against fossil fuel companies for local climate costs.[13]

L'action collective proposée n'a toujours pas été déposée, mais la campagne Sue Big Oil continue sur sa lancée. Un sondage, publié par Sue Big Oil et mené par Stratcom Strategic Communications, indique qu'en juillet 2022[14], 68,6 % de l'échantillon sondé soutient la proposition que les gouvernements locaux de Colombie-Britannique travaillent ensemble pour poursuivre les compagnies pétrolières les plus polluantes afin qu'elles paient une partie des coûts liés aux changements climatiques.

L'influence de la décision précurseure *Milieudefensie*[15] sur la campagne Sue Big Oil, de même que d'autres recours similaires institués globalement, ne peut être ignorée. La campagne se nourrit des succès connus ailleurs :

> In other countries lawsuits against fossil fuel giants for climate costs are proceeding. In the Netherlands, the environmental organization MilieuDefensie won its lawsuit against Shell, although the company is appealing. German courts are currently investigating a claim against the coal company RWE brought by a Peruvian farmer for climate costs suffered by his town. And twenty local governments, and three states, in the U.S. are suing fossil fuel companies.[16]

II– LES ACTIONS COLLECTIVES À CARACTÈRE STRATÉGIQUE

Généralement menées par des organisations non gouvernementales et par des groupes de jeunes citoyens et citoyennes, les actions collectives tombant dans cette catégorie ont pour but avoué de faire changer les choses et de forcer les gouvernements ou les entreprises grandes émettrices de gaz à effet de serre à réduire leur empreinte

---

13. Lettre ouverte sur les litiges relatifs à la responsabilité climatique au Canada : « An Open Letter on Climate Accountability Litigation in Canada », 24 juin 2019.
14. Résultats du sondage Stratcom-B.C., 28 juillet 2022, en ligne : <https://www.wcel.org/sites/default/files/publications/bc_syndicated_omni_report_july_2022_wcel_for_release.pdf>.
15. Voir p. 8 et s.
16. Andrew GAGE, « Suing fossil fuel giants: an introduction », juin 2022, *op. cit.*, p. 2.

environnementale en imposant, par le biais d'une ordonnance judiciaire, un changement de pratique.

Ces recours ne sont pas limités aux actions collectives. On pense plutôt à des recours pris par des états contre des entreprises considérées comme polluantes ou à des démarches entreprises par des groupes limités de citoyens. Plusieurs pourraient par ailleurs tout aussi bien s'instituer sur une base collective.

Les bases juridiques de tels recours ne sont pas encore bien établies, mais chaque jugement rendu pose une pierre dans l'édifice des recours à venir.

À titre d'exemple, notons la demande d'autorisation d'exercer une action collective contre le gouvernement du Canada au nom de tous les jeunes de 35 ans et moins au Québec déposée par ENvironnement JEUnesse (ENJEU).

- ***Environnement Jeunesse* c. *Procureur général du Canada***

ENJEU alléguait que le comportement du gouvernement du Canada en matière de lutte aux changements climatiques porte atteinte aux droits à la vie, à l'intégrité et à la sécurité de la personne[17], au droit de vivre dans un environnement sain et respectueux de la diversité[18] et au droit à l'égalité[19].

En 2019, la Cour supérieure refuse d'accorder la demande d'autorisation, en raison du caractère inapproprié et arbitraire du groupe proposé[20].

ENJEU porte la décision en appel, mais la Cour d'appel refuse également d'accorder la permission d'instituer une action collective en raison, cette fois, de sa non-justiciabilité.

La Cour d'appel[21] a ainsi conclu, renversant la Cour supérieure du Québec sur cette question, que le litige n'était pas du ressort des

---

17. Art. 7 *Charte canadienne des droits et libertés* et art. 1 *Charte des droits et libertés de la personne*.
18. Art. 46.1 *Charte des droits et libertés de la personne*.
19. Art. 15 *Charte canadienne des droits et libertés* et art. 10 *Charte des droits et libertés de la personne*.
20. *Environnement Jeunesse* c. *Procureur général du Canada*, 2019 QCCS 2885.
21. *Environnement Jeunesse* c. *Procureur général du Canada*, 2021 QCCA 1871.

tribunaux et échappait au pouvoir judiciaire, relevant plutôt du pouvoir législatif.

La Cour d'appel a toutefois bien pris le soin de ne pas fermer la porte à tout recours contre l'État en matière de changement climatique :

> [40] Pour les motifs qui précèdent, le juge de première instance a commis une erreur en concluant à la justiciabilité du recours tel qu'intenté. La nature des questions soumises, dans le contexte décrit, commande aux tribunaux de laisser au législateur le soin de faire les choix appropriés. Cela ne signifie toutefois pas que les tribunaux ne pourront être appelés, dans un autre contexte, à examiner le comportement de l'État en matière de réchauffement climatique.
>
> [41] Les faits allégués ne pouvant, dans ces circonstances, donner ouverture aux conclusions recherchées, le second critère de l'article 575 (2) C.p.c. n'est pas satisfait et cela justifie le rejet de la demande d'autorisation.
>
> [42] En l'espèce, les conclusions déclaratoires recherchées démontrent bien que l'on souhaite inviter le tribunal dans la sphère du pouvoir législatif et de choix complexes en matière de politiques sociales et économiques. Ordonner la cessation de l'inaction revient à forcer le gouvernement à agir et les conclusions suggérant de substituer des mesures réparatrices aux dommages exemplaires obligent les tribunaux à s'immiscer dans le choix des mesures. En outre, même s'il fallait conclure que les tribunaux puissent le faire, la généralité des conclusions recherchées est si imprécise qu'elle ne donne aucune emprise à leur mise en œuvre par des ordonnances exécutoires. C'est le cas, par exemple, de la déclaration selon laquelle l'omission du gouvernement de mettre en place les mesures nécessaires pour limiter le réchauffement planétaire à 1,5 °C viole les droits fondamentaux du groupe de même que de l'ordonnance d'en assurer la cessation. Il en va de même pour la demande d'ordonner au gouvernement de mettre en place une mesure réparatrice pour contribuer à freiner le réchauffement climatique et ordonner toute autre réparation que la Cour estime appropriée, qui n'offre aucun guide utile. L'appelante ne propose rien de concret, rien de précis.

La Cour suprême du Canada a refusé d'accorder la demande d'autorisation d'appel déposée le 11 février 2022 par ENJEU[22].

À l'extérieur du Canada et toujours dans la catégorie des actions collectives à caractère stratégique, une action collective instituée contre Royal Dutch Shell a pour sa part été accueillie, il s'agit de l'affaire *Milieudefensie*, mentionnée plus haut.

- ***Milieudefensie et al.* v. *Royal Dutch Shell plc* (« Milieudefensie »)**

En 2019, les tribunaux néerlandais ont été saisis d'une demande instituée par diverses organisations non gouvernementales, incluant Milieudefensie / Friends of the Earth Netherlands, et plus de 17 000 citoyens à l'encontre de Royal Dutch Shell (« Shell »). Aujourd'hui considérée comme une affaire phare en matière de changements climatiques, il y est allégué que Shell contribue aux changements climatiques en violation du devoir de diligence existant en droit néerlandais. Ce faisant, Shell aurait violé ses obligations en matière de droit de la personne.

Jugement a été rendu par le tribunal du district de La Haye en mai 2021[23] ordonnant à Shell de réduire significativement ses émissions :

> [...] ordonne à RDS, tant directement que par l'intermédiaire des sociétés et entités juridiques qu'elle inclut communément dans ses comptes annuels consolidés et avec lesquelles elle forme conjointement le groupe Shell, de limiter ou de faire limiter le volume annuel cumulé de toutes les émissions de CO_2 dans l'atmosphère [...] en raison des activités commerciales et de la vente de produits porteurs d'énergie du groupe Shell dans une mesure telle que ce volume aura diminué d'au moins 45 % net à fin 2030, par rapport aux niveaux de 2019 [...].

Le jugement a été porté en appel. Toutefois, le 25 avril 2022, une lettre[24] a été envoyée à Shell et ses dirigeants, leur rappelant que le jugement est exécutoire sur une base provisoire et nécessite donc de Shell des actions immédiates, nonobstant l'appel en cours.

---

22. 28 juillet 2022.
23. *Milieudefensie et al.* c. *Royal Dutch Shell, plc*, 26 mai 2021, C/09/571932.
24. Lettre datée du 19 avril 2022, à l'attention de Shell plc *et al.*

Les avocats de Milieudefensie y indiquent qu'une copie de cette lettre sera envoyée aux investisseurs de Shell.

La décision Milieudefensie fait suite à une autre décision similaire des tribunaux néerlandais, l'affaire *Urgenda*, décidée en 2019 suite à des appels jusqu'en cour suprême des Pays-Bas. Dans cette affaire, également initiée par des groupes environnementaux, les tribunaux ont ordonné à l'État néerlandais de réduire leurs émissions de CO_2 de 25 % d'ici la fin de 2020, en comparaison avec les niveaux de 1990[25].

Une telle décision serait-elle possible au Québec ? Difficilement, pour l'instant du moins.

D'abord, il convient de noter que le droit applicable au véhicule procédural qu'est l'action collective diffère grandement entre le droit néerlandais et le droit civil québécois ou le droit canadien. Par exemple, il n'existe pas de stade de l'autorisation ou de « certification » en droit néerlandais.

Ainsi, au Québec, la définition du groupe se heurterait probablement à des obstacles majeurs, dès l'autorisation. Les tribunaux néerlandais, bien qu'ayant refusé un regroupement basé sur les intérêts de générations actuelles et futures de la population mondiale, ont tout de même accepté un regroupement basé sur les intérêts des générations actuelles et futures de la population néerlandaise.

---

25. ECLI:NL:HR (2019 (2007, Hoge Raad, 19/00135 (Engels). La question de la justiciabilité a été traitée par les tribunaux néerlandais. Il a été décidé par la Cour d'appel, et confirmé par la Cour suprême des Pays-Bas. Voir par. 8.3.1 et s. : « This case involves an exceptional situation. After all, there is the threat of dangerous climate change and it is clear that measures are urgently needed, as the District Court and Court of Appeal have established and the State acknowledges as well (see 4.2-4.8 above). The State is obliged to do "its part" in this context (see 5.7.1-5.7.9 above). Towards the residents of the Netherlands, whose interests Urgenda is defending in this case, that duty follows from Articles 2 and 8 ECHR, on the basis of which the State is obliged to protect the right to life and the right to private and family life of its residents (see 5.1-5.6.4 and 5.8-5.9.2 above). The fact that Annex I countries, including the Netherlands, will need to reduce their emissions by at least 25 % by 2020 follows from the view generally held in climate science and in the international community, which view has been established by the District Court and the Court of Appeal (see 7.2.1-7.3.6 above). The policy that the State pursues since 2011 and intends to pursue in the future (see 7.4.2 above), whereby measures are postponed for a prolonged period of time, is clearly not in accordance with this, as the Court of Appeal has established. At least the State has failed to make it clear that its policy is in fact in accordance with the above (see 7.4.6 and 7.5.1 above) ».

Il serait très surprenant de voir les tribunaux québécois autoriser un groupe constitué de générations actuelles et futures de Québécois, non seulement en raison de son caractère extrêmement large, mais aussi, en raison de l'inclusion de générations à venir qui pose d'innombrables problèmes en droit civil québécois.

Ensuite, Milieudefensie se serait heurté au Canada à l'argument de justiciabilité invoqué plus haut dans l'affaire *ENvironnement JEunesse*, argument pouvant être adapté aux obligations corporatives plutôt que gouvernementales.

III- LES ACTIONS COLLECTIVES EN DROIT DE LA CONSOMMATION

Nous avons tous entendu parler, dans divers contextes, d'écoblanchiment (ou son équivalent anglais « green washing »[26]). L'écoblanchiment est « l'utilisation fallacieuse d'arguments faisant état de bonnes pratiques écologiques dans des opérations de marketing ou de communication »[27] : il s'agit, en quelque sorte, de présenter un produit ou service comme étant plus écoresponsable qu'il ne l'est vraiment.

Les représentations fausses et trompeuses sont prohibées tant dans les différentes lois de protection des consommateurs au niveau provincial que dans plusieurs lois fédérales.

La *Loi sur la protection du consommateur* prévoit par exemple :

Aucun commerçant, fabricant ou publicitaire ne peut, par quelque moyen que ce soit, faire une représentation fausse ou trompeuse à un consommateur.[28]

Au niveau fédéral, le Bureau de la concurrence (le « Bureau ») s'est positionné sur l'écoblanchiment avec clarté, déclarant prendre au sérieux les enjeux liés à l'exactitude des déclarations environnementales :

---

26. À ne pas confondre avec la notion de « science-washing » qui concerne plutôt les stratégies communicationnelles utilisant la science dans le but d'améliorer son image. Existe aussi la notion plus précise d'écoblanchiment climatique (« climate-washing »), qui a trait à des allégations visant de façon plus spécifique le climat, p. ex. carboneutre ou sans émission GES.
27. Dictionnaire Larousse, en ligne : <larousse.fr/dictionnaires/français/ecoblanchiment/10910961>.
28. *Loi sur la protection du consommateur*, c. P-40.1, art. 219.

Les déclarations environnementales fausses, trompeuses ou non fondées peuvent soulever des préoccupations par rapport aux lois dont le Bureau de la concurrence contrôle l'application : la *Loi sur la concurrence*, la *Loi sur l'étiquetage des textiles* et la *Loi sur l'emballage et l'étiquetage des produits de consommation*. Le Bureau prend les déclarations environnementales au sérieux et interviendra en vertu des lois dont il est responsable.[29]

Le dépôt d'actions collectives fait souvent suite à la divulgation de résultats d'enquêtes menées par le Bureau. Le Bureau mène généralement ces enquêtes suite à des plaintes d'écoblanchiment, celles-ci étant souvent déposées par des groupes environnementaux[30]. Considérant la conscientisation accrue des consommateurs aux notions environnementales et partant, d'écoblanchiment, ces plaintes risquent fortement de se multiplier dans les prochaines années.

Tant l'article 52(1) de la *Loi sur la concurrence* (infraction de nature criminelle) que l'article 74.01(1) a) de la *Loi sur la concurrence* (infraction de nature civile) sont invoqués par le Bureau dans ses efforts visant à lutter contre l'écoblanchiment.

Des actions collectives intentées par des consommateurs souhaitant obtenir des dommages-intérêts sont prises en invoquant la violation de l'interdiction prévue à l'article 52(1) de la *Loi sur la concurrence*.

C'est le cas notamment de l'affaire *Keurig*.

- ***Buis v. Keurig Canada inc.*, cv-22-88299-CP**

Il y a quelques années, le Bureau de la concurrence a mené une enquête portant sur des représentations de recyclabilité des capsules à usage unique de Keurig. Les conclusions de l'enquête sont que ces capsules ne sont pas acceptées par les programmes de recycle de la plupart des municipalités à l'extérieur du Québec et de la Colombie-Britannique ou alors ne sont pas aisément recyclables.

---

29. BUREAU DE LA CONCURRENCE DU CANADA, « Déclarations environnementales et écoblanchiment », 20 janvier 2022.
30. Voir, par exemple, la plainte déposée par Ecojustice et Stand.Earth relativement à des allégations de représentations fausses et trompeuses en matière environnementale par la Banque Royale du Canada. Lettre du Bureau de la concurrence à Ecojustice datée du 29 septembre 2022.

S'en est suivi un règlement entre Keurig et le Bureau de la concurrence, dans le cadre duquel Keurig s'en engagée à payer 3 M$ en sanctions en plus de faire un don de 800 000 $ à un organisme de charité et de couvrir les frais d'enquête du Bureau de la concurrence[31].

Dans la foulée de ce règlement, quatre actions collectives ont été déposées contre Keurig, une en Cour fédérale[32], deux en Ontario[33] et une en Colombie-Britannique[34]. Une des actions collectives ontariennes a été suspendue suite à une décision sur « carriage motion »[35]. Les dossiers suivent leur cours mais en sont encore à un stade préliminaire.

Plusieurs illustrations d'actions collectives basées sur l'écoblanchiment émanent des États-Unis. Nous en avons retenu deux, les affaires H&M et Delta.

- ***Commodore v. H&M Hennes & Mauritz LP***

Une action collective est déposée contre H&M Hennes & Mauritz LP[36] (« H&M ») dans l'état de New York en juillet 2022. La demande cherche à y représenter un groupe constitué de toutes les personnes ayant acheté des produits présentant un profil de durabilité ou pour lesquels des représentations liées au caractère durable des produits ont été faites, à l'exception des produits à acheter pour fins de revente.

Il y est essentiellement allégué que H&M fait de l'écoblanchiment en associant certains de ses produits à des profils de durabilité contenant de l'information fausse et trompeuse. On y traite également de fausses représentations liées au caractère « conscient » ou « durable » de certains produits vendus.

---

31. BUREAU DE LA CONCURRENCE. Communiqué de presse du 6 janvier 2022, en ligne : <www.canada.ca/fr/bureau-concurrence/nouvelles/2022/01/keurig-canada-paiera-une-sanction-de-3millions-de-dollars-pour-repondre-aux-preoccupations-du-bureau-de-la-concurrence-concernant-les-indications-s.html>.
32. Federal Court action number T-557-22 (*Finch v. Keurig Canada inc.*).
33. Superior Court of Justice action No. CV-22-88299-CP (*Buis v. Keurig Canada inc.*) et Superior Court of Justice CV-22-678262-CP (*Gordon v. Keurig Canada inc. et al.*).
34. Supreme Court of British Columbia action No. S-220208 (*Dolo v. Keurig Dr. Pepper inc. et al.*).
35. *Buis v. Kuring Canada inc.*, 2023 ONSC 87.
36. Case No. 7:22-cv-06247.

L'action collective suit son cours et des développements sont à prévoir dans les prochains mois. Des arguments de nature essentiellement procédurale sont à prévoir aux stades préliminaires du dossier : le dossier peut-il progresser sur une base collective dans la mesure où rien ne démontre que tous les consommateurs ont été influencés par les représentations environnementales avant d'acheter ce produit ? Les représentations faites sont-elles toutes équivalentes ? Varient-elles d'un groupe de produits à l'autre ?

L'action collective H&M est à notre connaissance l'un des plus importants recours institués contre un joueur de l'industrie textile. Dans un univers où les allégations d'écoresponsabilité jouent un rôle majeur dans les campagnes publicitaires des détaillantes, c'est un dossier qui sera suivi avec intérêt par toute une industrie.

- ***Berrin v. Delta Airlines inc.***[37]

Dans la même veine que l'action collective H&M se situe une demande d'action collective déposée dans l'État de Californie en mai 2023. Il y est allégué que la compagnie aérienne fait des représentations trompeuses au niveau de son impact environnemental total dans le cadre de ses campagnes publicitaires et représentations publiques.

De telles représentations auraient eu pour effet de hausser le prix des vols en raison de leur caractère « vert ». Ainsi, la demanderesse prétend que n'eussent été des représentations de carboneutralité de la compagnie aérienne, elle n'aurait pas acheté les services de la compagnie aérienne ou l'aurait fait à un prix substantiellement moindre.

Cette cause n'en est qu'une parmi plusieurs recours déposés contre des compagnies aériennes pour des allégations semblables. Vingt-trois associations émanant de 19 pays membres d'un groupe de protection des consommateurs, le Bureau européen des unions de consommateurs (BEUC), ont déposé une plainte en juin de cette année devant la Commission européenne contre 17 compagnies aériennes qu'elles accusent d'écoblanchiment, reprochant à ces compagnies de sous-entendre que le transport aérien peut être durable[38].

---
37. Cas n° 2:23-cv-04150.
38. En ligne : <https://www.beuc.eu/press-releases/consumer-groups-launch-eu-wide-complaint-against-17-airlines-greenwashing>.

En plus de demander une enquête sur les allégations de l'industrie, les plaignants demandent à ce que les consommateurs ayant payé des frais optionnels « verts » soient remboursés. Les frais payés pour compenser ou neutraliser les émissions de carbone sont visés par ces demandes de remboursement.

Il existe une offre importante de produits visant à compenser l'émission de carbone au Canada. Un consommateur se verra ainsi souvent offrir de compenser (« offset ») ses émissions carbone en payant certains frais. Considérant l'importance de ce marché au Canada, l'enquête de la Commission européenne sera suivie avec intérêt.

En plus de l'affaire *Keurig* indiquée précédemment, mentionnons une autre enquête menée par le Bureau[39], suite à une plainte de Greenpeace[40].

Elle vise l'Alliance nouvelles voies, regroupant plusieurs producteurs de pétrole des sables bitumineux. L'angle pris par Greenpeace est aussi celui de l'écoblanchiment. La plainte porte sur des représentations de l'Alliance selon lesquelles l'industrie sera en mesure d'atteindre la « carboneutralité » d'ici 2050. Le plan de réduction des gaz à effets de serre ne tient pas compte, selon Greenpeace, de toutes les émissions ni ne porte la contribution de gaz à effets de serre de l'industrie à zéro.

L'enquête risque d'être très complexe. Dans l'éventualité où le Bureau concluait que cette plainte est fondée, il serait surprenant qu'aucune action collective ne soit déposée, malgré les obstacles évidents qui seraient associés à un tel recours.

Cette plainte déposée par Greenpeace se fait dans la foulée de plaintes similaires, déposées devant les tribunaux européens cette fois. Notons le recours civil déposé par Greenpeace Italia et un groupe de citoyens contre la société pétrolière Eni[41], l'une des plus importantes en Europe. Les demandeurs y cherchent à faire réduire les émissions de gaz à effet de serre d'Eni et à obtenir compensation

---

39. Lettre du Bureau de la concurrence à Greenpeace, 25 avril 2023.
40. En ligne : <https://www.greenpeace.org/static/planet4-canada-stateless/2023/03/8c835b91-amended-competition-bureau-submission-for-pathways-alliance-ad-campaign.pdf >.
41. *Greenpeace Italy et Al. v. ENI S.p.A., the Italian Ministry of Economy and Finance and Cassa Depositi e Prestiti S.p.A.*

pour les dommages passés et potentiels découlant de son apport aux changements climatiques.

Toujours en Europe, en France cette fois, Greenpeace France, les Amis de la Terre France et de Notre Affaire à Tous, ont déposé une plainte contre TotalEnergies pour pratiques commerciales trompeuses relatives à des allégations de carboneutralité[42]. Cette plainte a été jugée recevable par le tribunal judiciaire de Paris et se poursuivra au fond[43].

IV– LES ACTIONS COLLECTIVES EN VALEURS MOBILIÈRES

En terminant, les actions collectives en valeurs mobilières basées sur des représentations fausses et trompeuses faites aux investisseurs sont également appelées à se multiplier dans l'avenir.

Les investisseurs d'aujourd'hui sont influencés par des considérations d'ordre environnementales dans leurs choix d'investissements. Un rapport récent de Morgan Stanley nous apprend que « addressing climate change remains top of mind for many investors, especially Millennials and those with a bullish economic outlook » et que « eighty-eight percent of Millennials expressed interest in climate-themed investments »[44].

Cet engouement pour les investissements responsables ne se limite pas qu'aux seuls investisseurs individuels. Le phénomène d'investisseurs-activistes prend de l'ampleur et peut avoir de conséquences réelles lorsque des groupes d'investisseurs jugent les risques liés au climat trop importants ou mal gérés[45].

Cela étant, les actions collectives entreprises sur la base de fausses représentations sous-évaluant les risques liés au climat ou présentant à leurs investisseurs une entreprise au profil plus vert qu'il ne l'est réellement ont eu peu de succès jusqu'à maintenant.

---

42. *Greenpeace France and Others* v. *TotalEnergies SE and TotalEnergies Electricité et Gaz France*.
43. Tribunal judiciaire de Paris, décision du 16 mai 2023.
44. Morgan STANLEY, « Sustainable signals – Individual investors and the COVID-19 Pandemic », (2021).
45. Voir, par exemple, Jennifer HILLER et Svea HERBST-BAYLISS, « Exxon loses board seats to activist hedge fund in landmark climate vote » (26 mai 2021).

- *Barnes v. Edison International*[46]

Dans cette action collective instituée devant la United States District Court contre Edison International, un groupe d'investisseurs ayant acheté des titres de la Southern California Edison Company dans les deux ans précédant les feux de forêt de novembre 2018 dans le sud de la Californie.

Le groupe y alléguait qu'Edison avait failli à maintenir son infrastructure électrique en bon état dans la zone impactée par les feux de forêt et avait fait des représentations fausses ou trompeuses en lien avec le risque de feux de forêt, résultant en une perte financière nette pour les investisseurs.

Bien que reconnaissant que le prospectus d'Edison pouvait contenir des omissions et fausses représentations, la United States District Court a conclu que trois des chefs de dommages étaient prescrits.

Quant aux deux autres chefs de dommages, le tribunal a conclu qu'un investisseur raisonnable n'aurait pas été induit en erreur par les fausses représentations d'Edison, puisque de nombreuses contraventions avaient été dressées contre la compagnie pour ces mêmes manquements qui étaient donc publiquement connus.

Des allégations d'écoblanchiment faites dans les actions collectives contre Oatly n'ont pas eu plus de succès, ayant été laissé tomber en cours de dossier.

- **In Re Oatly Group AB Securities Litigation**,
  No. 1:21-cv-06360-AKH (S.D.N.Y. 2021) (« **Oatly** »)

Une série d'actions collectives ont été déposées par des investisseurs de l'entreprise Oatly, une importante compagnie spécialisée dans le lait d'avoine.

Les recours ont suivi la publication d'un rapport préparé par l'investisseur Spruce Point Management accusant l'entreprise d'avoir représenté de façon trompeuse son engagement envers les pratiques ESG et d'avoir représenté de l'information financière de

---

46. *Barnes v. Edison International*, No. CV 18-09690 CBM (CD Cal 2021).

façon trompeuse[47]. Les actionnaires ayant poursuivi Oatly alléguaient que les représentations fausses et trompeuses de la compagnie ont eu pour effet de gonfler de façon artificielle le prix des actions d'Oatly. Une fois le rapport de Spruce Point Capital Management rendu public, le prix des actions d'Oatly, quelques mois après son entrée en bourse, aurait diminué de façon importante.

Les trois actions collectives ont été consolidées en 2021. Le dépôt d'une deuxième plainte consolidée a été effectué peu après. Fait intéressant à noter, cette deuxième plainte n'inclut plus d'allégations d'écoblanchiment.

Le 1er juin 2023, la plainte consolidée a été rejetée en raison de « Plaintiffs failure to plead a legally sufficient and plausible set of allegations conforming to the *Private Securities Litigation Reform Act* ».

L'honorable juge Hellerstein a toutefois permis aux demandeurs de déposer de nouvelles procédures, ce qui a été fait le 11 août dernier.

Au Québec, la *Loi sur les valeurs mobilières* prévoit que toute personne qui présente des informations fausses ou trompeuses dans certains documents, incluant le prospectus ou la notice d'offres, commet une infraction[48].

Nous n'entrerons pas dans le détail des critères spécifiques applicables aux litiges en matière de valeurs mobilières, ceux-ci pourraient faire sans difficulté l'objet d'un article distinct à eux seuls. Il convient toutefois de noter que, pour qu'une action collective en valeurs mobilières basées sur de fausses représentations puisse aller de l'avant, les demandeurs doivent obtenir une autorisation préalable de la Cour[49]. Cette permission vise à éviter que les émetteurs assujettis ne subissent des poursuites frivoles et ne sera accordée que si le tribunal est convaincu que l'action est prise de bonne foi et présente des chances raisonnables de succès.

---

[47]. SPRUCE POINT CAPITAL MANAGEMENT, « Oatly Group AB Investment Research Report » (14 juillet 2021).
[48]. *Loi sur les valeurs mobilières*, c. V-1.1, art. 196 et s.
[49]. *Ibid.*, art. 225.4 et s.

La demande d'autorisation requise en vertu de l'article 225.4 *Loi sur les valeurs mobilières* et celle prévue en vertu de l'article 574 C.p.c. doivent être déposées de façon concomitante. Les tribunaux ont par ailleurs établi qu'il est généralement préférable d'entendre d'abord la demande d'autorisation prévue à l'article 225.4 de la *Loi sur les valeurs mobilières* avant de considérer si les critères d'autorisation de l'article 575 C.p.c. sont remplis[50].

Il s'agit d'un test plus sévère que celui applicable aux demandes d'autorisation d'instituer des actions collectives[51]. Les demandeurs potentiels doivent prendre en considération ces particularités propres aux recours en valeurs mobilières et s'assurer de la solidité de leur demande avant de déposer une action collective en valeurs mobilières basées sur de fausses représentations.

CONCLUSION

Bien que les actions collectives basées sur le facteur environnemental du ESG en soient encore à leurs premiers balbutiements au Canada, elles ne peuvent être écartées du revers de la main. Les recours se multiplient dans l'hémisphère Nord et reposent sur des bases remarquablement variées.

Les entreprises ont de nombreux moyens à leur disposition afin de se prémunir contre des actions collectives à venir. Par exemple, un produit ou service doit être présenté de façon conforme à ses caractéristiques réelles, toute déclaration de nature environnementale doit

---

50. *Amaya inc.* c. *Derome*, 2018 QCCA 120 (demande de permission d'appel à la Cour suprême du Canada rejetée, 9 août 2018), par. 54 et *Nseir* c. *Barrick Gold Corporation*, 2022 QCCA 1718.
51. *Theratechnologies inc.* v. *121851 Canada inc.*, 2015 SCC 18, par. 35-36. Il faut aussi garder en tête les particularités propres au stade préliminaire de l'autorisation : « In deciding whether the shareholder has shown a reasonable possibility that his or her action will succeed, a judge should consider, in weighing the evidence for this limited purpose, that the shareholder did not have the benefit of evidence that would come from discovery. As van Rensberg, J. of the Ontario Superior Court of Justice observed in *Silver* v. *Imax Corporation*, [2009 CanLII 72342 (ON SC), para. 326] "[i]n undertaking this evaluation the court must keep in mind that there are limitations on the ability of the parties to fully address the merits because of the motion procedure". Perrell, J. wrote similarly in *Musicians' Pension Fund of Canada (Trustees of)* v. *Kinross Gold Corp.*, [2013 ONSC 6864, para. 41] that "[t]he court's weighing of the evidence for the leave test must be tempered by the recognition that there has been no discovery and that the analysis is conducted on a paper record with all its attendant limitations ». Amaya, *op. cit.*, note 35.

avoir été validée, par le biais de tests appropriés, et soutenus par des études crédibles, suffisantes et à jour. Une entreprise qui choisira d'utiliser des termes précis et vérifiables plutôt que des qualifications vagues et exagérées sera davantage à l'abri d'une action collective fondée sur l'écoblanchiment. De la même façon, une divulgation proactive des risques de nature environnementale doit être faite aux parties prenantes avant même que ces risques ne deviennent matériels.

Le droit est évolutif et les considérations environnementales sont au cœur des préoccupations citoyennes. Les organisations non gouvernementales, les consommateurs, les investisseurs activistes ont les yeux tournés vers le monde afin de voir si et comment le pouvoir judiciaire peut permettre, par le biais d'actions collectives, d'imposer des changements et des condamnations en dommages-intérêts aux entreprises contribuant aux changements climatiques. D'un strict point de vue juridique, les obstacles à franchir sont nombreux pour les demandeurs, mais personne ne doute que des recours créatifs et ambitieux seront institués, cherchant la voie vers la compensation et le changement de comportement.

Cette voie n'est pas encore tracée au Québec, mais ce n'est qu'une question de temps. Plus l'effet des changements climatiques se fera sentir sur les collectivités, plus nombreux seront les justiciables à la chercher.

Index – Action collective

Sujet	Date	Conférencier
4.2 critères pour autoriser l'exercice d'un recours collectif	Colloque #327 (octobre 2010)	Chantal Chatelain Vincent de l'Étoile
Absence de dommages compensatoires en matière de recours collectifs	Colloque #295 (octobre 2008)	Sylvie Rodrigue
Action collective comme outil de prévention, d'évitement et de dissuasion	Colloque #410 (mars 2016)	Catherine Piché André Lespérance
Action collective en matière de valeurs mobilières : une analyse de l'état actuel du droit au Québec	Colloque #441 (mars 2018)	Samy Elnemr Shawn Faguy Shaun E. Finn Éric Préfontaine
Action collective et ses objectifs : une application efficace du principe de proportionnalité	Colloque #410 (mars 2016)	Yves Lauzon
Action collective québécoise dans les domaines de l'alimentation et des suppléments nutritifs – Tour d'horizon et perspectives	Colloque #410 (mars 2016)	Normand Painchaud Vincent Blais-Fortin
Action de groupe : l'illusion tragique – le point de vue des entreprises	Colloque #254 (octobre 2006)	Joëlle Simon
Actions collectives et protocoles d'indemnisation au Québec en matière de sévices sexuels et de préjudice corporel	Colloque #441 (mars 2018)	Eric Simard Stéphanie Lavallée

Sujet	Date	Conférencier
Actions collectives liées au facteur E – Environnement : une question de quand, et non pas de si	Colloque #544 (novembre 2023)	Julie Girard
Affaire *Ramdath* en Ontario : l'occasion d'une analyse de droit comparé sur l'opportunité de la détermination collective des dommages	Colloque #428 (mars 2017)	Normand Painchaud Vincent Blais-Fortin
Aggregate Damages in Quebec Competition Class Actions: Solving the Paradox	Colloque #480 (octobre 2020)	Vincent de l'Étoile Lana Rackovic
Appel des jugements interlocutoires rendus en matière de recours collectif est-il réellement un appel déguisé du jugement d'autorisation ?	Colloque #295 (octobre 2008)	Donald Bisson
Après *Ciment St-Laurent* pour les recours collectifs en environnement	Colloque #312 (octobre 2009)	Michel Bélanger
Arbitrage et les recours collectifs au Québec : où en sommes-nous ?	Colloque #254 (octobre 2006)	Claude Marseille
Article 1002 du *Code de procédure civile* et la preuve appropriée : entre le devoir et la discrétion ?	Colloque #213 (octobre 2004)	Yves Martineau Nathalie Mercier-Filteau
Article 1048 C.p.c. : une disposition d'exception	Colloque #232 (octobre 2005)	Marie Audren
Article 29 C.p.c. : ou dire si peu pour signifier autant – l'expérience du recours collectif contre les cigarettiers canadiens	Colloque #362 (mars 2013)	Marc Beauchemin
Avoir un pouls ne suffit plus : regard nouveau sur le critère de représentation adéquate en action collective	Colloque #480 (octobre 2020)	François-David Paré Maya Angenot Francesca Taddeo

Sujet	Date	Conférencier
Awarding of Punitive Damages in the Context of Consumer Law Class Actions – A North American Study	Colloque #455 (mars 2019)	Anne Merminod
Bar Order : Un outil essentiel pour la bonne gestion des recours collectifs au Québec	Colloque #295 (octobre 2008)	Claude Desmeules
Brochu c. *Loto-Québec* : et si c'était à refaire ?	Colloque #327 (octobre 2010)	Gratien Duchesne
Can Pierringer Partially Settle Canadian Class Actions?	Colloque #295 (octobre 2008)	Barry Glaspell Melanie E. de Wit
Certaines difficultés en matière de recours collectifs et pistes de solution	Colloque #115 (février 1999)	François Lebeau
Certification in Environmental Class Actions in the United States: The Impact of the U.S. Supreme Court's Dukes Decision and Emerging Battlegrounds	Colloque #380 (mars 2014)	Jennifer Quinn-Barabanov
Certification of Class Actions in the United States	Colloque #254 (octobre 2006)	Kenneth J. Vianale
Certifying Antitrust Actions: Current Developments in Rebutting Presumptions of Causation and Damage	Colloque #278 (octobre 2007)	Michele Floyd
Class of 2012: Where Are We Now? Class Action Developments in the Common Law Provinces in 2012	Colloque #362 (mars 2013)	Sonia Bjorkquist Mary Paterson Karin Sachar
Class Actions in Ontario: Update and Recent Developments	Colloque #455 (mars 2019)	Marie-Andrée Vermette
Classe nationale en recours collectif : critères d'autorisation	Colloque #232 (octobre 2005)	Yves Lauzon
Concurrence : mode d'emploi – recours collectifs et complots en matière de fixation de prix	Colloque #345 (mars 2012)	Daniel Belleau Violette Leblanc

Sujet	Date	Conférencier
Contaminants de l'environnement, les troubles de voisinage et les recours collectifs au Québec	Colloque #213 (octobre 2004)	André Durocher
Contestation d'un recours collectif : certains aspects juridiques et pratiques	Colloque #156 (mai 2001)	Marc Simard
Crise de la quarantaine de la procédure d'autorisation	Colloque #480 (octobre 2020)	Maxime Nasr Éric Préfontaine Marjorie Boyer Josy-Ann Therrien
Crisp Rules With Sharp Corners: The U.S. Supreme Court's Increased Interest in Policing Class Actions	Colloque #380 (mars 2014)	Theane Evangelis
Cross-Border Class Action Litigation: Navigating Overlapping and Competing Multi-Jurisdictional Class Actions	Colloque #380 (mars 2014)	John P. Hooper Michael A. Eizenga Eric F. Gladbach Gannon G. Beaulne
Cross-Country Check-Up in the Common Law Provinces	Colloque #345 (mars 2012)	Danielle Royal
Cutting-Edge Developments in Class Action Law	Colloque #410 (mars 2016)	Scott Burnett Smith
Date de fermeture du groupe en matière de recours collectif	Colloque #362 (mars 2013)	Christine Lebrun Christopher Maughan
Defense Against Class Certification	Colloque #254 (octobre 2006)	Gary L. Sasso
Définition du groupe : pierre angulaire du recours collectif	Colloque #295 (octobre 2008)	Jean-Philippe Lincourt
Developments in Class Action Law in The United States: 2016	Colloque #428 (mars 2017)	James E. Miller Chiharu G. Sekino
Developments in Litigation Since the U.S. Supreme Court Validated Class Action Waivers in Consumer Contracts	Colloque #397 (mars 2015)	David M. Cialkowski
Développements jurisprudentiels en droit de l'action collective	Colloque #544 (novembre 2023)	Jean-Marc Lacourcière Faiz Lalani

Sujet	Date	Conférencier
Développements jurisprudentiels récents en droit de l'action collective	Colloque #441 (mars 2018)	Mathieu Charest-Beaudry Frédéric Wilson
Développements jurisprudentiels récents en droit de l'action collective	Colloque #455 (mars 2019)	Genevieve Bertrand Mathieu Charest-Beaudry
Développements jurisprudentiels récents en droit de l'action collective	Colloque #480 (octobre 2020)	Josée Cavalancia Julie Girard
Développements jurisprudentiels récents en droit de l'action collective	Colloque #498 (octobre 2021)	Josée Cavalancia Julie Girard
Développements jurisprudentiels récents en matière d'action collective	Colloque #428 (mars 2017)	Shaun Finn Mathieu Charest-Beaudry
Développements jurisprudentiels récents en droit de l'action collective	Colloque #520 (novembre 2022)	Josée Cavalancia Julie Girard
Développements récents en matière de contestation de l'autorisation d'exercer un recours collectif au Québec	Colloque #254 (octobre 2006)	Robert J. Torralbo
Doctrine constitutionnelle de la prépondérance : un nuage qui pourrait embrouiller certaines actions collectives ?	Colloque #410 (mars 2016)	Christine A. Carron
Écueils au paradis : les recours collectifs concurrents et l'accessibilité aux personnes morales	Colloque #254 (octobre 2006)	Daniel Belleau Maxime Nasr
Effets concrets du recours collectif s'avéraient plus importants que ceux des Chartes pour les citoyens ?	Colloque #327 (octobre 2010)	Pierre Sylvestre
Employment Law Class Actions: Uncommon Common Issues	Colloque #345 (mars 2012)	Chantal Chatelain Vincent de l'Étoile John C. Field

Sujet	Date	Conférencier
Engaging and Competing in Conspiracy Class Actions in Quebec: Overview of Applicable Legal Principles	Colloque #380 (mars 2014)	Chantal Chatelain Vincent de l'Étoile
Ensuring Procedural Fairness Through Effective Notice	Colloque #362 (mars 2013)	Shannon R. Wheatman
Étape du recouvrement en matière de recours collectif : les enjeux et les objectifs sociaux	Colloque #410 (mars 2016)	David Stolow Robert Kugler
Ethical Issues in Class Actions Defence: Communications with Putative Class Members	Colloque #362 (mars 2013)	Michael A. Eizenga Christiaan A. Jordaan
Evidentiary and Burden of Proof Standards for Class Certification Rulings	Colloque #327 (octobre 2010)	Joel Feldman Simone Cruickshank Gary McGinnis
Évolution du droit de l'environnement à la lumière du recours collectif	Colloque #115 (février 1999)	Odette Nadon
Evolving Use of Experts in United States – Class Certification Proceedings	Colloque #345 (mars 2012)	Joel S. Feldman Christopher H. Assise
Exercice de la discrétion judiciaire dans le cadre des recours collectifs une fois le recours autorisé	Colloque #156 (mai 2001)	Chantal Corriveau
Expect the Unexpected: The Changing Landscape of Class Proceedings – 2015 Developments in Common Law Provinces	Colloque #410 (mars 2016)	Sonia Bjorkquist Michael Peerless Karin Sachar Stephanie Henry
Fall of the House of Zeus	Colloque #380 (mars 2014)	Curtis Carter Wilkie
Fonds d'aide aux actions collectives	Colloque #428 (mars 2017)	Frikia Belogbi
Fonds d'aide aux recours collectifs : trente ans plus tard	Colloque #327 (octobre 2010)	Samy Elnemr
Food and Supplement Class Actions	Colloque #410 (mars 2016)	Steven F. Rosenhek

Sujet	Date	Conférencier
Going back in *Time*	Colloque #441 (mars 2018)	Luc Thibaudeau
Grosse carotte, un gros bâton : l'accès à la justice et les aspects financiers de la pratique en matière de recours collectifs	Colloque #362 (mars 2013)	André Durocher
HCCRA: A Class Act	Colloque #455 (mars 2019)	Kelly Millar Jacob Todd Mollie Margetts Peter Lawless
History and Settlement of the 2011 Manitoba Flood Class Action	Colloque #455 (mars 2019)	Michael Peerless Emily Assini
Honoraires en demande en matière d'actions collectives : comment Éviter de jouer à l'apprenti-sorcier en vue de moduler le comportement des avocats	Colloque #455 (mars 2019)	Jean-Philippe Groleau Guillaume Charlebois
Honoraires judiciaires et les honoraires extrajudiciaires en matière de recours collectif	Colloque #115 (février 1999)	Louise Ducharme
How Pharmaceutical Companies Conspire to Maintain High Pharmaceutical Prices	Colloque #455 (mars 2019)	Jayne A. Goldstein
« I'm gonna make him an offer he can't refuse » : les limites aux communications avec les membres	Colloque #520 (novembre 2022)	Maxime Nasr Victoria Sanscartier
I-consommateur à la recherche de la protection adéquate	Colloque #380 (mars 2014)	Luc Thibaudeau
Immunités sous le prisme du syllogisme juridique : application au stade de l'autorisation	Colloque #544 (novembre 2023)	Rima Kayssi Gabriel Lavigne Alexandra Hodder
Impact de l'arrêt *Piro* c. *Novopharm*	Colloque #254 (octobre 2006)	Pierre Sylvestre

Sujet	Date	Conférencier
Importance de l'arrêt *Vivendi* c. *Dell'Aniello* pour l'administration de la preuve au fond dans le cadre d'un recours collectif	Colloque #380 (mars 2014)	Christine A. Carron
Importance de la formulation des questions communes pour une saine prévisibilité de ce qui sera débattu au mérite de l'action collective	Colloque #520 (novembre 2022)	Michel Gagné Samuel Lepage Anne-Raphaëlle Bolya
Importance of Meaningful Opt-Out Rights in Class Actions in the United States and Developing Legal Systems	Colloque #362 (mars 2013)	Frederick T. Kuykendall
Inclusion de non-résidents dans les recours collectifs intentés au Québec	Colloque #156 (mai 2001)	Sylvie Rodrigue
Intelligence des données électroniques au service de l'analyse juricomptable dans le cadre d'actions collectives	Colloque #498 (octobre 2021)	Myriam Duguay Jack Martin Valérie Houde
Interaction between Class Actions and Proceedings under the *Companies' Creditors Arrangement Act*: Recent Developments and Questions for the Future	Colloque #397 (mars 2015)	Dimitri Lascaris Sajjad Nematollahi Serge Kalloghlian
Interrogatoire au préalable de l'expert dans le cadre d'un recours collectif : enseignements du dossier sur le tabac	Colloque #380 (mars 2014)	Donald Béchard
Interrogatoire des membres	Colloque #312 (octobre 2009)	Bruce Johnston Donald Bisson
J'ai trouvé un ami... Quel rôle pour l'*amicus* dans l'action collective québécoise ?	Colloque #441 (mars 2018)	Vincent de l'Étoile
Judgment-Sharing Agreements	Colloque #428 (mars 2017)	Vincent de l'Étoile Sandra Desjardins

Sujet	Date	Conférencier
Just Enough: Practical Boundaries of Certification	Colloque #380 (mars 2014)	Sonia Bjorkquist Michael Peerless Mary Paterson Karin Sachar
Litispendance en recours collectif : la règle de l'antériorité n'a plus préséance au Québec	Colloque #362 (mars 2013)	Jean Saint-Onge
Maximus in Minimis: Damages for Stress, Worry and Inconvenience in Class Actions	Colloque #498 (octobre 2021)	Alexandra Hebert Anne Merminod Alexis Leray
Memorandum Opinion and Order	Colloque #498 (octobre 2021)	Robert M. Dow, Jr.
Misunderstood Damages Defense to Class Certification	Colloque #455 (mars 2019)	Joel S. Feldman Mark B. Blocker Frank J. Favia, Jr. Olivia E. Sullivan
Moyens préliminaires au stade de l'autorisation du recours collectif : la fin justifie les moyens	Colloque #213 (octobre 2004)	Yves Martineau
Moyens préliminaires, les incidents et les autres requêtes avant l'autorisation : escarmourches avant la bataille ?	Colloque #156 (mai 2001)	Eric McDevitt David
Multi-Jurisdictional Class Actions and the National Class Debate	Colloque #278 (octobre 2007)	Glenn Zakaib Tim Pinos
Multi-jurisdictional Class Actions in Canada	Colloque #312 (octobre 2009)	William McNamara
Multi-jurisdictional Class Actions: Will the New CBA and ABA Protocols Solve All Our Problems?	Colloque #345 (mars 2012)	Mike Eizenga Sonia Bjorkquist Mary Paterson
Multiplicité des défendeurs en l'absence d'intérêt et de cause d'action : le recours collectif est-il à la dérive ?	Colloque #213 (octobre 2004)	Marie Audren Emmanuelle Rolland

Sujet	Date	Conférencier
Must-Know Trends Driving Food Litigation Today & Tomorrow	Colloque #428 (mars 2017)	David Biderman Michael Young
National Scope of Class Actions – Multi-jurisdictional Classes	Colloque #345 (mars 2012)	Paul Brian Vickery
Nécessité d'établir la connaissance des représentations fausses ou trompeuses en droit de la consommation : perspectives au Québec et au Canada	Colloque #544 (novembre 2023)	Stéphane Pitre Anne Merminod Alexandra Hébert Véronique Faucher-Lefebvre
New Developments in British Columbia and their Potential Application in Quebec	Colloque #362 (mars 2013)	Douglas Lennox
New Framework for Collective Redress in Europe	Colloque #312 (octobre 2009)	Christopher Hodges
New Frontiers: The Oversight Role of Courts in Common Law Canada	Colloque #428 (mars 2017)	Sonia Bjorkquist Michael Peerless Karin Sachar Sarah McLeod
No-Injury Product Liability Class Action – Lawsuits in America – A Troubling Phenomenon	Colloque #278 (octobre 2007)	Jason P. Sultzer
Norme de révision en appel d'une décision refusant l'autorisation d'exercer un recours collectif – Les principes de l'arrêt *Housen* enfin reconnus	Colloque #278 (octobre 2007)	Chantal Chatelain Catherine Houpert
Octroi de dommages par jugement final en matière de recours collectif	Colloque #254 (octobre 2006)	Marc Simard
Omission d'un équivalent de l'article 1010.1 dans le nouveau *Code de procédure civile*	Colloque #441 (mars 2018)	Christopher Maughan Gabrielle Gagné
Overview of the Canadian Class Action Legislation Landscape	Colloque #380 (mars 2014)	Marie Audren Emmanuelle Rolland

Sujet	Date	Conférencier
Passé n'est qu'un prologue : trente-deux années plus tard, les intentions du législateur en matière de recours collectifs ont-elles été réalisées ?	Colloque #327 (octobre 2010)	Gérald R. Tremblay Shaun Finn Marianne Knai
Past, the Present and the Future: Environmental Class Actions in Canada	Colloque #455 (mars 2019)	Kirk Baert Janeta Zurakowski
Perdikaris v. *Purdue Pharma* and the Role of Derivative Public Health Insurer Claims in Class Action Settlements	Colloque #455 (mars 2019)	Raymond Wagner
PHI Privacy Breaches – Taming the New Class Action Dragon	Colloque #397 (mars 2015)	Barry Glaspell
Portrait des recours collectifs contre les autorités publiques en matière de Charte	Colloque #397 (mars 2015)	Rima Kayssi
Post-mortem de l'affaire *Brochu* c. *Loto-Québec* – une question importante laissée en suspens : les pouvoirs d'intervention *proprio motu* du juge au procès	Colloque #327 (octobre 2010)	Yvan Bolduc
Pour l'adoption d'une loi sur la protection des excuses au Québec	Colloque #441 (mars 2018)	Robert-Jean Chénier
Pouvoirs du tribunal québécois à l'égard des règlements de recours collectifs déjà approuvés	Colloque #380 (mars 2014)	Donald Bisson Bruce W. Johnston
Predominance: Classless, even with Canadian Makeover	Colloque #327 (octobre 2010)	E.F. Anthony Merchant
Prélèvement du Fonds d'aide sur le reliquat : un déséquilibre à corriger	Colloque #362 (mars 2013)	Yves Lauzon
Premiers enseignements de la nouvelle Chambre des actions collectives : quelles leçons en tirer ?	Colloque #455 (mars 2019)	Karine Joizil Katerina Kostopoulos

Sujet	Date	Conférencier
Présomption de véracité des faits : comment séparer le bon grain de l'ivraie	Colloque #520 (novembre 2022)	Joséane Chrétien
Preuve admissible au stade de la requête pour autorisation d'exercer un recours collectif	Colloque #254 (octobre 2006)	Claude Desmeules Silvana Conte
Preuve en matière de recours collectif	Colloque #115 (février 1999)	Pierre Deschamps
Problèmes théoriques et pratiques lors du déroulement d'un recours collectif au mérite	Colloque #278 (octobre 2007)	Donald Bisson
Proof of Common Impact in Antitrust Litigation: The Value of Regression Analysis	Colloque #520 (novembre 2022)	Pierre Crémieux Ian Simmons Edward A. Snyder
Protection des consommateurs et actions collectives : de quel côté est le pendule ?	Colloque #410 (mars 2016)	Luc Thibaudeau
Publicité comportementale en ligne et renseignements personnels : état des lieux et règles applicables	Colloque #498 (octobre 2021)	Violette Leblanc
Putting a Price on Legal Services – Determining Reasonable Class Counsel Fees in the Settlement Context	Colloque #380 (mars 2014)	Jean Lortie Lisa Chamandy Shaun Finn
Qu'Appelle – The National Class	Colloque #295 (octobre 2008)	E.F. Anthony Merchant
Quand on se compare, on se console : le Québec aurait-il trouvé le juste milieu ?	Colloque #544 (novembre 2023)	Valérie Beaudin
Quelques considérations de base relatives aux recours collectifs dits « nationaux » au Québec	Colloque #345 (mars 2012)	Donald Bisson
Questions et sujets à être traités lors du procès au mérite	Colloque #480 (octobre 2020)	Marie-Anaïs Sauvé
Quiétude et la règle de *minimis* : le recours collectif pour inconvénients mineurs	Colloque #345 (mars 2012)	Christine A. Carron

Sujet	Date	Conférencier
Reaching Beyond its Grasp? The Ontario Court of Appeal Asserts Jurisdiction Over Absent Foreign Claimants in Class Actions	Colloque #441 (mars 2018)	Markus F. Kremer Daniel Ciarabellini
Realities of "Reliance": Understanding Its Role in U.S. and Canadian Securities Class Actions	Colloque #544 (novembre 2023)	Emilie B. Kokmanian Caroline Larouche Michael Miarmi Jonathan S. Carter
Recent Hot Topics in U.S. Class Action Law	Colloque #480 (octobre 2020)	Adam M. Moskowitz Michael R. Pennington
Récents développements en droit de l'action collective au Québec	Colloque #410 (mars 2016)	Vincent de l'Étoile Benoît Marion
Récents développements en recours collectifs au Québec	Colloque #397 (mars 2015)	Vincent de l'Étoile Benoît Marion
Récents développements jurisprudentiels des critères d'autorisation : analyse et regard critique	Colloque #156 (mai 2001)	Stéphan Nadeau
Recours collectif – une procédure particulière	Colloque #345 (mars 2012)	Shaun Finn
Recours collectif : point de vue de la défense	Colloque #115 (février 1999)	Gérald L. Tremblay
Recours collectif : une procédure essentielle dans une société moderne	Colloque #115 (février 1999)	Pierre Sylvestre
Recours collectifs en France : état des lieux et perspectives	Colloque #397 (mars 2015)	Erwan Poisson
Recours collectif en matière de responsabilité du fabricant – le droit commun et la *Loi sur la protection du consommateur*	Colloque #213 (octobre 2004)	André J. Payeur Geneviève Bourbonnais
Recours collectif en matière de responsabilité sur les marchés secondaires – les enjeux selon une perspective pancanadienne	Colloque #380 (mars 2014)	Marc-André Landry Andrea Laing Ariane Bisaillon

Sujet	Date	Conférencier
Recours collectif et la garantie contre les vices cachés	Colloque #232 (octobre 2005)	Yves Martineau
Recours collectif et la *Loi sur la protection du consommateur* : le dol éclairé et non préjudiciable – l'apparence de droit illusoire	Colloque #213 (octobre 2004)	Laurent Nahmiash
Recours collectif et le droit des actionnaires : un nouveau mariage rempli de promesse ?	Colloque #156 (mai 2001)	Daniel Belleau
Recours collectif québécois des années 2000 et les consommateurs : deux poids, quatre mesures	Colloque #156 (mai 2001)	Pierre-Claude Lafond
Recours collectif : géométrie du droit d'appel	Colloque #362 (mars 2013)	Chantal Chatelain Vincent de l'Étoile
Recours collectif : un outil de mise en œuvre de législations et de politiques d'intérêt public	Colloque #254 (octobre 2006)	Pierre Sylvestre
Recours collectif, diffamation et liberté d'expression	Colloque #312 (octobre 2009)	Marc Simard
Recours collectifs concurrents en droit interne – Mais qui donc se souciera des membres ?	Colloque #278 (octobre 2007)	Daniel Belleau Maxime Nasr
Recours collectifs contre les gouvernements et les municipalités – Développements récents	Colloque #278 (octobre 2007)	Nathalie Drouin Frédéric Paquin Manon Des Ormeaux Pierre LePage
Recours collectifs contre l'État : État du droit – de l'apparence à la réalité	Colloque #232 (octobre 2005)	Nathalie Drouin Robert Monette
Recours collectifs intentés devant la Cour fédérale du Canada	Colloque #232 (octobre 2005)	André Lespérance Michel Bélanger
Recours collectifs nationaux au Québec – mais de quelle nation s'agit-il ?	Colloque #312 (octobre 2009)	Daniel Belleau Maxime Nasr Alexandra Scott

Sujet	Date	Conférencier
Recours collectifs visant le propos discriminatoire comme atteinte à la dignité et au droit à l'égalité	Colloque #312 (octobre 2009)	Christian Tremblay
Recours collectifs: Evidence on certification/Authorization motions : Est-ce qu'il y a vraiment « Deux solitudes »	Colloque #278 (octobre 2007)	Rodney L. Hayley Jude Samson Chris Dafoe
Recours collectifs : les voies d'accès au système judiciaire au Québec et en Ontario – tendances et tensions	Colloque #278 (octobre 2007)	André Lespérance
Recours collectifs au Québec : le droit de la concurrence à toutes les sauces	Colloque #380 (mars 2014)	Éric Vallières
Recouvrement collectif ou individuel : commentaires sur la 3e étape d'une action collective	Colloque #480 (octobre 2020)	Karine Chênevert Joséane Chrétien
Réflexions d'une auteure de protocoles de réclamation	Colloque #480 (octobre 2020)	Gabrielle Gagné
Réflexions sur l'action collective liée à la gestion des niveaux d'eau	Colloque #428 (mars 2017)	Aline Coche Rima Kayssi
Régimes de retraite et recours collectifs : sont-ils vraiment faits l'un pour l'autre ?	Colloque #232 (octobre 2005)	Michel Benoît
Régimes législatifs relatifs à la présentation d'excuses : l'expérience des territoires de common law	Colloque #441 (mars 2018)	Daniel Boivin Scarlett Trazo
Règle de proportionnalité de l'article 4.2 C.p.c. en matière de recours collectif : premières interprétations jurisprudentielles	Colloque #278 (octobre 2007)	Éric McDevitt David
Remettre l'argent aux membres – Le défi de la distribution dans le contexte d'une action collective – Guide pratique inspiré de l'expérience DRAM	Colloque #410 (mars 2016)	Maxime Nasr

Sujet	Date	Conférencier
Réparation du préjudice – Observations sur l'issue des recours collectifs dans le domaine de la santé au Québec	Colloque #380 (mars 2014)	Dominique Poulin Julie Jauron
Répercussions de l'affaire *Bouchard* c. *Agropur coopérative* : – la disparition des recours collectifs sectoriels et autres développements importants	Colloque #278 (octobre 2007)	Claude Marseille
Représentant, pistes de réflexion	Colloque #544 (novembre 2023)	David Bourgoin
Requête pour autorisation d'exercer un recours collectif : une procédure qui a grandi	Colloque #115 (février 1999)	Marc Simard
Sequencing of Dispositive Motions in Class Actions in Ontario, Alberta, and British Columbia	Colloque #544 (novembre 2023)	Timothy Pinos Hardeep Dhaliwal
Suspension d'une action collective en droit international privé – ou la mystérieuse affaire du justiciable québécois égaré à Regina	Colloque #544 (novembre 2023)	Maxime Nasr Thomas Kingsley
Settlement Value of Privacy Breach Class Actions	Colloque #441 (mars 2018)	Barry Glaspell
Solutions créatives au service du règlement d'une action collective — Développements récents au Québec, au Canada et aux États-Unis (2022)	Colloque #520 (novembre 2022)	Myriam Brixi Éric Préfontaine
Statut particulier des membres du groupe et ses conséquences déontologiques et pratiques	Colloque #410 (mars 2016)	Mario Welsh Shaun Finn
STAY! Plaintiff-Initiated Applications to Stay Competing Class Actions – A Tool to Resolve Multi-Jurisdictional Issues	Colloque #428 (mars 2017)	Sharon Matthews
Strategic and Practical Aspects of Settlements in Class Actions: A Brief Discussion of Recent Trends and Issues	Colloque #380 (mars 2014)	Eric R. Hoaken

Sujet	Date	Conférencier
Summary of 2018 Common Law Decisions	Colloque #455 (mars 2019)	Luciana P. Brasil
Supreme Court focuses on Getting to the Merits	Colloque #397 (mars 2015)	Sonia Bjorkquist Kirk Baert Mary Paterson Eric Morgan
Supreme Court Gives the Leave Test Teeth	Colloque #428 (mars 2017)	Michael A. Eizenga Jason M. Berall
Survol de la jurisprudence marquante de l'année 2011 en matière de recours collectifs	Colloque #345 (mars 2012)	Karine Chênevert Simon Hébert Anne-Marie Lévesque
Survol de la jurisprudence marquante de la dernière année en matière de recours collectif : de l'avis des membres à la rémunération du représentant	Colloque #312 (octobre 2009)	Chantal Chatelain Vincent de l'Étoile
Survol de la jurisprudence récente en recours collectifs 2013	Colloque #380 (mars 2014)	Marie-Anaïs Sauvé
The Rise of the Global Consumer: Emerging Trends in Canadian Common Law Courts	Colloque #441 (mars 2018)	Sonia Bjorkquist Michael Peerless Sarah McLeod
Transactions et les mesures alternatives de règlement dans le cadre d'un recours collectif	Colloque #327 (octobre 2010)	Éric Dunberry Catherine Martel
Trojan Horse of Modern Consumer Class Actions: Consumer Protection or Corporate Blackmail? A Litigator's Guide to "Consumer Law" Theory and Practice	Colloque #295 (octobre 2008)	David L. Wallace
Try and Try Again – Abuse of Process in Multi-Jurisdictional Class Actions	Colloque #428 (mars 2017)	Kathryn Podrebarac Alan Melamud
Two solitudes of privacy: privacy class actions in Quebec and the rest of Canada	Colloque #480 (octobre 2020)	Anne Merminod Karine Chênevert Markus Kremer

Sujet	Date	Conférencier
Understanding the Rise of International Class and Collective Action Litigation and How This Leads to Classes that Span International Borders	Colloque #362 (mars 2013)	Michael D. Hausfeld Brian A. Ratner
Utilisation des médias : un couteau à double tranchant	Colloque #295 (octobre 2008)	Luc Ouellet
Vers l'indemnisation des membres : le processus post-jugement et les considérations en matière de transaction	Colloque #156 (mai 2001)	François Lebeau
Vers une approche harmonisée : la coordination et la gestion des actions collectives multiterritoriales au Canada	Colloque #498 (octobre 2021)	Faiz Munir Lalani
Vers une véritable action de groupe à la française ?	Colloque #254 (octobre 2006)	Gaëlle Patetta
View From the South: An Examination of Key Issues that Arise in Class Action and Multi-District Litigation	Colloque #380 (mars 2014)	Cari K. Dawson Elizabeth Broadway Brown Micah Moon
View from the South: Recent Developments in United States Class Actions	Colloque #213 (octobre 2004)	Joel S. Feldman
Wal-Mart's and *Comcast's* Impact on Evaluating the Admissibility of Expert Testimony at Class Certification	Colloque #428 (mars 2017)	Joel S. Feldman Tara Amin
Wal-Mart's Lasting Rule 23(b)(3) Impact: Establishing Strict Evidentiary and Burden of Proof Standards for Class Certification	Colloque #362 (mars 2013)	Joel S. Feldman Lisa Schwartz
What to Expect When You Are Expecting an MDL	Colloque #498 (octobre 2021)	Cari Dawson Bria Stephens
Will Issue Certification Revive Environmental Class Actions ?	Colloque #455 (mars 2019)	Jennifer Quinn-Barabanov Jessica Maneval

Sujet	Date	Conférencier
Wot ? !# ? – The Latest Assault by Canadian Class Action Counsel	Colloque #312 (octobre 2009)	Barry Glaspell